国家卫生和计划生育委员会
浙江省卫生和计划生育委员会
浙江大学中国西部发展研究院
浙江大学劳动保障与社会政策研究中心

委托、资助和支持课题成果

ZOUJIN QUANMIAN LIANGHAI
ZHEJIANG DE LUNZHENG JI QIANZHAN

走进"全面两孩"

——浙江的论证及前瞻

尹文耀 姚引妹 李 芬 周丽苹 著

ZHEJIANG UNIVERSITY PRESS
浙江大学出版社

序

　　2014年单独两孩政策在全国各省区市先后实行后,2015年国家卫生和计划生育委员会启动关于逐步调整完善生育政策课题,有十多个省区市承担了子课题研究。呈献在读者面前的这本书《走进"全面两孩"——浙江的论证与前瞻》就是由浙江大学人口与发展研究所尹文耀、姚引妹、李芬、周丽苹(以下称"浙大团队")具体承担完成的浙江子课题《浙江省关于逐步调整完善生育政策研究报告》成果。

　　这本书实际上是浙大团队长期以来对生育政策研究的成果结晶。早在1999年当时的国家计划生育委员会就启动过《我国未来人口发展与生育政策研究》,其中对浙江省的研究,就是委托尹文耀为组长的浙江大学人口与发展研究所课题组承担的。2004年浙大团队又承担了浙江省政府重大课题《浙江省人口发展战略研究》的多种生育政策方案下的人口发展态势预测,并执笔完成了《浙江省人口发展态势研究》、《浙江省人口发展指标体系研究》分报告。2008年浙大团队申请的《我国分省人口发展模拟和生育政策比较选择》获准国家社会科学基金立项,同年受当时浙江省人口和计划生育委员会委托,又承担了《浙江省未来生育政策研究》。2011年浙江省人口学会又委托浙大团队承担《单独政策不同年份实施分市新增人口测算》。2012年浙江省人口和计划生育委员会再次委托浙大团队承担《浙江省人口发展态势深化研究》课题,实际上仍是研究未来生育政策。在长期研究的过程中,浙大团队形成了自己独具特色的生育政策研究的理论和方法。2015年浙大团队受国家和浙江省卫生和计划生育委员会委托完成的《浙江省关于逐步调整完善生育政策研究报告》使浙大特色的生育政策研究理论和方法得到进一步发展和系统的应用,将其研究推进到一个新的高度,取得一系列有重要学术价值和决策咨询价值的成果。

浙大团队结合政策研究实际,提出了反映新情况、解决新问题的新的概念体系,并用于对浙江的实际研究。如:政策两孩夫妇,新增政策两孩夫妇,政策两孩覆盖率,大、中、小三种口径的目标人群,政策实现比,政策生育和政策生育率,可能生育和可能生育率,分年龄孩次的预期生育率、预期生育概率、预期生育比率和预期生育模式,堆积夫妇和堆积释放生育客观规律;以及用于长期迁移预测的总和迁移次数、总和迁移弹性系数;以世界老龄化动态变化为背景、用于国际比较的动态老龄化综合指数等。

浙大团队生育政策研究的最大特色在于他们的生育政策仿真模拟方法或模型。如:用于分城乡、分年龄双独、单独、双非夫妇规模测算的多龄婚配概率法模型;用于堆积夫妇分年度、分年龄再生育二孩的测算模型;以城镇化进程为背景动态变化的迁移模式、迁移强度预测模型;以城镇化进程为背景动态变化的生育模式、生育水平预测模型;基于生育政策实现程度由政策生育到可能生育的出生人口预测模型;独生子女属性动态调整模型;原独生子女政策向单独两孩生育政策、单独两孩生育政策向全面两孩生育政策两次调整转换的政策模拟仿真模型等。

这一系列新概念和新方法的创立和应用,使得他们的生育政策研究更加深入和细化,得出一系列用于决策参考的创新性的重要结论,提出一些有长期参考价值和警示意义的成果和政策建议。如:

——为增加向全面两孩政策平稳过渡的预见性、主动性,对三种口径目标人群及堆积释放生育的测算及分析;

——对全面两孩政策方案下浙江人口数量、出生人口规模、生育水平、人口年龄结构预测和分析,新政策下新人口的新态势向人们全景式的展现;

——浙江人口年龄结构转型的"三段论"提出及其对经济社会发展的全面深刻的影响的分析;

——全面两孩政策对人口健康和公共服务需求影响的预测分析和建议;

——对新人口新态势下计划生育实现"行动目标、政策内容、体制机制、主要任务"四大转变的建议,近期尽快做好应对两大卫生资源(物质资源、人力资源)、三大教育资源(幼儿、小学、初中)公共服务需求快速增长的准备等建议。

——对浙江实施全面两孩政策后的人口形势"四不"、"两可"、"两压""三风险"的判断。"四不"即"十三五"期间实际总和生育率总体上不会超过更替水平；常住总人口不会超过 6000 万人、户籍总人口不会超过 5500 万人；不能改变未来人口自然负增长、总人口负增长、劳动年龄人口负增长"三个负增长"的前景；人口数量变动不会出现大幅度的回调高峰，不存在出生人口剧烈波动、强力反弹的风险。"两可"即可以实现全面两孩生育政策的平稳过渡，可以立即大胆实施全面生育两个孩子的政策。"两压"即人口健康压力增大，公共服务需求压力增大。"三风险"即年龄结构过度老龄化风险，低生育水平陷阱风险，出生人口性别比反弹风险。

浙大团队是以对人民群众和国家高度负责的精神进行生育政策研究的。他们在理论和方法创新、反复测算的同时，对研究所用户籍人口和常住人口的基础数据的质量进行了认真的评估和系统的调整；深入浙北、浙南县市、村组、百姓家庭进行了认真的实地调查，努力将定量分析与质的研究相结合，确保了政策研究的科学性，推动了相关研究的深化，向全国提供了一个完整的、有高度参考价值的省级行政区生育政策研究的典型案例。报告全文由浙江省卫生和计划生育委员会呈送国家有关部门决策参考，简要报告主要内容呈报浙江省委、省政府决策参考。有长期科学研究和扎实工作的基础之上，浙江省先后在 2014 年初、2016 年分别成为在全国率先实施单独两孩和全面两孩生育政策的省份。国家作出实施全面两孩政策的决策后，报告已经解密。鉴于报告的长期咨询和决策参考价值及其重要的学术价值，现以《走进"全面两孩"——浙江的论证及前瞻》专著形式公开出版。

该项研究成果公开出版表明中央和浙江省政府及相关工作部门一直高度重视生育政策研究，参与研究的学者是以科学严谨的态度认真严肃地进行了长期反复的求证，系统的研究。全面两孩政策实施是有扎实的科学依据的。

全面两孩政策研究和实施，只是我国人口研究的一个重要的阶段性成果。面对我国的新人口新态势，我们还有许多人口理论需要创新性研究。希望全国的人口学者积极参与，提供更好更多的研究成果！

杨文庄

2016 年 11 月 16 日

目　录

绪 论

经过 30 多年严格的计划生育，我国人口已经由高生育率下的高出生、低死亡、高自然增长，转变为低生育率下的低出生、低死亡、低自然增长，人口增长转变阶段已经过去，年龄结构由年轻型增长型转变为老年型缩减型，进入了一个全新的系统性老龄化的新阶段。不只是老年人口比重升高，总人口老化，而且老年人口、劳动年龄人口、育龄人群、学龄人口等按经济社会标志划分的所有年龄组中的高龄或大龄人口的比重都在升高，都在老化。由于浙江省 1983 年总和生育率已降到 2.1 以下，比全国更早地进入低生育水平，其系统性老龄化较之全国速度将更快、程度将更重，对经济社会的影响也将更大。

党中央、国务院审时度势，2013 年在《中共中央关于全面深化改革若干重大问题的决定》中提出启动实施单独两孩政策。浙江省于 2014 年 1 月 17 日在全国率先启动实施单独两孩政策。但单独两孩政策不能改变持续过低生育水平的大趋势，不能改变未来年龄结构持续系统老龄化的大趋势，不能改变我国，特别是浙江省未来成为世界上老龄化程度最重地区的前景。从我国和浙江省人口长期均衡发展的要求看，单独两孩政策必须进一步完善，必须完成向全面两孩政策过渡。

本项研究以浙江省为对象，研究由单独两孩政策向全面两孩政策过渡的相关问题，探讨在浙江实施全面生育两个孩子的可能性和可行性问题，为我国和浙江省进一步完善生育政策做好前期研究工作，提供了一个完整的案例。

一、相关研究综述

以往研究生育政策完善的文献很多,大多集中于生育政策完善或调整的必要性上。现行政策(即 2014 年开始实施的单独两孩政策)实施之前,北京大学曾毅教授主张尽快在局部地区开展在适当晚育间隔前提下城乡普遍允许生二孩的软着陆试点,到 2015 年前后条件成熟时,在适当晚育间隔前提下普遍允许城乡所有 35 岁及以下夫妇生育二孩。他认为,实行城乡"双单独"夫妇(即双方或一方为独生子女)允许生二孩加上早已实行的农村独女户允许生育二孩的"微调"方案,只能作为生育政策调整方案尚未确定之前的一种暂时过渡,但绝不能作为长期政策主体方案(曾毅,2010,2011,2012)。尹文耀等认为,为了避免生育率的政策性反弹,可以在三大地带和东北地区,同步实行同一种渐进式的调整政策,如"在现行生育政策的基础上,允许'双独'夫妇、'单独'夫妇及其子女生育两个孩子,过一段时间视情况再同时允许各地'双非'夫妇及其子女生育两个孩子"(尹文耀等,2013)。现行政策开始实施以后,多数文献也认为"现行政策"只是一个过渡性的政策、渐进性的方案,最终要过渡到普遍生育两个孩子(翟振武,2014;乔晓春,2014),或主张取消对孩子的数量限制,全面停止计划生育(李唐宁,2015)。

但在实施普遍生育两个孩子政策的时机上,却有较大分歧:

蔡昉认为,"全面放开二胎政策越早越有效果"(蔡昉,2014)。乔晓春建议在 2015 年下半年,最晚在 2016 年开始实施"全面两孩"政策。有专家提出,为避免全面放开二胎造成出生人口堆积现象,仍需要适当控制放开二胎的节奏,建议用 5 年左右的时间过渡到全面放开二胎生育。具体建议分两步走:第一步,在当前实施"单独二孩"的基础上,从 2015 年开始放开 30 岁及以上妇女的二胎生育限制,允许其自由选择生育二胎。第二步,在实行年龄限制 2～3 年后全面放开育龄妇女的二胎生育,允许所有已婚育龄妇女生育二胎(乔晓春,2014)。翟振武等则认为,"应当在科学评估'单独二孩'政策实施效果的基础上,适时启动全面放开二孩的政策","不应设定全国统一的时间表"(翟振武等,2014)。

形成以上分歧的主要原因在于对符合政策的目标和有生育意愿人群规模,对群众的生育意愿强弱,对政策调整后的出生人口规模,对政策调整后生育水平高峰,对实施全面两孩的主要目标和担心的重点,研究所依据的数据、设定的参数、使用的方法等是不同。

对符合政策的目标和有生育意愿人群规模,翟振武估计有 1.52 亿人(翟振武等,2014),乔晓春估计有 9652.2 万人(乔晓春,2014);有生育意愿的潜在生育人群,翟振武等估计为 9700 万人(翟振武等,2014),乔晓春估计为 4642.7 万~5955.4 万人,考虑到其他一些具有发生可能性比较大的"损耗"因素后,估计为 1700 万~3100 万人(乔晓春,2014)。

对妇女群众生育二胎的意愿,翟振武等估计"仍处于较高水平"(翟振武等,2014);乔晓春"真正担心的不是短期反弹,而是长期的'不反弹'"(乔晓春,2014)。

政策调整后的出生人口规模,翟振武等估计峰值会达到 4995 万人(翟振武等,2014);乔晓春估计峰值将在 3224.9 万~3684.4 万人,考虑到"损耗"因素后,年度出生人口峰值为 2200 万~2700 万人(乔晓春,2014)。

政策调整后生育水平高峰,翟振武等估计在 4.5 左右(翟振武等,2014);乔晓春估计在 3.21 至 3.67 之间,考虑到"损耗"因素,在 2.17 至 2.68 之间(乔晓春,2014)。

实施全面两孩的主要目标和担心的重点,翟振武等主要考虑的是在短期内形成的出生高峰将对社会公共服务产生巨大的压力,同时,我国的人口总量也会持续上升,对资源环境造成巨大的压力(翟振武、赵梦晗,2014)。乔晓春考虑的是"由于担心短期反弹,而丧失了生育率长期稳定在适当水平的机会"(乔晓春,2014)。蔡昉也认为"如果放开的速度正好与生育意愿下降的速度是一致的,这一政策就没有效果了"。蔡昉主要考虑的是劳动力供给,"如果中国调整人口生育政策,短期内不会对 GDP 潜在增长率产生正面影响,负面影响程度也非常微弱。但是,当放开生育政策后出生的这一代人进入劳动力市场,政策调整对潜在增长率的积极作用将会比较明显"(蔡昉,2014)。

研究依据的数据、设定的参数、使用的方法,目前最有代表性的是翟振武、张现苓、靳永爱的《立即全面放开二胎政策的人口学后果分析》(《人口研究》,2014 年第 2 期,以下简称"翟文")和乔晓春的《实施"全面两孩"政策后生育水平会达到多高——兼与翟振武教授商榷》(《人口与发展》,2014 年第 6 期,以下简称"乔文")。

翟文的数据、参数和方法是:2005 年全国 1‰人口抽样调查数据对 2012 年 7～37 岁独生子女规模的推算,以及 2011 年、2012 年《国民经济和社会发展统计公报》公布的对应年份出生人口数对 0～6 岁低龄组独生子女的推算;根据 2005 年全国 1‰人口抽样调查原始数据,计算得到现存子女数为 1 的妇女对应的子女—母亲年龄联合分布,对 2012 年 15～49 岁分年龄且子女为独生子女的育龄妇女即目标人群的推算;基于 2011 年,中国人民大学人口与发展研究中心在北京各区县组织实施针对"单独"家庭中已育一孩的妇女二胎生育意愿的调查,中国人口与发展研究中心在全国 29 个省区市(不包括西藏、新疆)开展针对 20～44 岁育龄妇女的调查,假定在立即全面放开二胎政策下,全国妇女二胎平均生育意愿为 70‰;根据 2005 年 1‰人口抽样调查数据的计算结果,我国妇女的一、二胎平均生育间隔在 4 年左右,预计政策放开后妇女的累积生育能量基本会在 4 年内释放完,假定妇女将在政策放开后的 4 年内逐步完成二胎生育,每年进行二胎生育的妇女比例分别为 20%、35%、25%、20%;以 2010 年全国第六次人口普查调查得到的妇女生育年龄模式为基础,结合年度出生人口,反推出立即全面放开二胎政策下妇女的时期生育水平,70%二胎生育意愿假设下分别达到 3.2、4.5、3.6 和 3.2,65%二胎生育意愿假设下分别达到 3.0、4.2、3.4 和 3.0。

乔文的数据、参数和方法是:同样用中国人口与发展研究中心 2013 年 8 月在全国 29 个省区市(不包括西藏、新疆)所做的"全国生育意愿调查"数据,为了估计全国育龄妇女总人数,还使用了 2010 年第六次全国人口普查汇总数据,将时间点定位在 2013 年 11 月 1 日;根据第六次全国人口普查数据,推算 29 个省区市 2013 年 11 月 1 日 20～44 岁分年龄已婚育龄妇女人数;依据"全国生育意愿调查"数据,考虑"一孩政策"地区目前只有一个孩子的夫妇和"一孩半政策"地区目前只有一个男孩的夫妇占全部有效调查对象的比例(占全部只有一孩夫妇的比例为 77.9%,占全部有效调查对象的比例为 45.5%);依据"全国生育意愿调查"数据,把明确表示要第二个孩子的人群作为下限(21.9%)估计,而把表示"要第二个孩子"和"说不好"两种情况之和(28.1%)作为上限估计,得到样本中想生第二个孩子人群的上、下限;假定被调查的丈夫均由妻子来替代,用从样本得到的样本比例作为总体比例的估计值,估计出总体中 20～44 岁符合"全面两孩"政策的目标人群、目标人群中想生育第二个孩子的潜在生育人群下限数、上限数；同样假定"全面两孩"政策新增出生人口在未来 4 年内全部释放掉，同时根据翟文假定未来 4 年生育第二个孩子的分布分别为 20%、35%、25% 和 20%；依据 2010 年人口普查分年龄标准化生育率 h_x 与分年龄妇女人数 W_x 乘积之和（乔文定义的"K"值）得到总和生育率的估计值；考虑到"损耗"的情况下，估计出潜在生育人群实际可能生育人群的下限和上限，总和生育率为 2.44～2.68。

翟文和乔文主要是以中国人口与发展研究中心 2013 年 8 月在全国 29 个省区市（不包括西藏、新疆）所做的"全国生育意愿调查"数据为依据，确定各种参数和比例，并推算总体；都使用同一个主观设定未来 4 年生育第二个孩子的分布；将全国作为研究对象，没考虑各省各地区情况；假定不存在国际迁移，也不考虑国内省际迁移。

两者的区别在于：

翟文假定 6 岁以上的独生子女是终生独生子女，以独生子女数反推只有一个孩子的妇女人数；乔文则依据"全国生育意愿调查"数据中一孩家庭占全部被调查家庭的比例，推算只有一个孩子的妇女人数。

翟文忽略了"一孩政策"、"一孩半政策"地区的差别，忽略了明确表示"要"和"说不好"的差别；乔文考虑到了这些情况。

翟文考虑城乡和地区差异，人为地将目标人群期望生育第二个孩子的比例提高到 70%，将立即全面放开二胎政策实际影响的人群收缩聚焦为 2012 年 30 岁以下的独生子女的母亲，把 15～49 岁人口都列为"全面两孩"的目标人群。乔文则依据"全国生育意愿调查"数据确定目标人群期望生育第二个孩子的比例，且只将 20～44 岁人口列为"全面两孩"的目标人群。

翟文将有生育第二个孩子的意愿比例作为可能生育二孩的实际比例；乔文则考虑到了由生育意愿到实际生育结果中间的多种"损耗"。

所以，"全面两孩"政策研究最重要的是要有系统完整的基础数据，还要有符合实际情况的反映堆积妇女释放生育客观规律的参数、方法和模型。

本团队用与上述文献完全不同的数据和方法，对实施现行政策的堆积夫妇及其释放生育进行过系统的测算（姚引妹等，2014），可用于实施"全面两孩"政策的堆积夫妇及其释放生育研究。

本项研究的基础数据是 2010 年国务院人口普查办公室为本团队补

充汇总的各地区分城乡、分年龄、分存活子女数的妇女人数。依据这些数据,可以知道分年龄的已经有一个孩子或两个孩子的妇女所占的比例。这些数据经过动态调整,可以得到研究年度按年龄和存活子女数分的妇女规模和比例,其中按年龄分的只有一个孩子的妇女比例乘以按妻子年龄划分的单独夫妇人数,即得到堆积待生二孩的单独夫妇人数。单独夫妇人数则以 2005 年抽样调查所得各省独生子女和非独生子女数据,经过动态模拟和多龄概率法估计。我们又将堆积夫妇生育释放,分成"缓释模式"、"突释模式"、"正常模式"。依据各地区分年龄生育率,得到分年龄分孩次预期生育率、分年龄分孩次预期生育比率和生育模式,设计出堆积妇女释放生育模式,乘以分年龄分孩次预期生育概率和年度预期生育比率,估算出按政策和实际可能释放生育的二孩数,进而算出相应的政策生育率和实际可能的生育率。

二、研究对象、基本概念和口径界定

(一)研究对象

本项研究的对象是浙江省的常住人口和户籍人口,是这两种口径的人口在允许所有夫妇全面生育两个孩子的政策下各种人口指标的变化。

(二)基本概念

1. 政策二孩夫妇

政策二孩夫妇,指政策规定可以生育两个孩子的夫妇,不论其是否有孩子或有几个孩子。地区不同、生育政策不同,政策二孩夫妇的特征、规模和结构也不同。全面两孩政策,就是允许所有夫妇全部可以生育两个孩子,所有夫妇都是政策二孩夫妇,不论其是否已经有孩子或有几个孩子,也不论其是否有能力生育孩子。

2. 新增政策二孩夫妇

新增政策二孩夫妇,指原有政策不允许生育两个孩子,新增政策允许生育两个孩子的夫妇。政策调整完善的口径不同,新增政策二孩夫妇的特征也不同:由单独两孩政策调整到全面两孩政策,与独生子女政策调整到单独两孩政策的新增政策二孩夫妇有重大区别。由独生子女政策调整到单独两孩政策时,独生子女政策下不允许而单独两孩政策下允许生育两个孩子的夫妇就是新增政策二孩夫妇。由单独两孩政策调整到全面两孩政策时,单独两孩政策下不允许而全面两孩政策下允许生育两个孩子的夫妇就是新增政策二孩夫妇。浙江省全面两孩政策下新增政策二孩夫妇,包括非农业户口中双方都是非独生子女的夫妇("双非"夫妇)、农业户口中第一个孩子是男孩的"双非"夫妇。

新增政策二孩夫妇,实际生育可能有三种情况。

第一种情况,是实际上生育了一个孩子、还没有生育第二个孩子的夫妇。这是全面两孩政策实行之初,即对生育率和生育孩子数产生影响的人群。

第二种情况,是还没有生育一个孩子的夫妇中生育第一个孩子后,按原政策不能生育第二个孩子、按新政策可能生育第二个孩子的夫妇。这是全面两孩政策实施后对未来生育率和生育孩子数有影响的人群。

第三种情况,是新政策允许生育两个,实际上生育了两个或超过两个,这在原政策下叫"超生"。其中生育了两个的,即使实施新政策也不会允许再生,所以政策不会允许这部分人再有实际生育行为。这种情况仅仅对以往的生育率和生育孩子数有影响。这批人,在原政策或现政策下,因为"超生"已交或待交社会抚养费,但在全面两孩政策下生育了第二个孩子,就不是"超生",不需要交社会抚养费。如果工作不当,其中有的人会要求免交或退还社会抚养费,影响政策的平稳过渡。

3. 政策生育和政策生育率

假定所有人群完全按政策规定进行生育,不论其是否愿意生育、是否有能力生育、什么时候生育,最终都能生够政策规定的、一生可以生的孩子数,称政策生育。这样可以观察纯粹的政策效果。这只是一种理想化状态。

政策生育率则可分为两种:第一种是终身政策生育率,即计划生育条例规定的一对夫妇一生生育的孩子数;第二种是时期政策生育率,即某一地区同一时期每一批妇女在退出生育年龄时要实现终身政策生育率,也就是该地区每一个年度的总和生育率(TFR)。第二种可以考察该地区要完全实现某种生育政策方案,每个时期(年度)应该保持的生育水平。为了简便,本研究中凡没有明确标记"终身"二字的政策生育率,都是指时期政策生育率。

4. 可能生育和实际可能生育率

现实中育龄妇女通常不完全按照政策进行生育,因为生育是家庭行为,除了受生育政策的约束外,还受到诸如家庭经济条件、家庭生命周期阶段、生育能力、身体条件、孩子偏好等多种因素的影响,实际生育率往往偏离政策生育率。我们把在政策、经济、社会、个人意愿等多种现实影响因素作用下实际可能实现的生育称为"可能生育",相应的时期总和生育率,称作"实际可能生育率"。实际可能生育率是基于现实生育率与政策生育率偏离程度的变化,对未来生育率进行的预测,更接近实际的生育率水平。

5. 堆积释放生育

堆积夫妇在政策调整后生育第二个孩子即堆积夫妇生育释放或堆积释放生育。完全按政策的堆积释放生育称为政策性释放生育。堆积夫妇的政策释放生育,不考虑生育概率和政策落实可能性,假定所有堆积夫妇按政策许可和一定的释放规律都能生第二个孩子。在政策、经济社会、个人意愿等多种力量作用下实际可能的堆积释放生育称为可能的释放生育。

(三)口径界定

单独两孩政策刚刚在 2014 年开始实施。单独两孩政策下的目标人群也才刚刚开始生育第二个孩子。如果 2016 年实施全面两孩政策,两个政策的目标人群就会叠加在一起。其所带来的各项工作也将叠加在一起。为了便于了解两次政策完善所引起的叠加效应,我们将一并分析两次政策完善的目标人群。以下所谓目标人群,既包括单独政策的目标人群,也包括全面两孩政策的目标人群。这种目标人群可以分大、中、小三种口径。

1. 小口径目标人群

小口径目标人群只包括一种情况,即已经生了一个孩子,在原政策下,不允许生育两个孩子的一孩已婚育龄妇女,本团队定义其为"堆积夫妇"。这包括原政策向单独政策转换时产生的"单独堆积夫妇",单独政策向全面两孩政策转换时的"双非堆积夫妇"。由于浙江原来政策允许双独夫妇、农业户口的女儿户夫妇生育两个孩子,所以浙江小口径的目标人群应该是:农业户口中只有一个男孩的单独夫妇和双非夫妇,非农业户口中只有一个孩子的单独夫妇和双非夫妇,计划生育条例规定的少数特殊情况除外。计算小口径的目标人群,便于了解因实施全面两孩政策,有多少人有生育二孩的现实可能性,便于估计近期出生人口和生育水平可能会回升的幅度。尽管他们实际生育二孩可能早些,可能晚些,也可能不生。

2. 中口径目标人群

中口径目标人群包括两种情况,即目前没有生育,以后生育第一个孩子后按原政策不能生育第二个孩子、按新政策可能生育第二个孩子的夫妇;目前只生了一个孩子,按原政策不能生育第二个孩子、按新政策可能生育第二个孩子的夫妇。与小口径相比,增加了没有生育的非农业户口单独和双非夫妇、没有生育的农业户口中第一个可能是男孩的单独和双非夫妇。计算中口径的目标人群,便于了解因实施全面两孩政策,影响当前及未来出生人口规模、生育水平的人群有多大,便于进一步测算当前及未来新增出生人口规模和生育水平的提高幅度。

3. 大口径目标人群

大口径目标人群包括三种情况,即"原有政策不允许生育两个孩子,新政策允许生育两个孩子的夫妇",不论其是否生过孩子和生过几个孩子,也即以上定义的所有新增政策二孩夫妇。从理论上说,因为"调整",所以"新增",当然是"调整目标"人群。与中口径相比,新增了非农业户口的已经有两个或以上孩子的单独和双非夫妇,农业户口的已经有两个或以上孩子、第一个是男孩的单独和双非夫妇。计算大口径目标人群的意义在于,便于了解由于实施全面两孩政策,政策二孩夫妇覆盖面扩大了多少,受益人群扩大了多少,也便于估计以往有多少人交过罚款或待处理。其中非农业户口只有两个孩子的、农业户口只有两个孩子且第一个是男孩的单独和双非夫妇是应该特别关注的人群。因为他们在原政策下不符合政策,而在新政策下是符合政策的,他们更可能要求重新按新政策处理。

以上各类人口的关系见图 0-1。

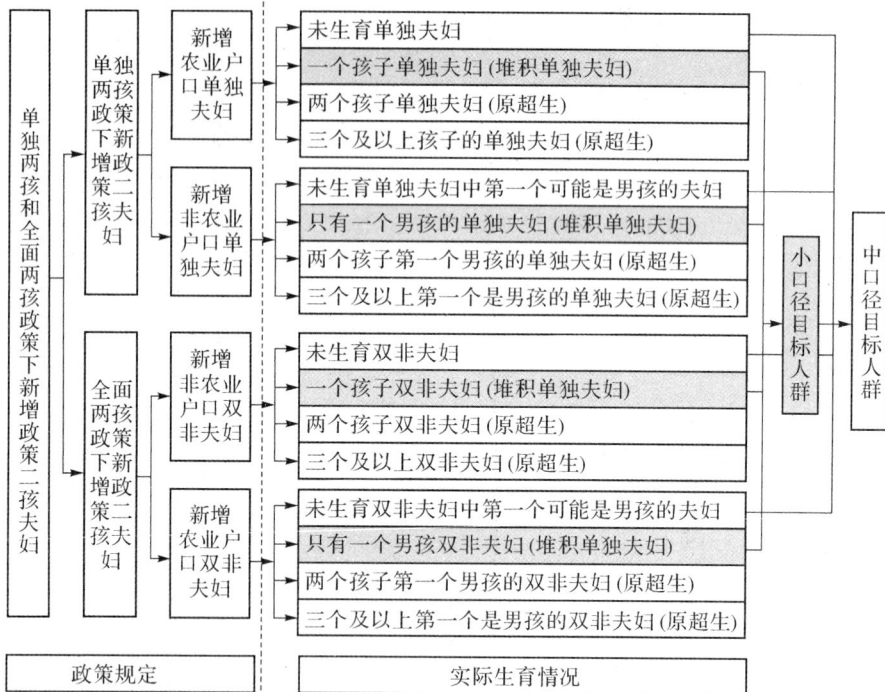

图 0-1　全面两孩政策三种口径的目标人群

三、基础数据

(一)户籍人口

户籍人口基础数据来源有三。

第一,浙江省公安厅 2010 年为本团队承担的"浙江省城乡一体生育政策研究"课题汇总的分市分性别年龄的农业人口非农业人口数据,2015年为本项研究汇总的全省分性别年龄的农业人口非农业人口数据;历年浙江省人口统计资料。

第二,浙江省人口发展信息中心 2010 年利用育龄妇女信息数据库为本团队承担的"浙江省城乡一体生育政策研究"课题汇总的分市分性别年龄农业人口、非农业人口的独生子女和非独生子女数,按存活子女数分的育龄妇女人数。

第三,原浙江省人口和计划生育委员会提供的分年度的出生人口数。另外,还有浙江省老龄委提供的老年人数据。我们对以上这些数据,特别是分性别年龄的人口数据,进行了认真的评估和调整(见附录二:2014年浙江省户籍人口基础数据评估与调整)。

本项研究基于以上数据,使用多龄婚配概率法、分城乡农非政策实现比法算得2014年末户籍人口单独堆积为57.07万人,与浙江省卫生和计划生育委员会以2014年6月1日为标准时间统计调查的实际已经生育第一个孩子的堆积目标人群55.33万人相差1.74万人,误差率为3%,这是因为本项预测未能剔除其他多种可以生育第二个孩子的夫妇。这表明户籍人口的基础数据和本项研究的测算方法是可靠的、可用的。

(二)常住人口

全面两孩政策研究,首先需要测算分城乡、分户口性质、分存活孩子数、分年龄的单独妇女、双非妇女人数。但所有普查和抽样调查,都没有直接提供这些数据。

本研究主要通过2014年人口抽样调查数据和2010年人口普查数据的推演结果,比较后取长补短,推算得到分存活孩子数、分年龄的单独妇女、双非妇女人数。

1. 对2014年人口抽样调查数据进行重新汇总和评估

对2014年抽样调查数据重新汇总后得到分城乡、农业人口和非农业人口的按存活子女分的各类妇女人数。

与2014年统计公报数和2010年普查数据推演结果比较后,我们发现,2014年抽样调查结果在城乡人口结构、农业人口和非农业人口结构方面存在着结构性偏差,对此进行了结构性调整。

2.2010年普查数据、2005年小普查数据的推演数据

(1)基础数据。国务院人口普查办公室为本团队承担2010年人口普查重点课题特别补充汇总了相关数据,包括全国分城乡、分农业人口和非农业人口的按存活子女数分的育龄妇女人数。

2005年全国1%人口抽样调查的分城乡、分农业人口和非农业人口、分性别年龄的独生子女和非独生子女数据,用以弥补2010年普查没有这些数据的缺憾。这一数据虽然已经过去10多年时间,但由于当年最小的

独生子女和非独生子女到 2014 年也不到 15 岁,还没有进入育龄期,所以这些资料只要处理得当还是可用的。

为了弥补这些数据与生育政策模拟的时间差,我们使用 2011—2013 年国家统计局年度人口抽样调查出生率、死亡率、城乡总人口数据,2014 年统计公报及计划生育条例规定的终身政策生育率、分性别年龄死亡概率、迁移概率,通过现状迭代、独生子女和非独生子女动态调整,推算出 2014 年分城乡、分农业人口和非农业人口、分性别年龄的独生子女和非独生子女数据。

生育政策模拟需要的另一个重要基础数据,即按妻子年龄分的"双独"夫妇(夫妻双方均为独生子女的夫妇)、"单独"夫妇(夫妇双方有一方为独生子女的夫妇)、"双非"夫妇(夫妇均为非独生子女)。本研究使用多龄概率法(即某年龄的丈夫与多个年龄妻子婚配,某年龄的妻子与多个年龄的丈夫婚配,见李芬、尹文耀、姚引妹,2011)进行估算。夫妻年龄分布模式根据国家统计局 2010 年普查抽样光盘数据汇总。

(2)推算步骤。使用以上数据推算 2014 年所需基础数据的具体步骤如下。

第一步:整理 2005 年 1‰人口抽样调查的分城镇农业人口、城镇非农人口、农村农业人口、农村非农人口分性别年龄的独生子女和非独生子女数据。

第二步:依据 2005 年中国统计年鉴总人口,将 2005 年城镇农业人口、城镇非农人口、农村农业人口、农村非农人口分性别年龄的独生子女和非独生子女抽样数据转换成全人口数据。

第三步:在第二步基础上,依据 2006—2010 年中国统计年鉴出生率数据,迭代估计 2006—2010 年城镇农业人口、城镇非农人口、农村农业人口、农村非农人口分性别分年龄的独生子女和非独生子女人数。

第四步:在第三步的基础上,按 2010 年普查资料,调整 2010 年城镇农业人口、城镇非农人口、农村农业人口、农村非农人口分性别年龄的独生子女和非独生子女迭代结果,获得调整过的 2010 年独生子女和非独生子女数据。

第五步:类似第三步,依据 2011—2014 年中国统计年鉴和 2014 统计公报公布的总人口、出生率、死亡率数据,通过迭代,估计 2011—2014 年城镇农业人口、城镇非农人口、农村农业人口、农村非农人口分性别年龄的独生子女和非独生子女人数。

3. 对 2014 年抽样汇总的按存活子女数分的各类妇女人数进行结构性调整

将 2014 年抽样汇总结果按 2010 年普查推演的 2014 年的城镇农业人口、城镇非农业人口、农村农业人口、农村非农业人口的结构进行调整；按调整后的结构和 2014 年抽样汇总的按存活子女数分的各类妇女结构，推算分年龄的各类妇女人数。然后取分年龄的城镇农业人口、城镇非农业人口、农村农业人口、农村非农业人口育龄妇女人数，按同年龄的各类妇女所占比重，推算出分年龄的、分存活子女数的各类妇女人数。

对 2014 年抽样调查数据的评估和调整的详细介绍请见《附录三：2014 年常住人口抽样调查数据评估与使用》。

四、基本思路和相关概念

(一)基本思路

这是一个全新的预测，没有现成软件可以利用。本团队计算方法是：

第一步：应用本团队研究的多龄概率法①估算城乡农业和非农业人口各类婚配夫妇数。

第二步：依据 2014 年人口抽样调查数据和 2010 年人口普查数据比对推算的分城乡农业和非农业人口分年龄育龄妇女存活子女数分离出单独夫妇、双非夫妇中未生育和已经生育一个、两个及以上孩子的妻子数。

第三步：应用本团队研究使用的生育政策调整转换中，堆积夫妇估计、剥离及其生育释放模拟的理论分析模型和定量分析模型，估计全面两孩政策实施中按政策生育的条件下堆积夫妇与生育释放规模(姚引妹、李芬、尹文耀，2014)。

第四步：应用本团队研究的政策实现比方法，预测各类夫妇按实际可能生育的孩子数(尹文耀、姚引妹、李芬，2013)。

---

① 李芬、尹文耀、姚引妹：《婚配概率及婚配对数估计方法的探讨——生育政策仿真的关键技术之一》，《统计研究》2011 年第 7 期，第 92—97 页。

(二)相关概念

堆积妇女究竟以何种模式生育第二个孩子一直是一个难题。前面相关研究综述中谈到的几个有影响的研究成果,都是以生育意愿调查的政策实施后堆积夫妇计划生育第二个孩子的时间为依据的。

我们认为,生育意愿是影响生育行为、生育时间的一个重要因素,但不是唯一因素。从微观层面看,由生育意愿到完成实际生育,中间要经过许多环节多种因素的过滤,最后才有部分人走到终点。一对夫妇的实际生育行为的完成是多种因素合力作用的结果。汇集到宏观层面,就形成了一个不以人的意志为转移的客观规律。我们需要研究和揭示这个客观规律,按客观规律模拟实际的生育行为。

实际上,人口学分孩次生育模式的概念,就是分孩次客观生育规律的反映。与一般分孩次生育规律不同的是不同年龄的堆积妇女从政策允许后的同一年开始生育第二个孩子。这不同年龄的妇女生育第二个孩子的规律也将是很不相同的。为了刻画这一规律,我们提出四个概念,简单介绍如下,详细论述请见本团队相关论文[①]。

1. 分年龄分孩次预期生育率

某年龄(x_i)某孩次预期生育率,即该年龄及其以上各年龄该孩次生育率之和或该孩次从 x_i 岁累计到 49 岁的生育率。

2. 分年龄分孩次预期生育比率和生育模式

起始年龄为 x_i 岁妇女从 x_i 岁开始以后各年龄生育第 n 个孩子的妇女比率。

按以上方法计算的全国 15~40 岁的堆积妇女分年龄二孩释放生育模式见图 0-2。可以看出,堆积妇女的年龄越小,调整头几年二孩分年龄释放生育比率越低,二孩释放生育模式接近正常的二孩生育模式;随着调整之初堆积妇女年龄的增大,调整头几年分年龄释放生育比率将逐步升高,分年龄释放生育比率的最大值也越来越提前,二孩释放生育模式接近缓释模式;当调整之初堆积妇女年龄等于或大于正常二孩分年龄生育比

---

① 姚引妹、李芬、尹文耀:《单独两孩政策实施中堆积夫妇及其生育释放分析》,《人口研究》2014 第 4 期,第 3—17 页。

率峰值年龄时(全国为 28 岁),就转换成了突释模式,调整之初堆积妇女年龄越大,突释模式越典型,调整头几年分年龄释放生育比率也将越高。这种模式转换,完全是一个自然的、渐进的过程。

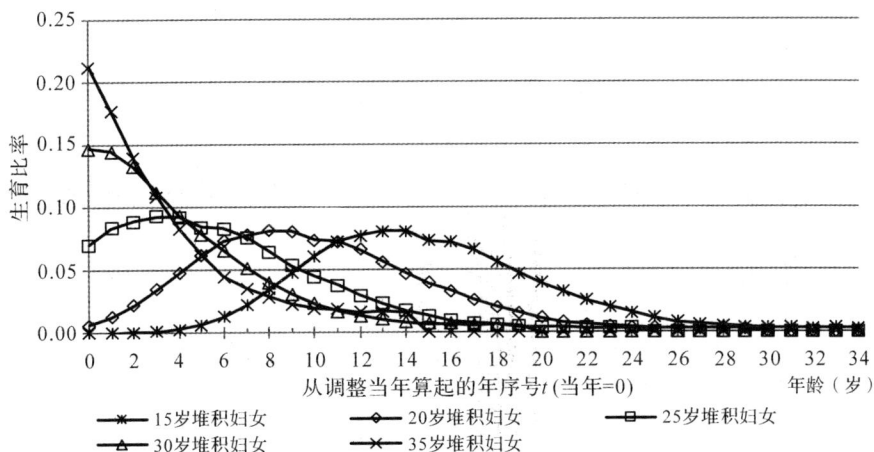

图 0-2　全国 15～35 岁堆积妇女释放生育的理论模式

3. 分年龄分孩次预期生育概率

事实上,生育第 n 个孩子的起始年龄 x_i 不同,生育能力和生育意愿的强弱也将很不相同,各年龄生育第 n 个孩子的概率也将有很大不同。我们称之为分年龄分孩次的预期生育概率。其定义是:某年龄某孩次的预期生育概率等于该年龄该孩次预期生育率(从该年龄算起至 49 岁的该孩次累计生育率)占该孩次总和生育率的比率,其含义是假定 n 孩次终身生育率为 1,该年龄有多大可能生育第 n 个孩子。

图 0-3 给出了 1990 年全国人口普查城乡合计的分年龄分孩次预期生育概率。之所以采取 1990 年数据,是因为这是目前公开出版物上分的孩次最高的资料。分年龄分孩次预期生育概率是分年龄预期生育一定孩子数的概率。它在年龄较轻时等于或接近 1,随着年龄的增长预期生育概率逐渐下降,最后趋向于 0,呈非线性变动。假定各孩次都能够生一个,这就是各年龄每一孩次都生一个的概率。图 0-3 显示,分孩次分年龄预期生育概率的值孩次越高值越高,表明随着年龄的增长,生育低孩次的可能性越小,生育高孩次的可能性越大。其中五孩(及以上)生育概率曲线反映了生育能力和生育意愿持续时间最长情况下,生育孩子的最大可能。

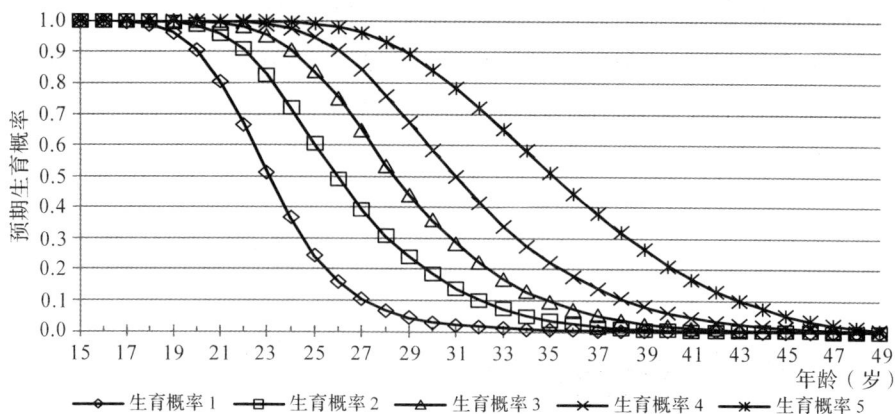

图 0-3　全国 1990 年普查分孩次分年龄预期生育概率

注:生育概率 1 即一孩预期生育概率;生育概率 2 即二孩预期生育概率;其他类推。

4. 三孩、四孩、五孩释放模式

与正常夫妇生育二孩相比,因政策由不允许生到允许生第二个孩子,绝大部分堆积妇女生第二个孩子的生育年龄变大了,生育时间推迟了,释放生育二孩的概率曲线将由左向右移动。我们不知道确切的堆积妇女二孩预期生育概率曲线及其数值,但可以有把握地判断它一定是向右移了,移动最小的是接近三孩预期生育概率曲线,移动最大的是接近最高孩次五孩预期生育概率曲线。五孩预期生育概率曲线反映了生育能力和生育意愿保持时间最长、生育完成时间较晚情况下生育概率曲线变动的规律。它更适用于政策明确、人心稳定、优生观念增强、多数堆积夫妇工作和事业处于上升期、部分堆积夫妇还处于流动状态,在有生育能力之年做适当安排和准备后,再生育的情况。我们把按照三孩预期生育概率曲线计算的分年龄释放比例生育孩子的模式,称为"三孩释放模式",相应地有"四孩释放模式"、"五孩释放模式"。为了便于把握堆积释放生育的趋势,我们分别按三孩、四孩、五孩释放模式进行了模拟。模拟结果显示,三孩模式头几年释放多,结束早;五孩模式头几年释放少,结束晚;四孩模式居中。可以把三孩模式作为低方案,五孩模式作为高方案,四孩模式作为中方案。本研究以四孩模式为基础进行分析。

第一章　单独两孩政策效果评估

一、单独两孩政策近期效果评估[①]

(一)全省实施情况总体平稳,没有出现大量扎堆生育情况

自 2014 年 1 月 17 日实施单独两孩政策以来,在各级党委、政府的高度重视和卫生计生行政部门、广大计划生育工作者的努力下,全省单独两孩政策实施工作平稳扎实有序并已转为常态化工作,群众选择再生育较为理性,没有出现大量扎堆生育情况,社会反响良好。

截至 2015 年 8 月底,全省共受理单独夫妇再生育申请 13.1 万例,已批准 12.67 万例,其中已经出生 5.79 万人,占批准对象的 45.70%,已孕年底前待出生 2.19 万人,占批准对象的 17.28%,说明至年底在所有已批准对象中会有六成以上生育。政策实施近两年,至年底出生 8 万人左右,低于预期估算。全省单独夫妇再生育审批的符合率达到 96.69%,没有收到一起符合政策群众关于再生育审批服务不到位的投诉。

(二)政策实施已经产生了稳定的预期,逐步释放生育势能的政策目标正在实现

从月度统计监测数据看,全省单独夫妇再生育申请数量和审批数量已从实施之初快速上升,至 2014 年 3 月达到峰值 14677 例后逐步下降,

---

① 本节数据和分析文字由浙江省卫生和计划生育委员会规划处提供。

至 2014 年 10 月以后趋于平稳,申请受理和审批的例数每月在 5000 例左右(见图 1-1)。各地已经发生的申请数和审批数,均呈现"先高而后平稳"的趋势,政策冲击高峰时只滞留 1～2 个月时间。随着时间的推移,单独两孩政策逐步成为一种政策常态,以往累积的年长夫妇再生育申请的势能逐步释放完毕,有迫切再生育需求的单独夫妇日益减少,因而申请数渐趋平稳。这说明在政策实施一段时间以后,人们已对其产生了稳定的预期,各种经济社会因素的影响使人们的生育行为更加理性,逐步释放生育势能的政策目标正在实现。

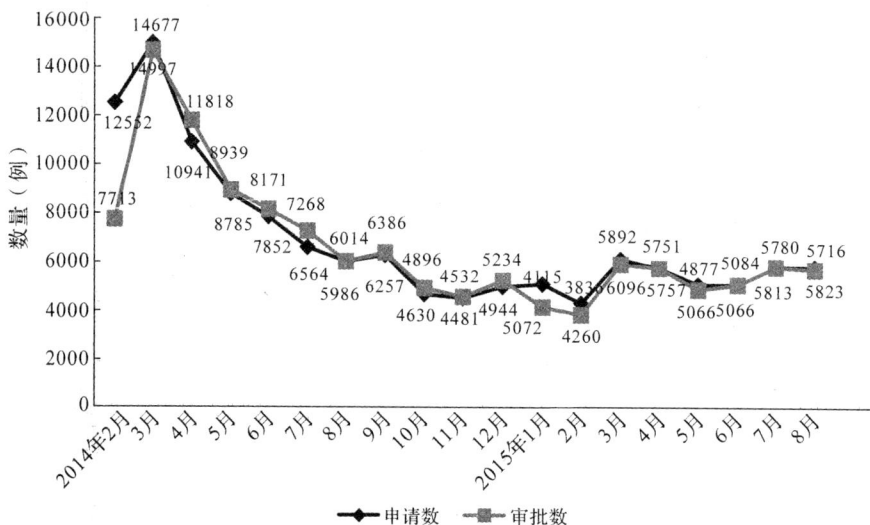

图 1-1 2014 年 2 月至 2015 年 8 月月度申请受理和审批情况

(三)目标人群和已批对象女方年龄集中分布在 25～34 岁,80 后成为意愿再生育的主要群体

在全部符合单独两孩政策的目标人群中,女方年龄在 25～34 岁的占 73.05%,35 岁及以上的占 14.83%。在已审批的对象中,女方年龄在 25～34 岁的占 83.29%,成为单独夫妇意愿再生育的主要群体;35 岁及以上占 11.45%,这些对象尽管已过了最佳生育期,但希望通过及时的申请获得再生育的机会(见图 1-2)。

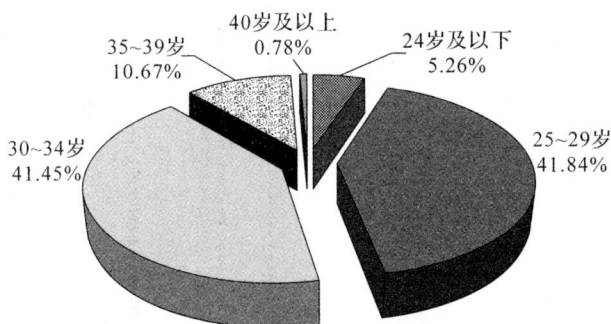

图 1-2　已审批对象年龄结构

(四)各年龄段目标人群申请再生育意愿并不高,已批对象只占目标人群二成左右

按照 2014 年全省独生子女夫妇调查摸底数据,我省符合单独两孩政策目标人群为 69.16 万人,其中,已生育一个子女符合单独两孩政策的为 55.33 万人。截至 2015 年 8 月底已经申请并被批准 12.67 万例,只占全部符合政策目标人群的二成左右。其中,生育意愿较强的女性年龄在 30～34 岁年龄组,申请再生育也不到三成;生育意愿较低的女性年龄在 40 岁及以上的年龄组,只有 4% 左右的家庭提出再生育两孩申请(见表1-1)。这说明全省符合单独两孩政策人群对再生育申请的选择比较理性。

表 1-1　按各年龄段女性分的家庭再生育审批情况

		合计	24 岁及以下	25～29 岁	30～34 岁	35～39 岁	40 岁及以上
符合政策目标人群	全部目标人群(人)	691574	83844	286304	218899	71635	30892
	各年龄段占比(%)	100	12.12	41.40	31.65	10.36	4.47
	已生育一个子女目标人群	553344	41306	211045	202390	68795	29808
	各年龄段占比(%)	100	7.46	38.14	36.58	12.43	5.39
已审批人数	已审批人数(人)	126701	5749	48551	55434	15781	1187
	占全部目标人群比重(%)	18.32	6.86	16.96	25.32	22.03	3.84
	占已生育一个子女目标人群比重(%)	22.90	13.92	23.01	27.39	22.94	3.98

(五)政策实施不会影响人口计划的完成,不会给教育、卫生等基本公共服务带来太大压力

单独两孩政策实施后,2014 年 1—12 月符合单独两孩政策的出生人数为 26974 人,占全省当年出生人数的 5.6%,占当年二孩出生人数的 16%。2014 年,全省常住人口 5508 万人,人口出生率 10.51‰,自然增长率 5‰。根据 2015 年上半年人口形势预测分析,受年龄结构等因素影响,全省已婚育龄妇女规模、出生人数明显减少,截至 6 月底,全省育龄妇女 1246.80 万人,较上年同期减少 26.16 万人,减幅为 2.05%。其中:已婚育龄妇女954.25 万人,较上年同期减少 23.07 万人,减幅为 2.36%①。报表显示,1—6 月全省上报出生人口 21.17 万人,较上年同期减少 0.84 万人,减幅为3.82%。剔除全省实施单独两孩生育政策增加的出生人口,全省上半年出生人数同比减少 3.10 万人,减幅达 14.08%。预计至年底全省出生人数户籍口径约为 46 万人(其中单独两孩出生约占 11% 左右),常住口径约为 54万人,出生人口年度计划能够完成。全省常住人口仍能控制在"十二五"人口发展规划设定的 5700 万人以内,不会影响全省"十二五"国民经济和社会发展及卫生、教育等事业发展规划目标的实现,不会对全省粮食安全以及教育、卫生、就业等基本公共服务带来较大压力。

二、单独两孩政策远期效果评估

(一)21 世纪中叶浙江将是世界上老年人口比重最高的地区之一

据联合国 2012 年中生育水平预测(下同),目前及未来老年人口比重最高的是日本、西欧和南欧。在单独两孩政策下浙江省 65 岁及以上老年人口比重,按户籍人口计算在 2025—2030 年间将超过南欧和西欧,按常住人口计算在 2035—2040 年间将超过西欧,与南欧基本持平。当西欧趋于稳定,南欧持续升高时,浙江按两种口径计算的 65 岁及以上老年人口比重,也在持续升高。21 世纪中叶,常住人口升至 32.90%,与南欧(32.74%)基本持平;户籍人口升至 35.19%,比南欧高 2.45 个百分点,

---

① 全省在 2004 年已婚育龄妇女数达到 1033 万人峰值后,呈逐年减少态势。

成为仅低于日本的、世界上老年人口比重最高的地区之一（见图 1-3、表 1-2）。

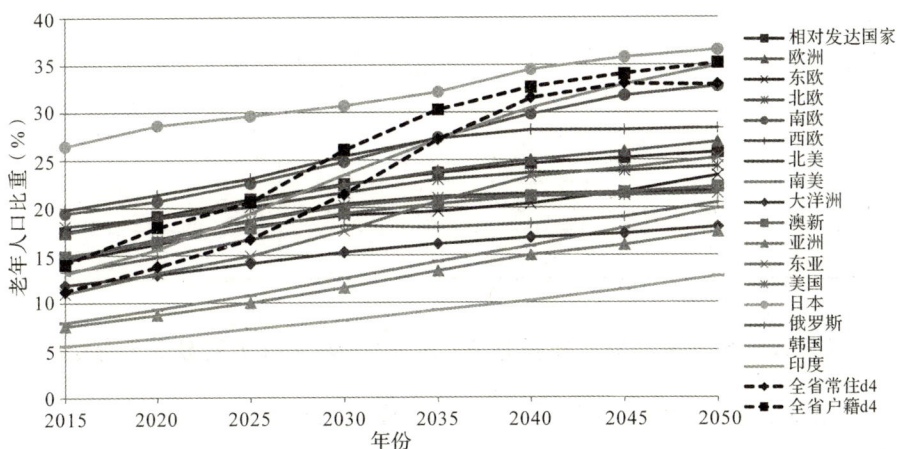

图 1-3　单独两孩政策下浙江 65 岁及以上老年人口比重的国际比较

注：图中"d4"是单独两孩政策"四孩释放模式"，下同。

表 1-2　单独两孩政策下浙江 65 岁及以上老年人口比重的国际比较　单位：%

	2015 年	2020 年	2025 年	2030 年	2035 年	2040 年	2045 年	2050 年
全省常住人口	11.19	13.80	16.64	21.40	27.11	31.54	33.01	32.90
全省户籍人口	14.04	17.90	20.55	26.04	30.25	32.65	34.05	35.19
相对发达国家	17.47	19.13	20.83	22.47	23.64	24.56	25.17	25.80
欧洲	17.33	18.87	20.58	22.39	23.82	24.98	25.92	26.89
东欧	14.39	16.19	17.98	19.23	19.59	20.39	21.67	23.34
北欧	18.00	18.92	20.07	21.56	22.91	23.60	23.82	24.30
南欧	19.36	20.71	22.50	24.82	27.33	29.75	31.75	32.74
西欧	19.79	21.34	23.06	25.34	27.29	28.09	28.09	28.37
北美	14.80	16.70	18.75	20.40	21.20	21.47	21.55	21.78
南美	7.96	9.25	10.78	12.57	14.27	15.94	17.85	19.86
大洋洲	11.87	12.97	14.14	15.30	16.12	16.87	17.27	17.88
澳新	14.93	16.36	17.87	19.36	20.34	21.17	21.51	22.18
亚洲	7.49	8.75	9.99	11.57	13.35	14.94	16.06	17.45

续表

	2015 年	2020 年	2025 年	2030 年	2035 年	2040 年	2045 年	2050 年
东亚	10.93	13.12	14.93	17.50	20.65	23.24	24.06	25.22
美国	14.67	16.55	18.57	20.15	20.92	21.18	21.23	21.45
日本	26.44	28.61	29.63	30.67	32.16	34.49	35.81	36.55
俄罗斯	13.20	14.81	16.68	18.11	17.95	18.30	19.02	20.49
韩国	13.01	15.53	19.40	23.40	27.13	30.53	32.98	34.89
印度	5.46	6.30	7.21	8.15	9.15	10.16	11.35	12.70

(二)21 世纪中叶浙江将是世界上劳动年龄人口比重最低地区之一

目前,15~64 岁劳动年龄人口(以下称劳动年龄人口)比重最低的是日本、北欧、西欧、南欧和大洋洲;到 21 世纪中叶,将是日本和南欧,届时将分别降至 50.92% 和 53.56%。目前浙江省常住人口和户籍人口劳动年龄人口比重都是世界上劳动年龄人口比重最高地区之一。

在单独两孩政策下,浙江省户籍人口在 2025—2030 年,常住人口在 2030—2035 年将降至与南欧持平。当欧洲其他地区下降趋缓、南欧持续下降时,浙江按两种口径计算的劳动年龄人口比重仍将持续大幅下降。21 世纪中叶,常住人口降至 51.20%,比南欧低 2.36 个百分点;户籍人口降至 53.12%,比南欧低 0.44 个百分点,成为世界上仅低于日本的、劳动年龄人口比重最低地区之一(见图 1-4、表 1-3)。

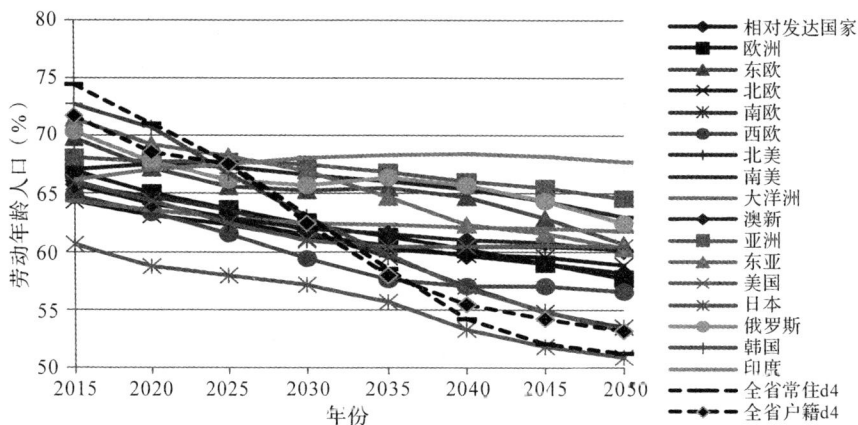

图 1-4 单独两孩政策下浙江劳动年龄人口比重的国际比较

表 1-3　单独两孩政策下浙江未来劳动年龄人口比重的国际比较　单位:%

	2015 年	2020 年	2025 年	2030 年	2035 年	2040 年	2045 年	2050 年
全省常住人口	74.45	71.02	67.62	63.12	58.46	54.22	52.02	51.20
全省户籍人口	71.68	68.53	67.53	62.40	57.91	55.46	54.15	53.12
相对发达国家	66.04	64.24	62.72	61.41	60.51	59.65	58.91	58.10
欧洲	66.93	65.09	63.65	62.33	61.30	60.17	58.98	57.74
东欧	69.85	67.17	65.65	65.24	65.53	64.69	62.86	60.69
北欧	64.37	63.14	62.29	61.12	60.16	59.70	59.45	58.82
南欧	65.78	64.76	63.57	61.78	59.48	56.96	54.73	53.56
西欧	64.80	63.32	61.57	59.38	57.62	56.97	57.00	56.59
北美	66.10	64.40	62.46	60.97	60.41	60.37	60.44	60.24
南美	67.07	67.55	67.28	66.68	66.10	65.44	64.37	63.05
大洋洲	64.40	63.53	62.93	62.49	62.33	62.09	62.04	61.72
澳新	65.76	64.13	62.88	61.97	61.53	61.03	60.73	60.02
亚洲	68.09	67.79	67.75	67.54	66.87	66.07	65.53	64.64
东亚	71.46	69.26	68.22	66.95	64.71	62.39	61.52	60.28
美国	65.94	64.32	62.43	61.01	60.46	60.44	60.55	60.40
日本	60.67	58.76	57.94	57.13	55.70	53.30	51.83	50.92
俄罗斯	70.34	67.77	66.19	65.69	66.42	65.77	64.33	62.43
韩国	72.79	70.69	66.77	63.03	59.68	56.82	54.87	53.12
印度	66.17	67.11	67.59	68.06	68.31	68.45	68.25	67.76

(三)21 世纪中叶浙江将是世界上总抚养比最高地区之一

总抚养比最高的,目前是日本、西欧和大洋洲;21 世纪中叶,将是日本和南欧,届时将分别上升至 96.39% 和 86.70%。目前,浙江省是世界上总抚养比最低的地区之一;户籍人口略高些,与东亚地区基本持平。

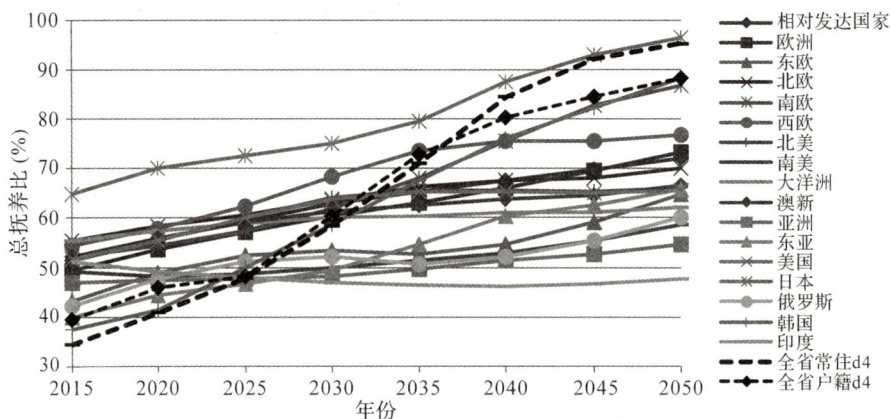

图 1-5　单独两孩政策下浙江总抚养比的国际比较

在单独两孩政策下,浙江省户籍人口在 2025—2030 年间,常住人口在 2030—2035 年间超过南欧。当世界其他地区在缓慢上升时,南欧却以较快的速度上升,浙江省按常住人口计算的总抚养比,以更快的速度上升。21 世纪中叶,浙江省常住人口总抚养比将高达 95.33%,比南欧高 8.63 个百分点,户籍人口高达 88.25%,比南欧高 1.55 个百分点,基本上是一个劳动年龄人口要抚养一个老年人口或未成年人口,成为世界上总抚养比仅低于日本的最高地区之一(见图 1-5、表 1-4)。

表 1-4　单独两孩政策下浙江总抚养比的国际比较　　　　单位:%

	2015 年	2020 年	2025 年	2030 年	2035 年	2040 年	2045 年	2050 年
全省常住人口	34.32	40.81	47.88	58.43	71.06	84.42	92.22	95.33
全省户籍人口	39.51	45.91	48.09	60.27	72.70	80.33	84.66	88.25
相对发达国家	51.43	55.67	59.44	62.83	65.26	67.64	69.76	72.13
欧洲	49.41	53.64	57.11	60.43	63.14	66.20	69.56	73.21
东欧	43.18	48.88	52.31	53.28	52.60	54.58	59.08	64.76
北欧	55.35	58.37	60.55	63.62	66.24	67.51	68.21	70.02
南欧	52.03	54.42	57.30	61.86	68.12	75.57	82.73	86.70
西欧	54.33	57.93	62.43	68.42	73.55	75.52	75.45	76.72
北美	51.29	55.29	60.11	64.01	65.54	65.65	65.45	66.00
南美	49.10	48.05	48.63	49.96	51.30	52.81	55.35	58.61

续表

	2015 年	2020 年	2025 年	2030 年	2035 年	2040 年	2045 年	2050 年
大洋洲	55.28	57.41	58.92	60.04	60.43	61.06	61.18	62.03
澳新	52.06	55.94	59.03	61.37	62.53	63.87	64.66	66.60
亚洲	46.86	47.51	47.61	48.07	49.55	51.35	52.60	54.71
东亚	39.94	44.39	46.59	49.38	54.54	60.28	62.55	65.89
美国	51.65	55.48	60.17	63.90	65.40	65.46	65.15	65.56
日本	64.82	70.19	72.61	75.04	79.53	87.63	92.96	96.39
俄罗斯	42.17	47.56	51.08	52.23	50.56	52.04	55.46	60.18
韩国	37.38	41.47	49.76	58.66	67.57	75.99	82.25	88.24
印度	51.13	49.02	47.95	46.93	46.40	46.10	46.52	47.58

三、结论：进一步完善生育政策势在必行

从近期看，浙江单独两孩实施情况平稳有序，没有出现扎堆生育现象。这既是因为目标人群生育意愿较弱，更是因为从原双独两孩政策向单独两孩政策调整的幅度偏小，只是微调。依据本项研究推算的各类夫妇规模和构成，浙江户籍人口政策二孩夫妇覆盖率 2016 年在原生育政策下，约为 36%；在单独两孩政策下为 51%，比原政策只扩大 15 个百分点。还有 49% 的夫妇处于只能生育一个孩子的状态。常住人口政策二孩夫妇覆盖率 2016 年在原生育政策下，约为 29%，比户籍人口低 7 个百分点；在单独两孩政策下为 41%，比原政策只扩大 12 个百分点，还有近 60% 的夫妇处于只能生育一个孩子的状态。

国际比较结果告诉我们，单独两孩政策不能摆脱到 21 世纪中叶浙江将成为世界上老年人口比重最高、劳动年龄人口比重最低、总抚养比（劳动年龄负担系数）最高的地区之一。从实现人口长期均衡发展，必须在单独两孩政策基础上，进一步完善生育政策，进一步扩大政策二孩夫妇覆盖率。实施全面两孩政策势在必行。

第二章 全面两孩政策目标人群测算与分析

本研究在绪论里定义了大、中、小三种口径的目标人群。本章将先分析 2016 年实施全面两孩政策当年浙江省三种口径的目标人群和政策二孩覆盖率。鉴于小口径目标人群是生育政策调整完善中影响出生人口、生育率及公共服务资源配置的关键群体,接下来将着重分析小口径的目标人群即堆积夫妇的变动趋势、城乡分布和年龄结构。为了更好地突出小口径目标人群的特点,也为了行文简洁和与其他目标人群相区别,在以下分析中,我们将其统称为"堆积夫妇"(对数)或"堆积妇女"(人数)。

一、全面两孩政策实施当年目标人群和政策二孩夫妇覆盖率

(一)户籍人口目标人群

1. 小口径目标人群

浙江省卫计委以 2014 年 6 月 1 日为标准时间对全省的统计调查结果显示,在全省 69.16 万对符合单独两孩生育政策的夫妇中,已生育一个子女符合单独两孩政策的育龄夫妇有 55.33 万对。本研究使用浙江省人口信息中心提供的数据,测得的是 57.07 万对。经过 2015 年迁移、死亡和退出生育年龄,到 2015 年还有 57.05 万对,2016 年还有 57.04 万对。

2016 年农业人口双非一男孩妇女 118 万人,非农业人口双非一孩妇女 153 万人,合计堆积双非妇女 271 万人,加上单独堆积妇女,堆积妇女共 328 万人,占有配偶育龄妇女的比重约为 30%(见表 2-1)。

表 2-1　2016 年全面两孩政策下全省户籍人口各类夫妇人群　单位：万对

夫妇类别		全省			浙北			浙南		
		合计	农业	非农	合计	农业	非农	合计	农业	非农
有偶妇女		1084	710	374	543	294	249	541	416	125
双独有偶		61	28	33	45	22	23	16	6	10
单独夫妇	单独有偶	232	148	84	143	84	59	89	64	25
	单独无孩户	92	60	32	53	31	22	39	29	10
	单独一女户	42	24	18	28	15	13	14	9	5
	单独一男户	47	27	20	31	17	14	16	10	6
	单独二孩户	51	37	14	31	21	10	20	16	4
双非夫妇	双非有偶	791	534	257	355	188	167	436	346	90
	双非无孩户	141	114	27	43	25	18	98	89	9
	双非一女户	181	108	73	95	47	48	86	61	25
	双非一男户	198	118	80	104	51	53	94	67	28
	双非二孩户	271	194	77	113	65	48	158	129	29
堆积夫妇	堆积夫妇	328	145	183	190	68	122	138	77	61
	单独堆积	57	27	30	38	17	21	19	10	9
	双非堆积	271	118	153	152	51	101	119	67	52

2. 中口径目标人群

2016 年农业人口无孩的单独育龄妇女 60 万人（见表 2-1），其中一孩为男孩、再生育时单独政策与全面两孩政策重叠。假定她们生育第一个孩子的性比例，与农业人口现存一孩有配偶的单独育龄妇女相同（男孩占比 52.29％），将新增农业人口单独目标人群 32 万人（见表 2-2）。用同样方法，可以估计新增农业人口双非目标人群 59 万人。因此，由无孩有配偶育龄妇女进入目标人群的数量为：新增农业人口单独目标人群 32 万人，新增农业人口双非目标人群 59 万人，以及非农业的无孩有配偶的单独育龄妇女 32 万人、双非育龄妇女 27 万人，合计为 150 万人。这将是经过两三年，她们中的人在生育第一个孩子后再生育第二个孩子时，与小口径的堆积妇女一起推动生育率回升的另一股力量。中口径的目标人群为这 150 万人加上小口径的目标人群，即 479 万人，占有配偶育龄妇女的

44%以上,这使得推动生育率回调的人群占比比小口径的目标人群提高 14个百分点(见表2-2)。她们与小口径的目标人群不同的是,她们将陆续分期分批地按正常模式生育第二个孩子,而小口径目标人群生育第二个孩子具有鲜明的堆积释放特征。

3. 大口径目标人群

2016年农业人口中已有两个及以上孩子的单独育龄妇女37万人。由于这些单独夫妇生育多孩的比例较小,予以忽略;同时,假定其第一个子女为男孩的比例同现存一孩有配偶的单独育龄妇女的男孩比例,由第一个是男孩而生育两个及以上子女的单独夫妇为19万对。而这19万对夫妇生育两个子女是符合生育两个子女新政策的(见表2-2)。

用同样方法可以估计符合新政策生育两个孩子要求的双非妇女将是101万人。由此,符合新政策可以生育两个孩子要求的对象为上述的19万人、101万人,加上非农业人口已有两个或两个以上孩子的单独育龄妇女14万人,双非育龄妇女77万人,共212万人。这些对象加上中口径的目标人群,即大口径的目标人群,共691万人,占有配偶育龄妇女的比重约为64%(见表2-2)。

表2-2 2016年全面两孩政策下全省户籍人口三种口径目标人群 单位:万人

口径	夫妇类别	全省			浙北			浙南		
		合计	农业	非农	合计	农业	非农	合计	农业	非农
小口径	目标人群	328	145	183	190	68	122	138	77	61
	单独目标妇女	57	27	30	38	17	21	19	10	9
	双非目标妇女	271	118	153	152	51	101	119	67	52
	合计占有偶育龄妇女比重(%)	30.26	20.42	48.93	34.99	23.13	49.00	25.51	18.51	48.80

续表

口径	夫妇类别	全省			浙北			浙南		
		合计	农业	非农	合计	农业	非农	合计	农业	非农
中口径	目标人群	479	236	243	260	97	163	219	139	80
	单独目标妇女	121	58	63	77	33	44	44	25	19
	双非目标妇女	358	178	180	183	64	119	175	114	61
	单独目标增量	64	32	32	39	16	22	25	15	10
	其中:准单独一女户	44	(29)	15	25	(15)	11	19	(14)	5
	准单独一男户	49	32	17	28	16	12	21	15	5
	双非目标增量	86	59	27	31	13	18	55	47	9
	其中:准双非一女户	67	(54)	13	20	(12)	9	47	(42)	4
	准双非一男户	73	59	14	22	13	10	51	47	4
	合计占有偶育龄妇女比重(%)	44.19	33.24	64.97	47.88	32.99	65.46	40.48	33.41	64.00
大口径	目标人群	690	357	333	362	142	220	328	215	113
	单独目标妇女	155	78	77	98	44	53	58	34	24
	双非目标妇女	535	279	256	265	98	167	270	181	89
	单独目标增量	34	19	14	21	11	10	13	8	5
	其中:前单独一女户	25	(18)	7	15	(10)	5	10	(8)	2
	前单独一男户	27	19	8	16	11	5	11	8	3
	双非目标增量	178	101	77	82	34	48	96	67	29
	其中:前双非一女户	129	(92)	36	54	(31)	23	75	(61)	14
	前双非一男户	141	101	40	59	34	25	82	67	15
	合计占有偶育龄妇女比重(%)	63.65	50.28	89.04	66.67	48.30	88.35	60.63	51.68	90.40

注:"准"字的含义是由无孩户转变为不同目标人群的人数;"前"字的含义是依据生育第二个孩子前第一个孩子性别判断的二孩户中可能符合新政策的目标人群;"( )"内的数字不计入目标人群。下同。

(二)常住人口目标人群

依 2014 年浙江省人口抽样调查数据推算,2014 年实施单独两孩政策时,小口径的目标人群(堆积夫妇)约 60 万对。这将是立即推动生育率、出生率回升的实际因素。2016 年实行全面两孩政策的假设下,两孩政策目标人群将进一步扩大至原有政策不允许生育第二个孩子的双非夫妇。加上 2014 年实行单独两孩政策时存活至 2016 年和迁移后的目标人群,全面两孩政策下各口径目标人群如下。

1. 小口径目标人群

2014 年实施单独两孩政策时,小口径的目标人群(堆积夫妇)经过 2015 年迁移、死亡和退出生育年龄,到 2016 年还有 59 万对,加上双非堆积夫妇 410 万对,堆积夫妇合计为 470 万对,占有配偶育龄夫妇的比重约为 34%。

2. 中口径目标人群

农业户口的无孩单独妇女 98 万人,无孩双非妇女 116 万人(见表 2-3)。假定其生育第一个孩子的性别比与已经有一个孩子的单独夫妇和双非夫妇相同,则会新增单独一男妇女 56 万人,新增双非一男妇女 79 万人,加上非农业户口的无孩单独妇女 28 万人,无孩双非妇女 62 万人,合计新增目标人群 225 万人。加上小口径的目标人群,中口径的目标人群为 695 万人,占有配偶夫妇(1394 万对)的比重约为 50%。

3. 大口径目标人群

仍然假定已经有两个及以上孩子的单独和双非夫妇的第一个孩子的性别比与只有一个孩子的相同,那么已经有两个及以上孩子的农业人口单独夫妇 15 万对(见表 2-3)中,将有 9 万对夫妇(见表 2-4)在新政策下可以生育两个孩子;两个及以上孩子的农业人口双非夫妇 359 万对(见表 2-3)中,将有 245 万对(见表 2-4)可以生育两个孩子;加上非农业人口的已经有两个孩子的单独夫妇 4 万对,已经有两个孩子的双非夫妇 32 万对,有 289 万对已经有两个及以上孩子的夫妇在原有政策下不符合政策,而在新政策下则符合政策。

三种口径目标人群如表 2-4 所示。

表 2-3　2016 年全面两孩政策下全省常住人口各类夫妇人群　单位:万对

夫妇类别		全省			城镇			农村		
		合计	农业户口	非农户口	合计	农业户口	非农户口	合计	农业户口	非农户口
有偶妇女		1393	1046	347	987	662	325	407	385	22
双独有偶		62	30	32	51	20	31	11	10	1
单独夫妇	单独有偶	228	158	72	168	102	66	62	57	5
	单独无孩户	126	98	28	91	65	26	35	33	2
	单独一女户	37	19	18	29	12	17	8	7	1
	单独一男户	47	26	21	36	16	20	11	10	1
	单独二孩户	18	15	3	12	9	3	6	6	0
双非夫妇	双非有偶	1101	858	243	767	540	227	334	318	16
	双非无孩户	178	116	62	131	72	59	47	44	3
	双非一女户	183	122	61	134	76	58	50	46	5
	双非一男户	349	261	88	241	159	82	108	102	6
	双非二孩户	391	359	32	262	233	29	129	126	3
堆积夫妇	堆积夫妇	470	284	186	347	173	174	123	111	12
	单独堆积	59	23	36	48	14	34	11	9	2
	双非堆积	411	261	150	299	159	140	112	102	10

表 2-4　2016 年全面两孩政策下全省常住人口三种口径目标人群 单位:万人

口径	夫妇类别	全省			城镇			农村		
		合计	农业户口	非农户口	合计	农业户口	非农户口	合计	农业户口	非农户口
小口径	目标人群	470	284	186	347	173	174	123	111	12
	单独目标妇女	59	23	36	48	14	34	11	9	2
	双非目标妇女	411	261	150	299	159	140	112	102	10
	合计占有偶育龄妇女比重(%)	33.74	27.15	53.60	35.16	26.13	53.54	30.22	28.91	54.55

续表

口径	夫妇类别	全省			城镇			农村		
		合计	农业户口	非农户口	合计	农业户口	非农户口	合计	农业户口	非农户口
中口径	目标人群	694	418	276	516	258	258	178	160	18
	单独目标妇女	142	78	64	109	50	59	33	28	5
	双非目标妇女	552	340	212	406	208	199	145	132	13
	单独目标增量	84	56	28	63	37	26	22	19	2
	其中:准单独一女户	55	(42)	13	40	(28)	12	15	(14)	1
	准单独一男户	71	56	15	51	37	14	21	19	1
	双非目标增量	141	79	62	107	49	59	34	31	3
	其中:准双非一女户	63	(37)	26	48	(23)	24	15	(14)	1
	准双非一男户	116	79	37	83	49	34	33	31	2
	合计占有偶育龄妇女比重(%)	49.82	39.96	79.54	52.28	38.97	79.38	43.73	41.67	81.82
大口径	目标人群	983	672	311	711	421	290	272	251	21
	单独目标妇女	155	87	68	119	56	63	37	32	5
	双非目标妇女	828	585	243	592	365	227	235	219	16
	单独目标增量	12	9	3	8	5	3	3	3	0
	其中:前单独一女户	8	(6)	2	6	(4)	2	2	(2)	0
	前单独一男户	10	8	2	7	5	2	3	3	0
	双非目标增量	277	245	32	186	158	29	90	87	3
	其中:前双非一女户	127	(114)	13	87	(75)	12	40	(39)	1
	前双非一男户	264	245	19	175	158	17	89	87	2
	合计占有偶育龄妇女比重(%)	70.57	64.24	89.63	72.04	63.60	89.23	66.83	65.36	95.45

这 289 万对夫妇在原政策下属于超生,而在新政策下则不属于超生。由于超前于政策调整生育了第二个孩子(可称之为"原超生二孩户"),按原政策他们将受到处罚。生育政策调整中,这部分人群虽然不会对生育率、出生规模产生影响,却有可能要求按新政策取消超生处罚或退还罚款,处理不好将影响生育政策调整的有序推进。原超生二孩户,加上中口径的目标人群,共 983 万对夫妇在新政策下可以生育两个孩子,即大口径的目标人群,占有配偶夫妇的 70% 左右。这就是新政策下新增政策二孩夫妇的覆盖率。同时,尽管允许双独夫妇和农村独女户生育两个孩子,但由于第一个孩子的出生性别比偏高,原政策下政策二孩夫妇覆盖率只有 34% 左右。

(三)政策二孩夫妇覆盖率

所谓政策二孩夫妇覆盖率,是指有配偶育龄妇女中,政策允许生育两个孩子夫妇所占的比重。依据本研究推算的各类夫妇规模和构成,浙江户籍人口政策二孩夫妇覆盖率 2016 年在原生育政策下,为 35.67%;在单独两孩政策下为 50.60%,比原政策扩大 14.93 个百分点;在普遍两孩政策下为 100%,比单独两孩政策扩大了 49.40 个百分点,比原政策扩大了 64.33 个百分点(见表 2-5)。

表 2-5　2016 年全省户籍人口政策二孩夫妇覆盖率

口径	夫妇类别	全省			浙北			浙南		
		合计	农业	非农	合计	农业	非农	合计	农业	非农
原政策	政策二孩夫妇(万对)	387	354	33	175	152	23	212	202	10
	其中:双独夫妇	61	28	33	45	22	23	16	6	10
	单独夫妇	71	71	0	40	40	0	31	31	0
	双非夫妇	255	255	0	90	90	0	165	165	0
	政策二孩夫妇覆盖率(%)	35.67	49.79	8.82	32.23	51.70	9.27	39.04	48.44	7.94

续表

口径	夫妇类别	全省			浙北			浙南		
		合计	农业	非农	合计	农业	非农	合计	农业	非农
单独两孩政策	政策二孩夫妇(万对)	549	431	118	277	195	82	272	236	36
	其中:双独夫妇	61	28	33	45	22	23	16	6	10
	单独夫妇	234	149	85	143	84	59	91	65	26
	双非夫妇	255	255	0	90	90	0	165	165	0
	政策二孩夫妇增量(万对)	163	78	85	103	44	59	60	34	26
	政策二孩夫妇覆盖率(%)	50.60	60.62	31.55	51.01	66.33	33.06	50.09	56.59	28.57
	覆盖率扩大幅度(百分点)	14.93	10.83	22.73	18.78	14.63	23.79	11.05	8.15	20.63
普遍两孩政策	政策二孩夫妇(万对)	1085	710	375	543	294	248	543	417	126
	其中:双独夫妇	61	28	33	45	22	23	16	6	10
	单独夫妇	234	149	85	143	84	59	91	65	26
	双非夫妇	791	534	257	355	188	167	436	346	90
	政策二孩夫妇增量(万对)	536	279	257	265	98	167	271	181	90
	政策二孩夫妇覆盖率(%)	100	100	100	100	100	100	100	100	100
	覆盖率扩大幅度(百分点)	49.40	39.38	68.45	48.99	33.67	67.94	49.91	43.41	71.43

依据 2014 年抽样结果推算的各类夫妇规模和构成,浙江常住人口政策二孩夫妇覆盖率 2016 年在原生育政策下,为 28.91%,比户籍人口低 6.76 个百分点;在单独两孩政策下为 40.67%,比原政策扩大 11.76 个百分点;在普遍两孩政策下为 100%,比单独两孩政策扩大了 59.33 个百分点,比原政策扩大了 71.09 个百分点(见表 2-6)。

可见,单独两孩政策对户籍人口的影响要大于常住人口;普遍两孩政策对常住人口的影响要大于户籍人口。在原政策和单独两孩政策下,户籍人口的政策生育率要高于常住人口;在由原政策向单独两孩政策、单独两孩政策向普遍两孩政策调整转换过程中,常住人口的政策生育率回弹的幅度要大于户籍人口;户籍人口的生育率变化可能会更为平稳一些。

表 2-6　2016 年浙江常住人口政策二孩夫妇覆盖率

口径	夫妇类别	全省合计	城镇			农村		
			合计	农业	非农	合计	农业	非农
原政策	政策二孩夫妇(万对)	403	270	239	31	133	132	1
	其中:双独夫妇	62	51	20	31	11	10	1
	单独夫妇	68	44	44	0	24	24	0
	双非夫妇	273	175	175	0	98	98	0
	政策二孩夫妇覆盖率(%)	28.91	27.36	36.10	9.51	32.68	34.29	4.55
单独两孩政策	政策二孩夫妇(万对)	567	395	297	98	171	165	6
	其中:双独夫妇	63	51	20	31	11	10	1
	单独夫妇	231	169	102	67	62	57	5
	双非夫妇	273	175	175	0	98	98	0
	政策二孩夫妇增量(万对)	163	124	58	67	38	33	5
	政策二孩夫妇覆盖率(%)	40.67	40.02	44.86	30.06	42.01	42.86	31.82
	覆盖率扩大幅度(百分点)	11.76	12.66	8.76	20.55	9.34	8.57	27.27
普遍两孩政策	政策二孩夫妇(万对)	1394	987	662	325	407	385	22
	其中:双独夫妇	62	51	20	31	11	10	1
	单独夫妇	231	169	102	67	62	57	5
	双非夫妇	1101	767	540	227	334	318	16
	政策二孩夫妇增量(万对)	828	593	365	227	235	219	16
	政策二孩夫妇覆盖率(%)	100	100	100	100	100	100	100
	覆盖率扩大幅度(百分点)	59.33	59.98	55.14	69.94	57.99	57.14	68.18

二、堆积夫妇的规模变化

(一)常住人口

依 2014 年浙江省人口抽样调查数据推算,2014 年实施单独两孩政策时,堆积妇女约 60 万人。

在 2016 年实行普遍两孩政策的假设下,堆积妇女将进一步扩大至原有政策不允许生育第二个孩子的双非夫妇。加上 2014 年实行单独两孩政策时存活至 2016 年和迁移后的堆积妇女,普遍两孩政策下堆积妇女特征如下。

1. 堆积夫妇 2016 年达到峰值 470 万对①,随后速降

2016 年,全省常住堆积夫妇的峰值约为 470 万对,随后开始下降,在最初的 4 年里,堆积夫妇均在 400 万对以上,到 2020 年,这一规模仍维持在 381 万对左右,此后呈快速下降趋势,到 2025 年下降为 269 万对左右,到 2030 年下降为 174 万对左右,到 2040 年下降为 18 万对左右,到 2045 年,堆积夫妇仅存 1 万对左右,堆积夫妇趋于消失(见表 2-7、图 2-1)。

表 2-7 全省常住与户籍堆积夫妇规模变化

年份	常住夫妇 (万对)	常住堆积 (万对)	堆积占比 (%)	户籍夫妇 (万对)	户籍堆积 (万对)	堆积占比 (%)
2016	1394	470	33.72	1085	328	30.23
2017	1372	447	32.58	1061	314	29.59
2018	1353	427	31.56	1039	298	28.68
2019	1326	404	30.47	1009	281	27.85
2020	1293	381	29.47	986	263	26.67
2021	1253	356	28.41	964	246	25.52
2022	1215	333	27.41	948	231	24.37
2023	1175	311	26.47	939	217	23.11
2024	1133	289	25.51	924	203	21.97

---

① 如果考虑少数民族生育政策不同,堆积夫妇的峰值为 465 万对。

续表

年份	常住夫妇	常住堆积	堆积占比%	户籍夫妇	户籍堆积	堆积占比
2025	1095	269	24.57	910	190	20.88
2030	938	174	18.55	877	124	14.14
2035	834	87	10.43	834	59	7.07
2040	728	18	2.47	804	10	1.24
2045	711	1	0.14	790	1	0.13
2050	753	0	0.00	795	0	0.00

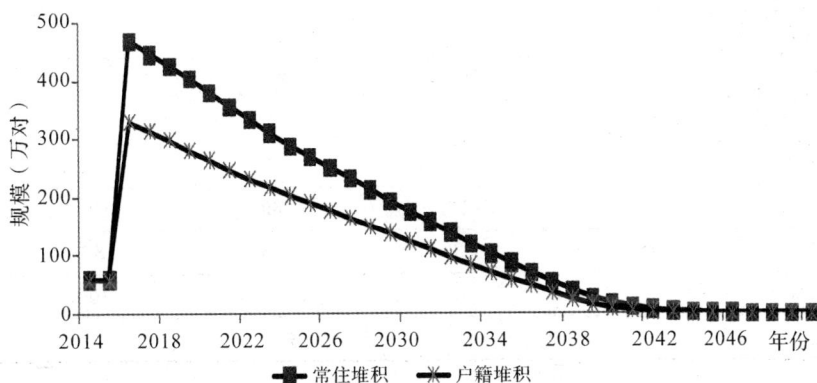

图 2-1　全省常住与户籍堆积夫妇规模变化

堆积夫妇数量变动主要受死亡、迁移和退出生育年龄三大因素的影响。堆积妇女逐年减少的主要原因是：高年龄的堆积妇女占的比重较大，当她们逐年退出生育年龄时，堆积妇女将快速下降。堆积夫妇逐年下降的情况说明，堆积妇女生育释放在经历一段时间后也将持续下降，直至消失。

2. 堆积夫妇以双非堆积夫妇为主，占 87.45%

从常住堆积夫妇看，2016 年 469 万对堆积夫妇中单独堆积夫妇 59 万对，双非堆积夫妇 410 万对，双非堆积夫妇占堆积夫妇总量的 87.45%。随着时间推移，双非堆积夫妇所占比重下降，到 2030 年，双非堆积占比下降到最低点 78.16%，因单独堆积夫妇趋于消失，双非占比出现波动性上升（见表 2-8）。

这表明双非妇女将是堆积生育释放的主体，也是影响总体生育水平的主要因素。

表 2-8　全省常住堆积夫妇构成

年份	全省堆积夫妇（万对）	单独堆积（万对）	双非堆积（万对）	双非堆积占比（％）
2016	470	59	411	87.45
2017	447	58	389	87.02
2018	427	57	370	86.65
2019	404	57	347	85.89
2020	381	56	325	85.30
2021	356	55	301	84.55
2022	333	54	279	83.78
2023	311	53	258	82.96
2024	289	52	237	82.01
2025	269	50	219	81.41
2030	174	38	136	78.16
2035	87	18	69	79.31
2040	18	2	16	88.89
2045	1	0	1	100.00
2050	0	0	0	—

3. 堆积夫妇占育龄夫妇比重峰值在 2016 年,占 33.64％

常住堆积夫妇占全省育龄夫妇比重的峰值是在 2016 年,为 33.64％,然后快速下降,到 2026 年即全面两孩政策实施 10 年后,比重下降为 23.68％,到 2036 年下降为 8.62％(见表 2-7、图 2-2)。这表明堆积妇女的生育释放对总体生育水平的影响将主要在头几年,10 年后的影响将会很低。

(二)户籍人口

1. 堆积夫妇 2016 年达到峰值 328 万对,随后逐年下降

2016 年全省户籍堆积夫妇达到峰值 328 万对,随后逐年下降,在最初的 2 年里,堆积夫妇在 300 万对以上,到 2025 年下降为 200 万对以下,到 2032 年下降为 100 万对以下,到 2040 年下降为 10 万对左右,到 2045 年,堆积夫妇仅为 1 万对左右,育龄夫妇堆积现象趋于消失(见表 2-7、图 2-1)。

2. 堆积夫妇以双非堆积为主,2016年占82.62%

从户籍堆积夫妇看,在328万对堆积夫妇中,单独堆积夫妇约57万对,双非堆积夫妇约271万对,双非堆积夫妇约占堆积夫妇总量的82.62%。随着时间推移,双非堆积夫妇所占比重下降,到2035年下降到最低点,后因堆积夫妇总量偏小,出现波动(见表2-9)。

表2-9　全省户籍堆积夫妇构成

年份	全省堆积夫妇 (万对)	单独堆积 (万对)	双非堆积 (万对)	双非堆积占比(%)
2016	328	57	271	82.62
2017	314	57	257	81.85
2018	298	57	241	80.87
2019	281	57	224	79.72
2020	263	57	206	78.33
2021	246	57	189	76.83
2022	231	57	174	75.32
2023	217	57	160	73.73
2024	203	57	146	71.92
2025	190	56	134	70.53
2030	124	48	76	61.29
2035	59	26	33	55.93
2040	10	3	7	70.00
2045	1	0	1	100.00
2050	0	0	0	—

3. 2016年户籍堆积夫妇占育龄夫妇的比重达到峰值30.23%

2016年,户籍堆积的育龄妇女占育龄夫妇的比重峰值30.23%,然后快速下降,到2026年即全面两孩政策实施10年后,比重下降为19.64%,到2035年下降为7.07%(见表2-7、图2-2)。

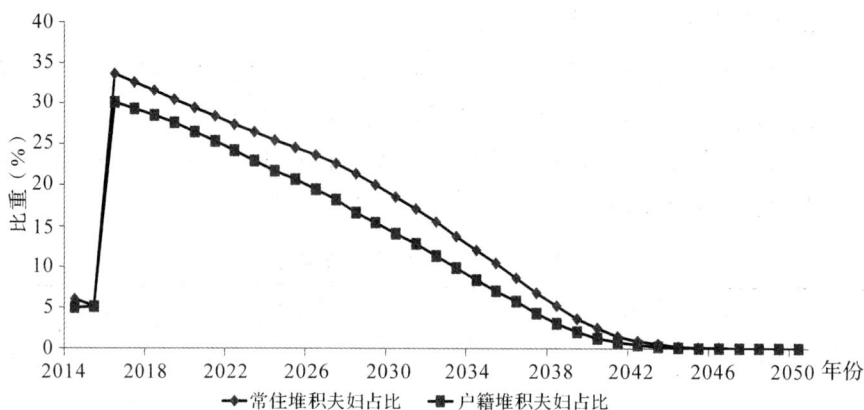

图 2-2　全省常住与户籍堆积夫妇占育龄夫妇比重变化

三、堆积夫妇的城乡、区域分布

(一)常住堆积夫妇的城乡分布

分城乡看,生育政策调整的 2016 年,城镇的堆积夫妇规模达 346 万对,是农村的 2.82 倍,占当年堆积夫妇总量的 73.77%,随后快速下降,且城镇堆积夫妇下降的速度快于农村。到 2030 年,城镇堆积夫妇规模下降为 130 万对左右,占比下降到 74.71%;到 2040 年下降为 13 万对左右,占比进一步下降到 72.22%;到 2045 年仅存 1 万以下。农村的堆积夫妇规模调整当年约 123 万对,然后趋于下降,到 2030 年下降为 44 万对,到 2040 年下降为 5 万对,此后政策堆积夫妇现象基本消除(见表 2-10、图 2-3)。

表 2-10　全省分城乡常住堆积夫妇变化

年份	城镇常住堆积 (万对)	农村常住堆积 (万对)	城镇是农村的倍数	城镇占比(%)
2014	57	12	4.75	82.61
2015	48	12	4.00	80.00
2016	347	123	2.82	73.77
2017	331	116	2.85	74.05
2018	317	109	2.91	74.41

续表

年份	城镇常住堆积 （万对）	农村常住堆积 （万对）	城镇是农村的倍数	城镇占比（%）
2019	302	103	2.93	74.57
2020	285	96	2.97	74.80
2021	267	90	2.97	74.79
2022	250	83	3.01	75.08
2023	233	78	2.99	74.92
2024	217	72	3.01	75.09
2025	203	67	3.03	75.19
2030	130	44	2.95	74.71
2035	64	23	2.78	73.56
2040	13	5	2.60	72.22
2045	1	0	—	100.00
2050	0	0	—	—

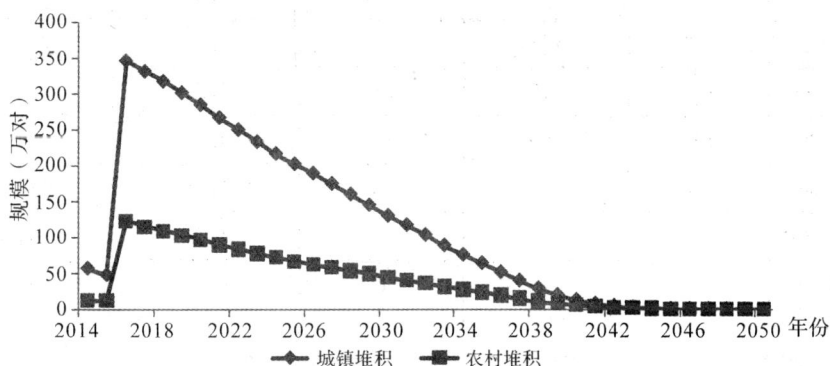

图 2-3　全省分城乡常住堆积夫妇规模变化

(二)户籍堆积夫妇的区域分布

分区域看，生育政策调整的 2016 年，浙北地区的堆积夫妇规模达 190 万对，是浙南地区的 1.38 倍，占当年堆积夫妇总量的 57.93%，随后快速下降，且浙北地区堆积夫妇下降的速度快于浙南地区。到 2026 年，浙北地区堆积夫妇规模下降为 101 万对左右,浙南地区为 76 万对,到 2037 年,浙北地区与浙南地区堆积夫妇基本持平,均为 18 万对左右,此后,虽然浙南地区堆积夫妇大于浙北地区,但因总量已很小,堆积现象基本消失,可以忽略不计(见表 2-11、图 2-4)。

表 2-11　全省分区域户籍堆积夫妇变化

年份	全省（万对）	浙北堆积（万对）	浙南堆积（万对）	浙北是浙南倍数	浙北占比（％）
2014	57	38	19	2.00	66.67
2015	57	38	19	2.00	66.67
2016	328	190	138	1.38	57.93
2017	314	181	133	1.36	57.64
2018	298	171	127	1.35	57.38
2019	281	160	121	1.32	56.94
2020	263	149	114	1.31	56.65
2021	247	140	107	1.31	56.91
2022	231	131	100	1.31	56.71
2023	217	123	94	1.31	56.68
2024	203	115	88	1.31	56.65
2025	190	108	82	1.32	56.84
2030	123	69	54	1.28	55.65
2035	59	31	28	1.11	52.54
2040	10	4	6	0.67	40.00
2045	0	0	0	—	—
2050	0	0	0	—	—

四、堆积妇女的年龄结构

堆积夫妇对出生人口及生育率的影响,主要取决于堆积妇女的年龄结构,因此,本章主要分析堆积妇女的年龄构成。

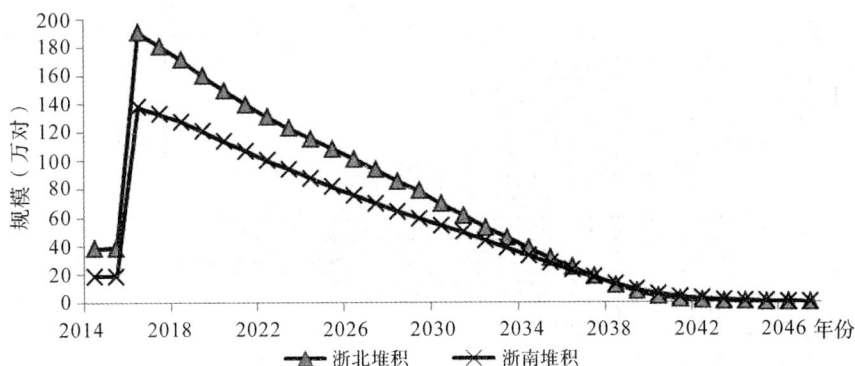

图 2-4 全省分区域户籍堆积夫妇规模变化

(一)常住人口

常住人口堆积妇女年龄构成老化。2016 年,全省常住人口堆积夫妇总规模 469 万对。从年龄构成看,20～29 岁年轻堆积夫妇(此处指妻子年龄,下同)70 万对,占 14.89%;30～34 岁年龄组堆积夫妇 88 万对,占 18.72%;35～39 岁年龄组堆积夫妇 94 万对,占 20.00%;40 岁及以上高龄堆积夫妇 217 万对,占 46.17%,35 岁及以上堆积夫妇占 66.09%。其中双非堆积育龄妇女年龄构成更加老化。双非堆积育龄妇女中,35～49 岁占比达 69.83%,40 岁及以上占比达 50.36%(见表 2-12、图 2-5)。这表明,堆积单独夫妇生育释放的能力比较弱,生育率较大幅度反弹的可能性小。

表 2-12 2016 年全省常住人口堆积夫妇规模及年龄构成

年龄组	绝对量(万对)			构成(%)		
	堆积夫妇	单独堆积	双非堆积	堆积夫妇	单独堆积	双非堆积
合计	470	59	411	100.00	100.00	100.00
15～19	1	0	1	0.21	0.00	0.24
20～24	10	1	9	2.13	1.69	2.19
25～29	60	12	48	12.77	20.34	11.68
30～34	88	22	66	18.72	37.29	16.06
35～39	94	14	80	20.00	23.73	19.46
40～44	104	6	98	22.13	10.17	23.84
45～49	113	4	109	24.04	6.78	26.52

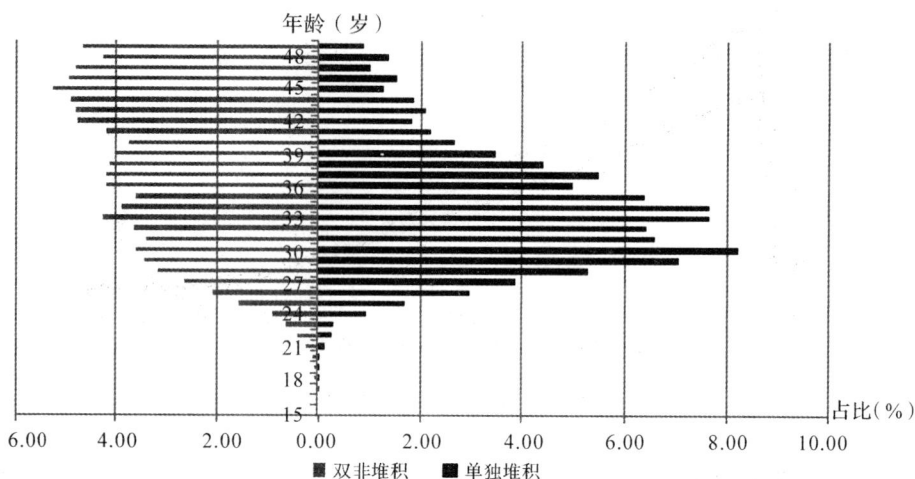

图 2-5　全省常住人口单独堆积和双非堆积妇女年龄结构金字塔

堆积夫妇年龄构成随时间更加老化。2016 年,40 岁及以上堆积妇女占所有堆积妇女比重为 46.17%;10 年后,到 2026 年,这一比重上升到 71.82%;20 年后,到 2036 年,这一比重上升到 99.10%。换言之,随着时间的推移,堆积育龄妇女规模下降,年龄构成逐年老化,直至退出育龄期(见图 2-6、表 2-13)。

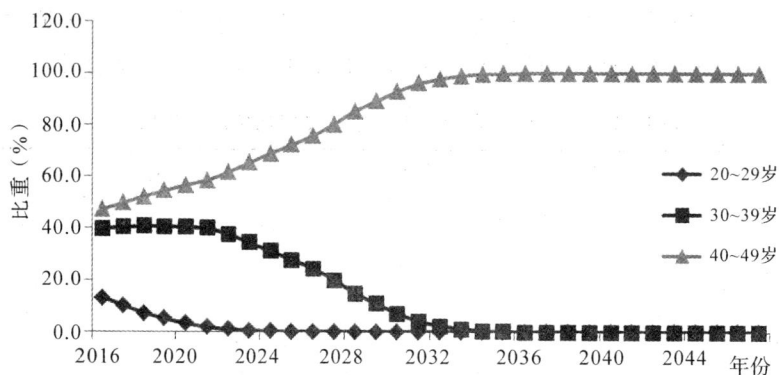

图 2-6　全省分年龄常住人口堆积夫妇年龄结构比重变化

表 2-13　全省常住堆积夫妇年龄构成　　　　　　单位:万对

年份	合计	20～24 岁	25～29 岁	30～34 岁	35～39 岁	40～44 岁	45～49 岁
2016	470	10	60	88	94	105	113
2017	445	6	48	86	93	100	112
2018	427	4	36	81	94	97	115
2019	404	2	26	76	91	94	115
2020	381	1	17	70	88	94	111
2021	357	1	10	60	88	94	104
2022	333	0	6	48	86	93	100
2023	312	0	4	36	81	94	97
2024	289	0	2	26	76	91	94
2025	269	0	1	17	70	87	94
2030	174	0	0	1	17	69	87
2035	87	0	0	0	1	17	69
2040	18	0	0	0	0	1	17
2045	1	0	0	0	0	0	1

(三)户籍人口

户籍人口堆积夫妇年龄构成与常住人口相似。2016 年,全省堆积夫妇总规模约 328 万对。从年龄构成看,20～29 岁年轻堆积夫妇(此处指妻子年龄,以下同)约 48 万对,占 14.63％左右;30～34 岁年龄组堆积夫妇约 64 万对,占 19.21％,35～39 岁年龄组堆积夫妇约 66 万对,占 20.12％,40 岁及以上高龄堆积夫妇约 151 万对,占 46.04％,35 岁及以上堆积夫妇占 66.16％,这与常住人口堆积妇女一样老化。其中双非堆积妇女中 35 岁及以上占 75.00％,40 岁及以上占 54.78％,比常住人口双非堆积妇女老化程度更重,即户籍双非堆积妇女的年龄构成更加老化(见图 2-6、表 2-14)。这表明,户籍堆积单独夫妇生育释放的能力也比较弱,生育率较大幅度反弹的可能性小。且随着时间后移,堆积育龄妇女规模下降,年龄构成逐年老化,直至退出育龄期(见表 2-15)。

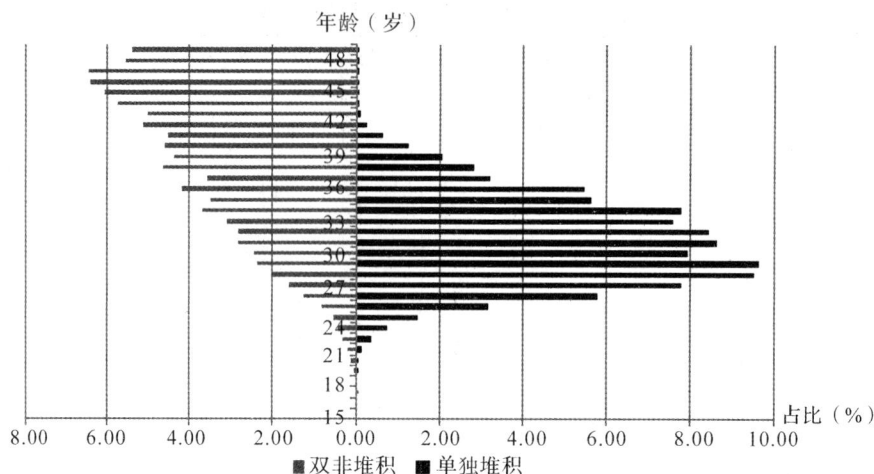

图 2-6 全省户籍人口单独堆积和双非堆积妇女年龄结构金字塔

表 2-14 2016 年全省户籍人口堆积夫妇规模及年龄构成

年龄组	绝对量（万对）			构成（%）		
	堆积夫妇	单独堆积	双非堆积	堆积夫妇	单独堆积	双非堆积
合计	328	57	271	100.00	100.00	100.00
15～19	0	0	0	0.00	0.00	0.00
20～24	6	2	4	1.83	3.51	1.47
25～29	42	20	22	12.80	35.09	8.09
30～34	64	23	41	19.51	40.35	15.07
35～39	66	11	55	20.12	19.30	20.22
40～44	69	1	68	21.04	1.75	25.00
45～49	81	0	81	24.70	0.00	29.78

表 2-15 全省户籍堆积夫妇年龄构成   单位:万对

年份	合计	20～24 岁	25～29 岁	30～34 岁	35～39 岁	40～44 岁	45～49 岁
2016	328	6	42	63	66	70	81
2017	314	4	33	61	67	67	82
2018	298	2	23	59	66	67	81
2019	281	1	16	55	67	65	77
2020	263	1	10	49	65	66	72

年份	合计	20～24 岁	25～29 岁	30～34 岁	35～39 岁	40～44 岁	45～49 岁
2021	246	0	6	42	63	66	69
2022	231	0	4	33	61	67	67
2023	217	0	2	23	59	65	67
2024	203	0	1	16	55	66	64
2025	190	0	1	10	49	65	66
2030	124	0	0	1	10	49	64
2035	59	0	0	0	1	10	49
2040	10	0	0	0	0	1	10
2045	1	0	0	0	0	0	1

五、小结

1. 全省堆积夫妇2016年达到峰值,常住469万对,户籍328万对,分别占全省有偶育龄夫妇的33.65%和30.29%,随后逐年下降。

2. 2016年,全省堆积夫妇以双非堆积为主,常住占87.47%,户籍占82.64%;单独堆积常住占12.53%,户籍占17.36%。

3. 2016年,城镇常住堆积夫妇346万对,是农村123万刈的2.81倍,且城镇常住堆积夫妇下降速度快于农村。

4. 2016年,全省堆积夫妇的年龄结构高度老化。35岁及以上高龄堆积夫妇比重,常住占66.09%,户籍占65..84%;而20～29岁生育旺盛期堆积夫妇比重,常住仅占15.04%,户籍占14.68%。这说明堆积夫妇生育释放的能力比较弱,生育率较大幅度反弹的可能性小。

第三章 全面两孩政策下出生人口与总人口发展态势

出生人口由两部分组成:堆积释放出生人口与非堆积释放出生人口。堆积释放出生人口是指由堆积夫妇在政策调整后出生的第二个孩子,即堆积夫妇生育释放出生的人口或堆积释放生育出生的人口;非堆积释放出生人口是除堆积释放出生人口以外的其他出生人口。堆积释放出生人口是生育政策调整影响出生人口规模与生育率水平的关键因素,本章主要探讨出生人口与堆积释放出生人口。

一、出生人口发展态势

(一)常住出生人口

如果 2016 年实施全面两孩政策,全省常住出生人口为 76 万～90 万人,到 2017 年达到峰值,出生人口为 78 万～92 万人,随后开始快速下降,2025 年开始将低于 2014 年(58 万人)的出生规模,到 30 年代初期,出生人口规模达到约 50 万人的低点,后逐渐回升,到 2050 年回升到 66 万人左右(见表 3-1、图 3-1)。

"十三五"规划期,年平均出生 83 万人左右(77 万～86 万人),比"十二五"规划期(57 万人)增加约 25 万人。

表 3-1　全面两孩政策下全省出生总人口变化

年份	常住人口（万人）			户籍人口（万人）		
	三孩释放模式	四孩释放模式	五孩释放模式	三孩释放模式	四孩释放模式	五孩释放模式
2014	58	58	58	54	54	53
2015	69	68	66	55	53	51
2016	90	83	76	66	60	57
2017	92	86	78	64	59	56
2018	90	87	81	61	59	56
2019	82	81	78	56	55	53
2020	75	76	74	57	57	57
2021	70	71	71	54	54	54
2022	65	67	68	51	52	52
2023	61	63	65	49	50	50
2024	58	60	62	48	49	49
2025	55	57	60	47	47	48
2030	51	52	54	46	47	47
2035	53	53	53	49	49	49
2040	61	61	59	52	51	50
2045	67	66	65	52	51	50
2050	66	66	66	49	49	49

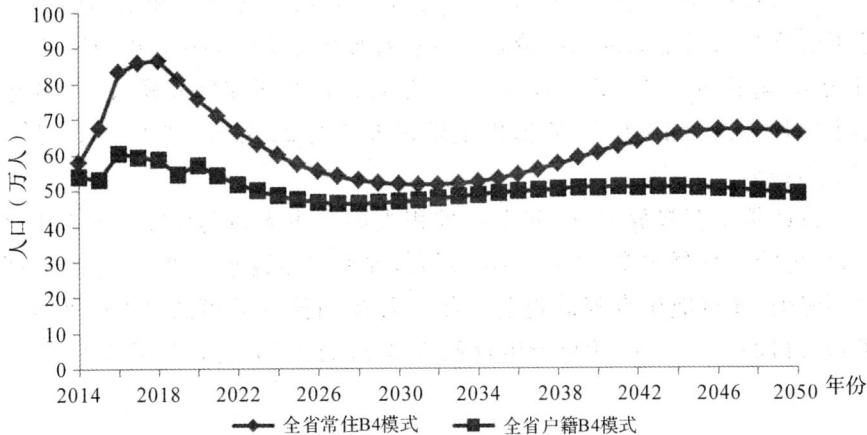

图 3-1　全省分常住、户籍总出生人口变化

注：B3、B4、B5 分别代表三孩释放模式、四孩释放模式、五孩释放模式，下同。三种模式的定义见本书"绪论"。

(二)户籍出生人口

2016 年,全省户籍出生人口达到峰值,峰值出生人口为 57 万～66 万人,随后开始快速下降。"十三五"期间约平均出生 58 万人左右(56 万～61 万人)。2022 年降到 2014 年(54 万人)的出生规模以下。到 30 年代初期,出生人口规模达到约 47 万人的低点,后逐渐回升稳定在 50 万人左右(见表 3-1、图 3-1)。

二、堆积夫妇生育释放态势

(一)常住堆积出生

1. 常住堆积释放出生人口峰值为 18 万～32 万人,峰值年在 2017 年

按可能生育释放,2016 年全省常住堆积夫妇出生人口为 14 万～27 万人,堆积出生规模在 2017 年达到峰值,峰值为 18 万～32 万人。若按四孩释放模式,2016 年出生堆积人口约 20 万人,峰值出生堆积在 2017 年,约 26 万人。"十三五"期间年平均释放 21 万人(见表 3-2、图 3-2)。

在常住堆积释放生育人口中,包括单独政策下的堆积和全面两孩政策下的堆积。因全面两孩政策新增堆积释放出生人口,2016 年为 11 万～21 万人,峰值的 2017 年为 15 万～27 万人。若按四孩释放模式,2016 年出生堆积人口约 16 万人,峰值出生堆积人口约 22 万人。"十三五"期间年平均释放 17 万人。

按政策生育释放,2016 年全省堆积夫妇出生人口为 104 万～134 万人,比可能生育释放多 90 万～107 万人,堆积出生规模在 2016 年当年即达到峰值,比可能生育释放提前一年。若按四孩释放模式,2016 年出生堆积人口约 116 万人,比可能生育释放多 96 万人(见表 3-2、图 3-2)。

表 3-2 全省按政策生育和可能生育分常住堆积出生人口数

年份	可能生育(万人)			政策生育(万人)		
	三孩释放模式	四孩释放模式	五孩释放模式	三孩释放模式	四孩释放模式	五孩释放模式
2016	27	20	14	134	116	104
2017	32	26	18	89	81	72
2018	26	22	17	64	61	55
2019	21	19	16	46	46	43
2020	16	17	15	33	35	34
2021	13	14	14	24	27	28
2022	10	12	12	17	21	23
2023	8	10	11	12	16	19
2024	6	8	10	8	12	15
2025	4	6	9	6	9	13
2030	1	2	4	1	2	5
2035	0	0	1	0	0	1
堆积总计	173	175	178	447	451	456
前5年累计	122	105	80	366	341	309
占比(%)	70.52	60.00	44.94	81.88	75.61	67.76

从表 3-2 看到,可能生育与政策生育的差异非常大。按四孩释放模式,2016 年可能生育只是政策生育的 17.24%,到 2020 年可能生育是政策生育的 48.57%。而且,堆积生育主要是政策实施头 5 年,可能生育累计堆积生育数占全部堆积生育数的 60.00%,政策生育累计堆积生育数占全部堆积生育数的 75.61%。

2. 常住堆积释放出生人口占全部二孩出生人口比重峰值为 36%~63%

从常住堆积释放出生人口占全部二孩出生人口比重看,不同的堆积释放模式比重变化不同。不论何种堆积释放模式,堆积出生人口均在 2017 年达到比重峰值,分别为 35.59%、50.77% 和 63.10%。换言之,不同释放生育模式下,堆积释放出生人口占所有二孩出生比重最大差值达到 27.50%。其中 B3 模式所占比重最大,但下降的速度最快,到政策实

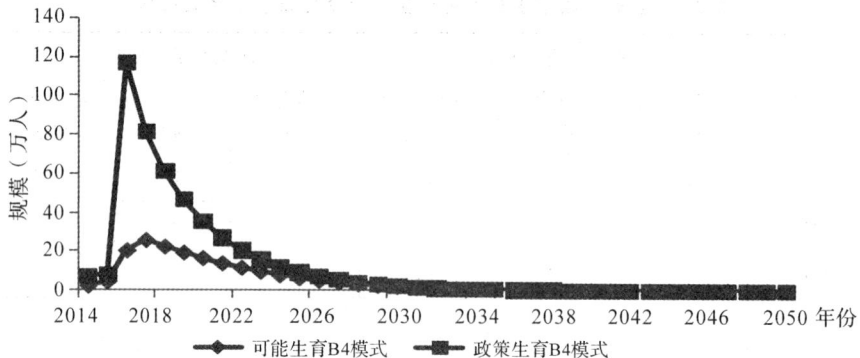

图 3-2　全省常住政策生育与可能生育人口规模变化

施 10 年后的 2026 年,堆积二孩所占比重已下降为 6.2％,10 年下降 56.90 个百分点,即堆积生育集中,但持续时间短;B5 模式所占比重最小,只占 35.59％,但下降速度慢,持续时间长,政策实施 10 年后的 2026 年,堆积释放出生人口占二孩的比重下降为 15.26％,10 年下降 20.33 个百分点。B4 模式居 B3 和 B5 模式之间,从 2017 年峰值的 50.77％,下降到 2026 年的 9.89％,10 年下降 40.88 个百分点(见图 3-3)。

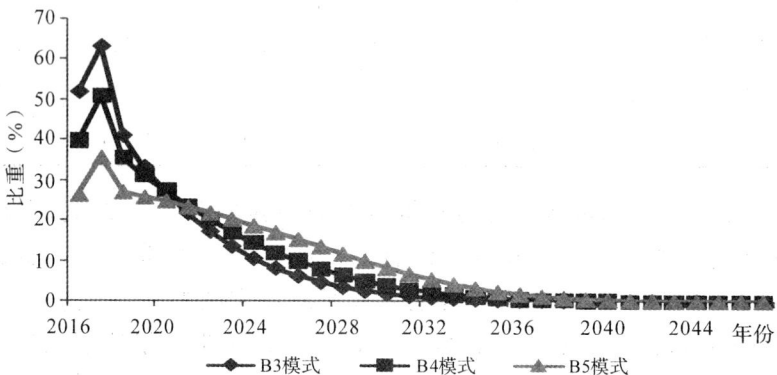

图 3-3　全省常住堆积出生占二孩出生人口比重变化

3. 全面两孩堆积出生占总堆积释放出生人口峰值为 84％～86％,单独堆积为 14％～16％

在堆积出生人口中,因全面两孩政策堆积夫妇出生的人口占总堆积出生人口比重峰值为 83.69％～85.77％,而且,年度之间的变化幅度也较小,相对比较稳定(见表 3-3)。堆积释放出生人口中,单独堆积释放出生人口为 14%～16%。

表 3-3　全省常住全面两孩堆积出生数及占比变化

年份	全面两孩堆积生育（万人）			占比（%）		
	三孩释放模式	四孩释放模式	五孩释放模式	三孩释放模式	四孩释放模式	五孩释放模式
2016	21	16	11	79.65	78.47	78.53
2017	28	22	15	85.77	84.45	83.69
2018	22	19	14	85.42	84.03	82.84
2019	18	16	13	85.15	83.73	82.13
2020	14	14	12	84.96	83.51	81.54
2021	11	12	11	84.79	83.32	81.06
2022	8	10	10	84.67	83.16	80.76
2023	6	8	9	84.56	83.03	80.56
2024	5	6	8	84.40	82.81	80.36
2025	4	5	7	84.27	82.61	80.23
2030	1	2	3	82.99	81.23	80.47
2035	0	0	1	—	—	82.62

注：2035 年全面两孩堆积生育为 0，是因为小数点的关系，说明堆积生育数小于 1 万人。

4. 常住堆积释放出生人口主要集中在城镇

2016 年，常住堆积出生的 14 万～27 万人口中，城镇堆积释放出生人口为 10 万～20 万人，占常住堆积释放出生人口总量的 73.80%～74.87%（见表 3-4）。换言之，常住堆积释放出生人口主要集中在城镇。

表 3-4 全省常住城镇堆积出生数及占比变化

年份	城镇堆积出生(万人)			占比(%)		
	三孩释放模式	四孩释放模式	五孩释放模式	三孩释放模式	四孩释放模式	五孩释放模式
2016	20	15	10	73.83	73.80	74.87
2017	24	19	14	73.94	73.88	74.78
2018	19	17	13	74.42	74.38	75.13
2019	15	14	12	74.58	74.54	75.16
2020	12	12	11	74.71	74.68	75.10
2021	10	10	10	74.80	74.80	75.04
2022	7	9	9	74.92	74.87	74.96
2023	6	7	8	74.97	74.92	74.89
2024	4	6	8	74.96	75.00	74.73
2025	3	5	7	75.24	75.12	74.63
2030	1	1	3	75.58	75.54	73.80
2035	0	0	1	—	—	73.11
2040	0	0	0	—	—	—

(二)户籍堆积出生

1. 户籍堆积释放出生人口峰值为 12 万~20 万人,峰值年在 2017 年

按可能生育释放,2016 年全省户籍堆积夫妇出生人口为 10 万~19 万人,堆积出生规模在 2017 年达到峰值,峰值为 12 万~20 万人。若按四孩释放模式,2016 年出生堆积人口约 14 万人,峰值出生堆积在 2017 年,约 16 万人。到 2040 年,全省户籍堆积释放出生人口累计为 80 万~95 万人,关键取决于生育释放模式。如按 B4 堆积生育释放模式,全省户籍堆积释放出生人口累计约 88 万人。"十三五"期间全省户籍堆积夫妇年平均释放生育 12 万人左右(见表 3-5、图 3-4)。

表 3-5　全省按政策生育和可能生育分户籍堆积出生数

年份	可能生育（万人）			政策生育（万人）		
	三孩释放模式	四孩释放模式	五孩释放模式	三孩释放模式	四孩释放模式	五孩释放模式
2016	19	14	10	80	69	61
2017	20	16	12	56	49	43
2018	15	13	10	42	39	35
2019	11	10	9	31	31	28
2020	8	8	7	24	24	24
2021	6	6	6	18	19	20
2022	4	5	5	14	16	17
2023	3	4	4	10	13	15
2024	2	3	3	8	11	13
2025	2	2	3	6	9	11
2030	0	1	1	1	3	5
2035	0	0	0	0	1	2
2040	0	0	0	0	0	0
堆积总计	95	88	80	307	314	320
头 5 年	73	61	48	233	212	191
占比（%）	76.84	69.32	60.00	75.90	67.52	59.69

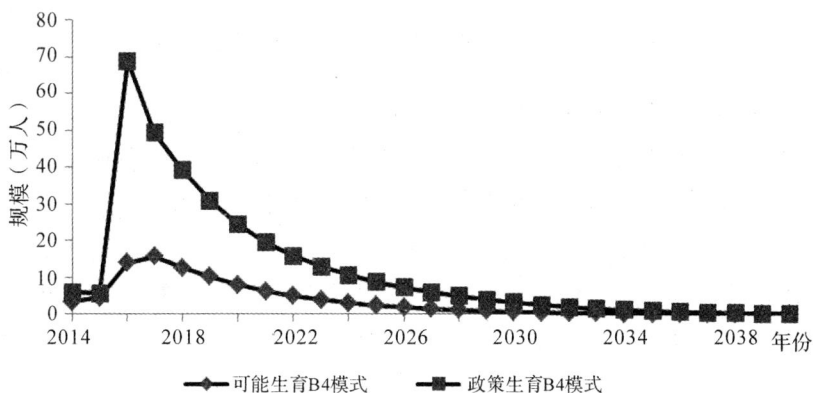

图 3-4　全省户籍政策生育与可能生育堆积出生人口规模变化

户籍堆积释放生育人口,包括单独政策下的堆积和全面两孩政策下的堆积。因全面两孩政策新增堆积释放出生人口,2016 年为 8 万~14 万人,峰值的 2017 年在 10 万~16 万人。若按四孩释放模式,2016 年出生堆积人口约 10 万人,峰值出生堆积约 13 万人。"十三五"期间年平均释放 9 万人。

2. 户籍堆积释放出生人口占全部二孩出生人口比重峰值为 43%~68%

从户籍堆积释放出生人口占全部二孩出生人口比重看,不同的堆积释放模式比重变化不同。按 B3、B4 和 B5 模式,堆积出生的人口均在 2017 年达到峰值,分别为 56.41%、67.79% 和 42.50%(见图3-5)。换言之,不同释放生育模式下,堆积释放出生人口占所有二孩出生比重最大值为 42.50%~67.79%,变化区间大于常住人口。

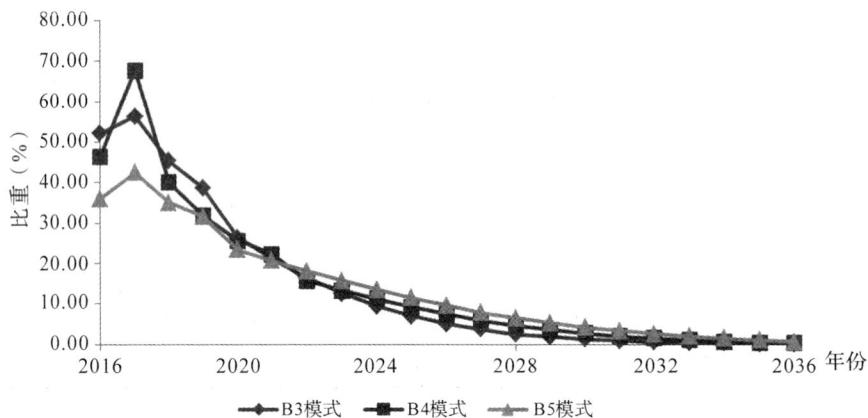

图 3-5　全省户籍堆积出生占二孩出生人口比重变化

3. 非农户籍堆积出生人口略大于农业户籍堆积出生

2016 年,户籍堆积出生的 10 万~19 万人口中,非农户籍堆积释放出生人口为 6 万~11 万人,占户籍堆积释放出生人口总量的 55.40%~59.84%(见表3-6)。换言之,非农户籍堆积释放出生人口略多于农业户籍堆积出生人口。且随着时间变化,堆积释放模式的不同,非农户籍堆积释放出生人口比重呈先升后降的态势,但变化幅度不大。

表 3-6　全省非农户籍堆积出生数及占比变化

年份	非农户籍(万人)			非农占比(%)		
	三孩释放模式	四孩释放模式	五孩释放模式	三孩释放模式	四孩释放模式	五孩释放模式
2016	11	8	6	55.40	56.30	59.84
2017	11	9	7	55.85	56.53	59.68
2018	8	7	6	55.43	56.08	59.65
2019	6	6	5	54.84	55.36	58.83
2020	5	4	4	54.66	54.89	57.88
2021	3	3	3	54.39	54.46	56.93
2022	2	3	3	54.69	54.36	55.82
2023	2	2	2	55.24	54.78	54.72
2024	1	2	2	56.19	55.92	54.09
2025	1	1	2	57.14	56.96	53.38
2030	0	1	1	—	62.90	55.20

4. 浙北地区户籍堆积释放出生人口大于浙南地区

2016 年,户籍堆积出生的 10 万~19 万人口中,浙北地区堆积释放出生人口为 6 万~11 万人,占户籍堆积释放出生人口总量的 67%~69%(见表 3-7)。2016—2040 年,浙北地区堆积释放出生人口平均占比为 62% 左右。且随着时间推移,不论堆积生育释放模式,浙北地区堆积释放出生人口所占比重虽有下降,但下降幅度较小,基本都在 55% 以上。换言之,户籍堆积释放出生人口浙北地区大于浙南地区。

表 3-7　浙北地区户籍堆积出生数及占比变化

年份	浙北(万人)			浙北占比(%)		
	三孩释放模式	四孩释放模式	五孩释放模式	三孩释放模式	四孩释放模式	五孩释放模式
2016	11	8	6	67.09	67.36	69.23
2017	11	9	7	66.72	66.89	68.85
2018	8	7	6	56.97	57.74	59.14

续表

年份	浙北（万人）			浙北占比（％）		
	三孩释放模式	四孩释放模式	五孩释放模式	三孩释放模式	四孩释放模式	五孩释放模式
2019	6	6	5	55.90	56.53	57.91
2020	5	4	4	55.56	56.16	57.58
2021	3	3	3	55.11	55.75	57.08
2022	2	3	3	54.78	55.39	56.49
2023	2	2	2	54.39	55.10	55.93
2024	1	2	2	54.23	54.97	55.62
2025	1	1	2	53.97	55.04	55.21
2030	0	1	2	——	——	55.21
2035	0	0	1	——	——	52.00

三、总人口发展态势

(一)常住总人口

2016 年实施全面两孩政策,常住总人口在 2023 年达到峰值 5783 万～5822 万人,按四孩生育释放模式,总人口峰值为 5808 万人。无论如何,常住人口不会超过 6000 万人,并且 10～15 年后将趋于下降。到 40 年代中期,总人口回复到目前水平,然后继续下降,到 2050 年,下降为 5400 万人左右。

到"十三五"规划期末,常住人口可达到 5777 万人左右(5749 万～5796 万人),比"十二五"规划期末净增 215 万人(见表 3-8、图 3-6)。

表 3-8　2016 年全面两孩政策下全省总人口变化

年份	常住（万人）			户籍（万人）		
	三孩释放模式	四孩释放模式	五孩释放模式	三孩释放模式	四孩释放模式	五孩释放模式
2014	5508	5508	5508	4921	4921	4921
2015	5563	5562	5560	4967	4962	4959
2016	5621	5613	5604	4989	4982	4977
2017	5678	5664	5647	5038	5023	5012
2018	5729	5711	5689	5072	5053	5039
2019	5768	5749	5723	5100	5082	5066
2020	5796	5777	5749	5120	5102	5086
2021	5814	5796	5768	5146	5129	5114
2022	5822	5806	5779	5163	5146	5131
2023	5822	5808	5783	5176	5160	5146
2024	5815	5803	5780	5186	5172	5158
2025	5804	5793	5771	5194	5181	5167
2030	5733	5726	5705	5207	5196	5185
2035	5649	5643	5623	5187	5176	5165
2040	5566	5559	5536	5135	5121	5107
2045	5487	5477	5452	5049	5029	5011
2050	5402	5394	5369	4927	4904	4883

（二）户籍总人口

2016 年实施全面两孩政策，户籍总人口在 2029 年左右年达到峰值 5184 万～5207 万人，按四孩生育释放模式，总人口峰值为 5200 万人。

"十二五"规划期末户籍总人口规模达 4962 万人，"十三五"规划期末达到 5102 万人（5086 万～5120 万人），比"十二五"规划期末净增 140 万人左右（见表 3-8、图 3-6）。

无论如何，户籍人口不会超过 5500 万人。户籍人口达到峰值时间比常住人口晚 6 年。这是因为近几年浙江省常住人口呈净流出，户籍人口呈净迁入的趋势。到 2050 年,总人口基本回复到目前水平。

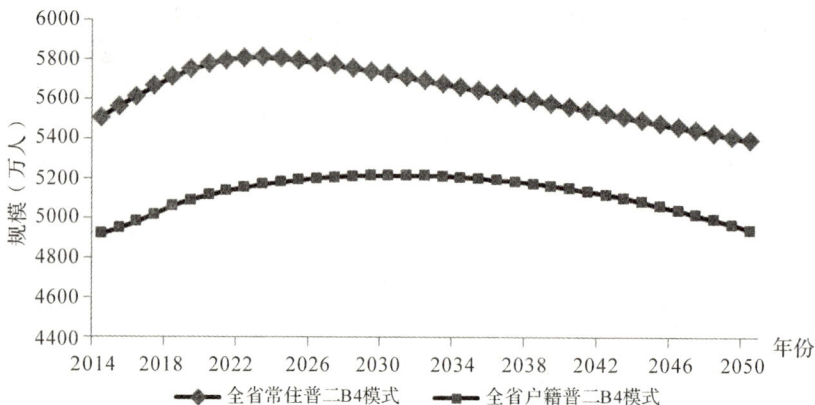

图 3-6　全省总人口变化趋势

四、小结

1. 全省出生人口峰值在 2017 年,其中常住出生人口为 78 万~92 万人,户籍出生人口为 57 万~66 万人。"十三五"期间常住人口年平均出生 77 万~86 万人,比"十二五"规划期年均 57 万人增加 25 万人左右;户籍人口平均出生 56 万~61 万人,比"十二五"规划期年均 52 万人增加 6 万人左右。

2. 全省常住堆积释放出生人口峰值为 18 万~32 万人,累计堆积释放出生人口为 173 万~178 万人;户籍堆积释放出生人口峰值为 12 万~20 万人,累计堆积释放出生人口 80 万~95 万人。这说明堆积夫妇出生人口可控,生育率反弹的幅度可控。

3. 常住堆积释放出生人口占全部二孩出生人口比重峰值为 36%~63%,户籍为 43%~68%,常住堆积出生所占的比重小于户籍人口。

4.2016 年,城镇常住堆积释放出生人口 10 万~20 万人,占常住堆积释放出生人口总量的 73.80%~74.87%,即常住堆积出生的重点在城镇。

5.2016 年,浙江非农户籍堆积释放出生人口 6 万~11 万人,占户籍堆积释放出生人口总量的 55.40%~59.84%;浙北地区户籍堆积释放出生人口 6 万~11 万人,占户籍堆积释放出生人口总量的 67.09%~

69.23%。也就是说,户籍堆积出生非农户籍略大于农业户籍,浙北地区大于浙南地区。

6. 常住总人口在 2023 年达到峰值 5808 万人,户籍总人口在 2029 年达到峰值 5200 万人。户籍人口达到峰值时间比常住人口晚 6 年。这是因为近几年浙江省常住人口呈净迁出、户籍人口呈净迁入的趋势。到"十三五"规划期末,常住和户籍总人口分别为 5777 万人和 5100 万人。无论如何,常住人口不会超过 6000 万人,户籍人口不会超过 5500 万人。

第四章　全面两孩政策下未来生育水平预测

一、全面两孩政策下生育水平变动特征分析

基于对浙江省五普、六普人口基础数据,近几年的人口抽样调查数据,以及特别申请汇总的专项数据分析,运用政策模拟方法,预测出2015—2050年浙江省分户籍、分城乡的政策生育率及实际可能生育率的变动态势。

(一)常住人口生育率变动的特征

2014年实施单独两孩政策、2016年实施全面放开二孩生育政策后,浙江省常住人口生育水平发生较大变动,其主要特征有以下四点。

1. 政策生育率先升高,后快速回调

政策生育率最高峰值是2016年,达到4.50,此后生育率快速回调,至2030年后基本稳定在2.04~2.15。

政策生育率反映了生育政策规定下的内生生育水平。2016年实施新政策后,将会形成一定规模的生育堆积育龄妇女,即在原政策下不被允许生育而在新政策下可以生育的人群,这部分堆积育龄妇女在政策调整后不会立刻全部生育,而是遵循一定的生育模式进行生育释放。按照三孩、四孩及五孩三种生育释放模式(见图4-1、表4-1),政策生育率在2016年政策调整初期瞬间放大,当年即达到高峰,峰值位于3.82~4.50。随后政策生育率快速下降,2020年降至2.63~2.68,"十三五"时期平均为3.25。2030年降至2.15以下,此后在2.02~2.07徘徊。

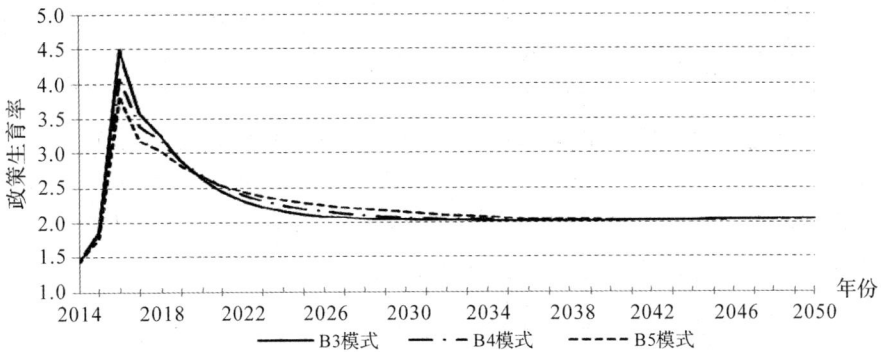

图 4-1　全面两孩政策下浙江常住人口政策生育率变动态势

表 4-1　全省常住人口政策生育率与实际可能生育率变动态势

年份	政策生育率			实际可能生育率		
	三孩释放模式	四孩释放模式	五孩释放模式	三孩释放模式	四孩释放模式	五孩释放模式
2014	1.444	1.444	1.444	1.343	1.343	1.343
2015	1.865	1.820	1.767	1.632	1.597	1.555
2016	4.499	4.114	3.821	2.133	1.991	1.834
2017	3.571	3.382	3.174	2.250	2.104	1.928
2018	3.247	3.176	3.040	2.270	2.188	2.064
2019	2.888	2.890	2.817	2.164	2.130	2.051
2020	2.629	2.676	2.652	2.070	2.071	2.031
2021	2.445	2.518	2.534	2.005	2.029	2.021
2022	2.314	2.398	2.446	1.953	1.992	2.010
2023	2.225	2.313	2.381	1.916	1.964	2.001
2024	2.162	2.248	2.330	1.889	1.941	1.993
2025	2.119	2.197	2.286	1.871	1.922	1.984
2030	2.040	2.076	2.147	1.829	1.859	1.920
2035	2.023	2.034	2.068	1.815	1.825	1.857
2040	2.024	2.027	2.034	1.815	1.818	1.825
2045	2.038	2.037	2.035	1.828	1.827	1.825
2050	2.050	2.048	2.049	1.838	1.837	1.838

造成政策生育率在生育政策调整后瞬间激增的主要原因是政策调整当年存在大量的堆积育龄妇女,估算结果是 2016 年全省常住堆积育龄妇女达到 469.12 万人。待这些堆积育龄妇女二胎生育快速释放后,政策生育率也随之迅速下降。政策生育率衡量的是所有堆积育龄妇女按照一定的生育释放模式生育二胎后实现的生育率,这种情况没有考虑这些堆积育龄妇女是否愿意生育二胎,也没有考虑她们身体条件能否生育二胎,而是单纯考察生育政策调整后的内生生育水平。

2. 实际可能生育率回升至略超出更替水平后稳步下降

政策调整后,实际可能生育率波动幅度远小于政策生育率,最高峰值为 2018 年的 2.27。此后生育率逐渐回落至 1.83 左右。

现实生活中所有人群很难做到完全按政策生育。实际可能生育率则充分考虑了现实的生育情况,预测结果显示(见图 4-2、表 4-1),全省常住人口实际可能生育率由 2014 年的 1.34 上升至 2018 年高峰,峰值为 2.06～2.27,最高峰值略超过更替水平 2.1,此后实际可能生育率稳步下降,2020 年降至 2.03～2.07,"十三五"时期平均达到 2.10 左右。此后实际可能生育率仍呈现慢速下降态势,2030 年以后基本稳定在 1.83 左右。

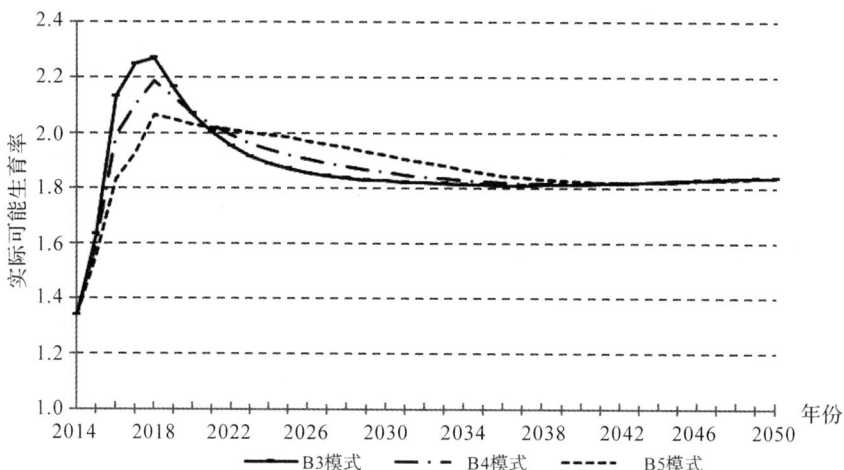

图 4-2　全面两孩政策后浙江常住人口实际可能生育率变动态势

不同的生育释放模式使得实际可能生育率的波动有所不同,三孩生育释放模式下的实际可能生育率波动最为激烈,五孩生育释放模式下的实际可能生育率变动较为平缓。原因是三孩生育释放模式下,堆积育龄妇女在政策调整初期生育释放更集中,使得该模式下实际可能生育率波动幅度较大。而五孩生育释放模式下的生育期更长,堆积生育被逐渐释放,实际可能生育率的波动更为平缓。

与政策生育率相比,实际可能生育率变动趋势有三个明显差异。首先,实际可能生育率高峰值相对较低,生育政策调整后,政策生育率最高峰达到4.50,而实际可能生育率最高峰为2.27,仅为前者的一半。其原因主要在于政策调整初期的堆积育龄妇女年龄结构偏大,生育二胎的意愿较低且生育力低。其次,实际可能生育率达到峰值的时间更为延后。政策生育率在政策调整当年2016年达到峰值,而实际可能生育率将在2018年达到峰值。由于堆积育龄妇女年龄结构偏大,二胎生育被逐步释放,因此实际生育高峰将出现在政策调整后两年内。第三,实际可能生育率回落后的均值相对较低,政策生育率回落后基本稳定在2.05左右,而后者回落后稳定在1.83左右。由于考虑到实际部分家庭不生或者少生,实际可能生育率将低于政策生育率。

3. 城乡政策生育率城镇峰值高于农村

城乡政策生育率变动趋势相近,城镇生育率峰值略高于农村,城乡最高峰值分别为2016年4.55(3.88~4.55)、2016年4.37(3.67~4.37)。此后城乡政策生育率皆快速回落,2020年城镇降至2.61~2.66,"十三五"时期平均为3.25;农村降至2.59~2.63,"十三五"时期平均为3.18。2030年以后城乡政策生育率均保持在2.03~2.15,处于更替水平附近。

由于政策调整前城镇二胎生育要求比农村更为严格,因此实施全面两孩政策以后,城镇将有更多家庭可以生育二胎,政策生育率反弹强度大于农村。预测结果显示(见图4-3、表4-2),2016年新政策实施后,城镇政策生育率将迅速反弹,当年即达到高峰,峰值处于3.88~4.55,此后政策生育率快速回落,2025年降至2.09~2.26。三种生育释放模式略有差异,三孩释放模式政策生育率峰值最高,达到4.55,但回落速度最快,2025年降至2.09;五孩释放模式政策生育率峰值最低,为3.88,回落速度相对较慢,2028年降至2.20以下;四孩释放模式介于上述两种模式之间。

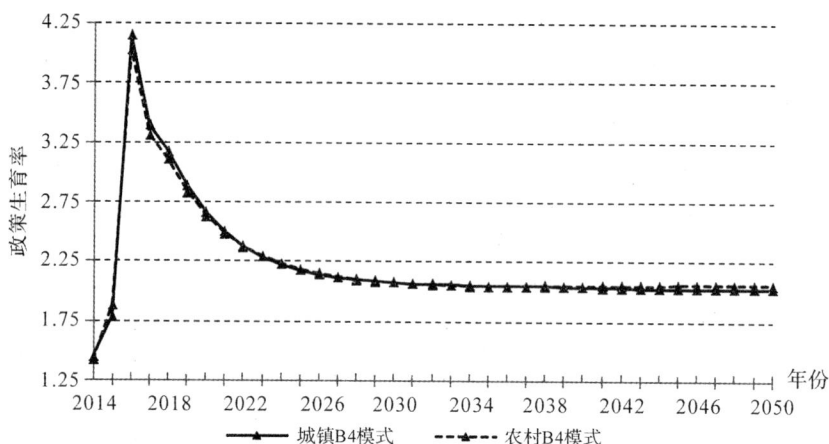

图 4-3　全面两孩政策下浙江常住人口城乡政策生育率比较

与城镇相比,农村政策生育率峰值略低,回落速度与城镇基本持平。2016 年新政策实施后,农村政策生育率当年达到高峰,峰值为 3.67～4.37,略低于城镇同期水平。此后政策生育率迅速回落,2025 年降至2.12～2.28,接近城镇同期水平。以四孩释放模式为例,2016 年农村政策生育率峰值为 4.02,低于城镇同期同一指标 0.13,2025 年农村该指标降至 2.19,低于城镇 0.01,此后两者变动趋势及幅度基本一致,2040 年以后农村政策生育率反而略高于城镇。城乡政策生育率变动态势基本一致,表明实施全面两孩政策后,影响城乡生育率差异的政策因素已消失,两者的差异取决于育龄妇女年龄结构等非政策因素。

表 4-2　全省分城乡常住人口政策生育率变动态势

年份	城镇政策生育率			农村政策生育率		
	三孩释放模式	四孩释放模式	五孩释放模式	三孩释放模式	四孩释放模式	五孩释放模式
2014	1.450	1.450	1.450	1.425	1.425	1.425
2015	1.836	1.787	1.732	1.921	1.885	1.839
2016	4.548	4.146	3.878	4.367	4.022	3.670
2017	3.586	3.392	3.193	3.488	3.314	3.078
2018	3.248	3.176	3.045	3.175	3.108	2.958
2019	2.879	2.883	2.811	2.830	2.830	2.753

续表

年份	城镇政策生育率			农村政策生育率		
	三孩释放模式	四孩释放模式	五孩释放模式	三孩释放模式	四孩释放模式	五孩释放模式
2020	2.611	2.662	2.636	2.586	2.627	2.604
2021	2.421	2.498	2.511	2.418	2.482	2.503
2022	2.290	2.379	2.423	2.295	2.369	2.423
2023	2.198	2.291	2.356	2.216	2.294	2.368
2024	2.135	2.226	2.304	2.158	2.233	2.322
2025	2.092	2.175	2.262	2.119	2.187	2.283
2030	2.040	2.077	2.148	2.047	2.077	2.149
2035	2.038	2.050	2.085	2.046	2.050	2.080
2040	2.036	2.040	2.049	2.048	2.050	2.056
2045	2.029	2.028	2.027	2.060	2.060	2.059
2050	2.032	2.030	2.032	2.057	2.059	2.060

4. 城乡实际可能生育率峰值皆大幅度小于政策生育率

城乡实际可能生育率峰值分别为:城镇 2018 年 2.24,农村 2017 年 2.30;2025 年以后两者皆回落至 1.82～1.92。"十三五"时期城乡实际可能生育率平均值分别为 2.05 和 2.13。

与政策生育率相比,城乡实际可能生育率峰值皆大幅度下降(见图 4-4、表 4-3)。其主要原因同样是政策调整当年城乡堆积育龄妇女年龄结构偏大,绝大多数已经度过生育旺盛期,实际生育二胎的数量有限。预测结果显示,2016 年实行新政策后,城镇实际可能生育率在 2018 年达到高峰,峰值在 2.03～2.24,低于城镇政策生育率峰值 1.35～1.16。此后生育率逐步下降并趋于稳定,基本保持在 1.83 左右。与城镇相比,农村实际可能生育率也有相似的趋势,其峰值在 2017 年上升至 1.96～2.30,低于农村政策生育率峰值 1.19～1.08,此后实际可能生育率开始回落,2025 年降至 1.88～1.99,并逐步下降至 1.85 左右。

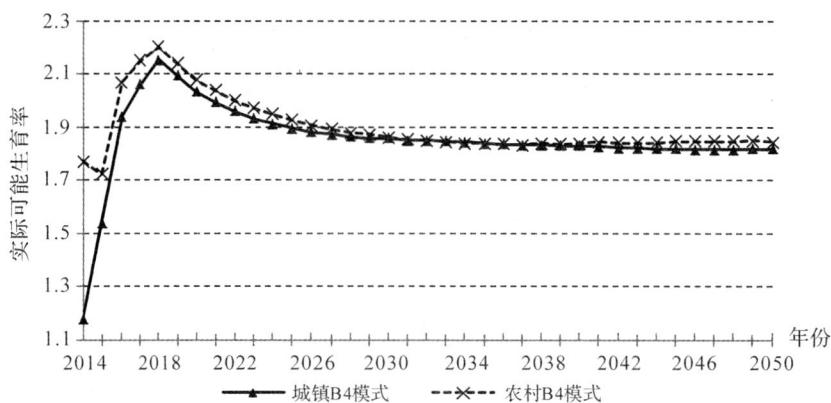

图 4-4　全面两孩政策下浙江常住人口城乡实际可能生育率变动态势

表 4-3　全省分城乡常住人口实际可能生育率变动态势

年份	城镇实际可能生育率			农村实际可能生育率		
	三孩释放模式	四孩释放模式	五孩释放模式	三孩释放模式	四孩释放模式	五孩释放模式
2014	1.178	1.178	1.178	1.772	1.772	1.772
2015	1.578	1.541	1.497	1.755	1.723	1.685
2016	2.085	1.942	1.789	2.213	2.071	1.903
2017	2.209	2.062	1.891	2.297	2.153	1.963
2018	2.237	2.154	2.034	2.281	2.202	2.067
2019	2.130	2.096	2.020	2.172	2.140	2.053
2020	2.034	2.035	1.996	2.079	2.080	2.033
2021	1.968	1.993	1.986	2.017	2.040	2.028
2022	1.921	1.961	1.979	1.963	2.001	2.016
2023	1.884	1.932	1.970	1.927	1.973	2.010
2024	1.859	1.912	1.964	1.900	1.948	2.001
2025	1.843	1.896	1.957	1.880	1.928	1.992
2030	1.828	1.859	1.921	1.836	1.862	1.923
2035	1.828	1.839	1.872	1.835	1.840	1.868
2040	1.826	1.830	1.838	1.837	1.839	1.845
2045	1.820	1.819	1.818	1.847	1.847	1.847
2050	1.822	1.821	1.822	1.845	1.846	1.848

(二)户籍人口生育率变动的特征

户籍人口生育率是指户籍在浙江的人口生育水平。2016 年全面两孩政策实施后,户籍人口生育率变动呈现以下三个特征。

1. 政策生育率高峰值低于常住人口

2016 年全面两孩政策实施后(见图 4-5、表 4-4),受堆积育龄妇女生育释放的影响,户籍人口政策生育率将由 2014 年的 1.73～1.92 迅速上升至峰值 2016 年的 3.06～3.60。此后随着堆积妇女生育逐渐释放,政策生育率快速下降,2020 年降至 2.57～2.60,"十三五"时期平均值达到 2.81。2030 年继续降至 2.14～2.24,此后基本稳定在 2.10～2.13。

与常住人口相似,户籍人口政策生育率变动趋势基本一致,但高峰值略低,低于常住人口 0.8 左右。主要原因是户籍生育堆积的妇女比例低于常住人口。根据现有的统计资料推测,2016 年生育政策调整初期,全省户籍堆积育龄妇女 328 万人,而常住堆积育龄妇女达到 469 万人,两者相差 141 万人。

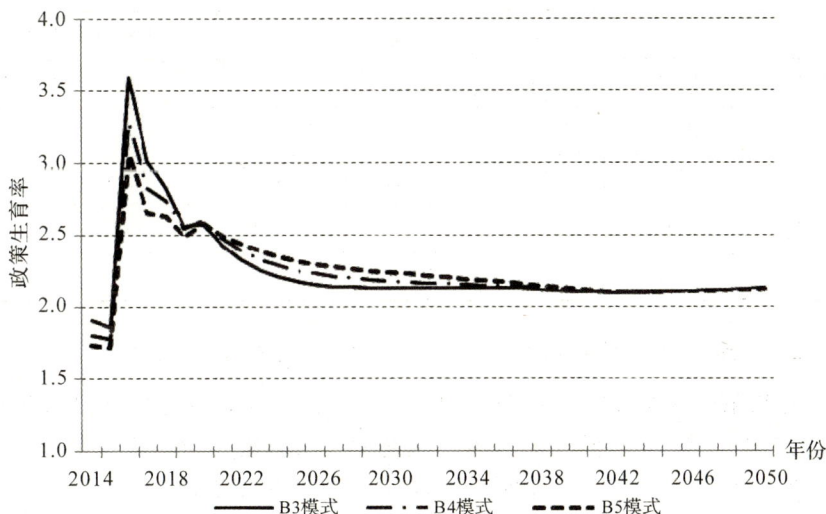

图 4-5　全面两孩政策下浙江户籍人口政策生育率变动态势

表 4-4　全省户籍人口政策生育率与实际可能生育率变动态势

年份	政策生育率			实际可能生育率		
	三孩释放模式	四孩释放模式	五孩释放模式	三孩释放模式	四孩释放模式	五孩释放模式
2014	1.917	1.806	1.733	1.221	1.221	1.221
2015	1.863	1.783	1.722	1.758	1.688	1.633
2016	3.595	3.285	3.061	2.072	1.921	1.806
2017	3.017	2.829	2.654	2.052	1.922	1.813
2018	2.829	2.742	2.629	2.030	1.961	1.890
2019	2.559	2.549	2.484	1.920	1.891	1.850
2020	2.573	2.600	2.579	2.033	2.028	2.009
2021	2.434	2.481	2.493	1.970	1.981	1.978
2022	2.334	2.398	2.436	1.932	1.951	1.958
2023	2.260	2.336	2.390	1.911	1.935	1.947
2024	2.214	2.291	2.351	1.901	1.925	1.940
2025	2.182	2.257	2.319	1.899	1.920	1.936
2030	2.135	2.184	2.241	1.939	1.950	1.961
2035	2.134	2.154	2.188	1.971	1.977	1.984
2040	2.105	2.114	2.122	1.955	1.962	1.967
2045	2.109	2.106	2.105	1.962	1.959	1.959
2050	2.132	2.126	2.124	1.984	1.980	1.978

2. 实际可能生育率先上升后缓慢下降,稳定在 1.9～2.0

与政策生育率相比,新政策实施后户籍实际可能生育率冲高程度较低(见图 4-6、表 4-4),但在新政策实施初期经历两次相对高峰。第一次高峰发生在 2016—2018 年,在四孩生育释放模式下峰值达到 1.96;第二次高峰发生在 2020 年,达到 2.03。第一次高峰是新政策前已生育一孩的那批堆积育龄妇女在新政策后二孩集中释放所致,是小口径的目标人口生育释放。第二次高峰是新政策前还未生育的妇女在新政策实施初期生育一孩后又生育二孩,再加上堆积妇女继续释放生育二孩,即中口径目标人群的两部分妇女生育叠加的结果。"十三五"时期实际可能生育率平均为 1.95。就三种生育释放模式的比较来看,所达到高峰的时间及程度也有所不同,三孩生育释放模式由于堆积生育集中在新政策实施初期释放,2016 年达到峰值 2.07;四孩与五孩生育释放模式下,由于堆积生育时期较长,全省户籍实际可能生育率达到高峰分别为 2020 年的 2.03 和 2.01,略低于更替水平。此后实际可能生育率呈小幅波动状态,基本稳定在 1.90～2.00。三种生育释放模式下的实际可能生育率差异主要源于堆积育龄妇女生育释放的模式,三孩生育释放模式意味着政策调整初期二胎生育相对集中地释放,五孩生育释放模式则意味着二胎生育释放期更长。

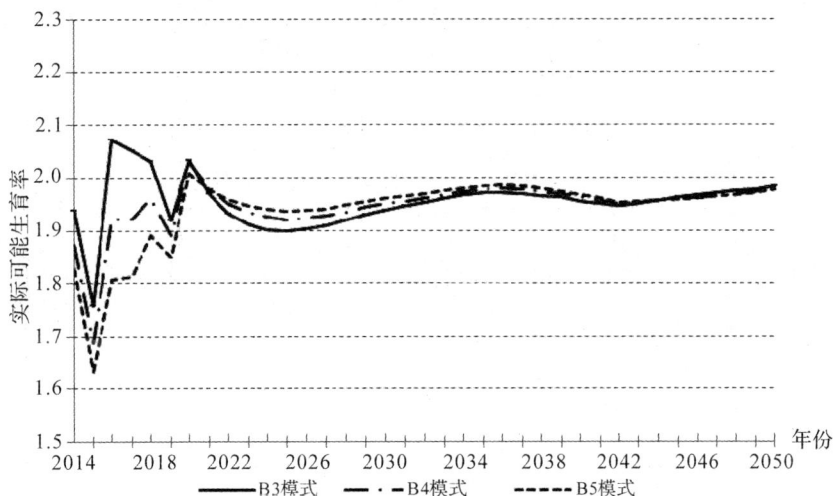

图 4-6　全面两孩政策下浙江户籍人口实际可能生育率变动态势

3. 区域实际可能生育率:浙南高于浙北 0.27～0.46,两区域变动趋势相似

2016 年全面两孩政策实施后,浙南实际可能生育率将由 2015 年的 1.85～1.94 上升至第一次小高峰 2018 年的 2.03～2.16,三年净增加 0.18 左右。2020 年又达到第二次小高峰 2.20～2.23,"十三五"时期平均为 2.11。2025 年以后基本稳定在 2.10～2.18,进入相对平稳期。

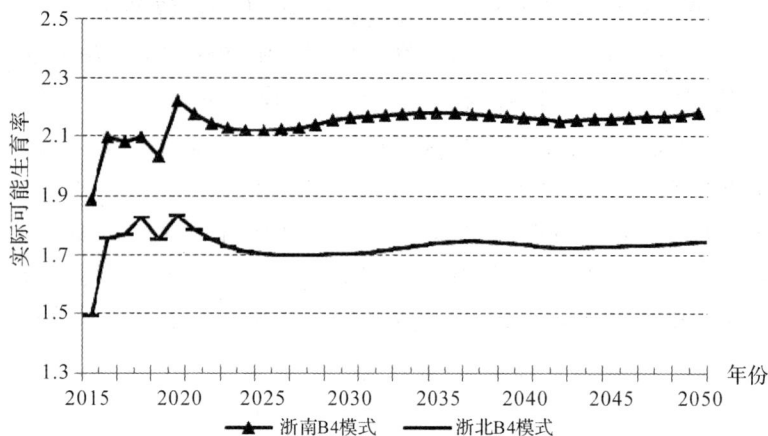

图 4-7　浙南与浙北户籍人口实际可能生育率变动态势

表 4-5　浙南与浙北户籍人口实际可能生育率比较

年份	浙南			浙北		
	三孩释放模式	四孩释放模式	五孩释放模式	三孩释放模式	四孩释放模式	五孩释放模式
2015	1.935	1.886	1.845	1.586	1.495	1.426
2016	2.235	2.096	1.987	1.917	1.754	1.631
2017	2.206	2.082	1.976	1.906	1.768	1.655
2018	2.164	2.098	2.028	1.900	1.828	1.756
2019	2.060	2.032	1.991	1.782	1.752	1.711
2020	2.228	2.222	2.202	1.840	1.835	1.817
2021	2.166	2.176	2.171	1.773	1.785	1.783
2022	2.128	2.145	2.152	1.730	1.752	1.759
2023	2.110	2.131	2.142	1.703	1.729	1.742
2024	2.101	2.123	2.138	1.687	1.714	1.729
2025	2.101	2.121	2.136	1.679	1.703	1.719
2030	2.153	2.163	2.174	1.695	1.706	1.717
2035	2.175	2.180	2.186	1.733	1.739	1.745
2040	2.159	2.163	2.167	1.728	1.734	1.738
2045	2.164	2.161	2.160	1.732	1.729	1.729
2050	2.184	2.179	2.177	1.747	1.743	1.741

与浙南地区相比,浙北一直处于相对较低的生育率水平。2016年全面两孩政策实施后,浙北实际可能生育率由2015年的1.42～1.58快速增加到第一次峰值2018年的1.76～1.90,经历一个短暂的休整,2020年达到第二次高峰1.82～1.84,"十三五"时期平均为1.79。浙南与浙北户籍人口可能生育率在"十三五"时期都经历两次小高峰,其主要原因与前述分析一致,都是堆积育龄妇女生育率释放的结果,第一次小高峰缘于新政策实施前已生育一孩的育龄妇女集中生育二孩所产生的叠加效果,第二次小高峰缘于新政策实施后生育一孩的育龄妇女再生育二孩产生的叠加效果。2025年后稳定在1.68～1.75。其变动趋势与浙南相似,而数值相差0.27～0.46,其原因主要是两地现实基础不同,浙北一直是全国计划生育先进地区,已经形成少生优育的生育文化,群众生育意愿低。即使全面二孩政策实施,根据分年龄育龄妇女生育水平及生育意愿,浙北与浙南实际可能生育率的差值仍将持续下去。

二、实际可能生育率共同特征及原因分析

(一)常住人口与户籍人口实际可能生育率共同特征

实际可能生育率的变动显示,全面两孩政策实施后,常住人口与户籍人口表现出一些共同特征。

1. 常住人口与户籍人口实际可能生育率高峰出现在2017—2020年,峰值不超过2.3

预测结果显示,2016年全面两孩政策实施后,虽然政策生育率瞬间大幅度攀升,但结合育龄妇女年龄结构以及生育释放模式分析,无论是户籍人口还是常住人口,全省实际可能生育率反弹高峰皆不会超过2.3。

以四孩释放模式为例(见图4-8),在单独两孩政策下,常住人口生育率峰值为2019年的1.76。而2016年实施全面两孩政策后,常住人口实际可能生育率峰值为2018年的2.19,高峰来临时间略为提前,峰值增加0.43,其峰值增加的程度取决于堆积育龄妇女生育释放的规模。显然,由于堆积育龄妇女年龄结构偏大,实际二胎生育规模有限,全面二孩政策调整后实际可能生育率激增的幅度明显小于政策生育率增加的幅度。

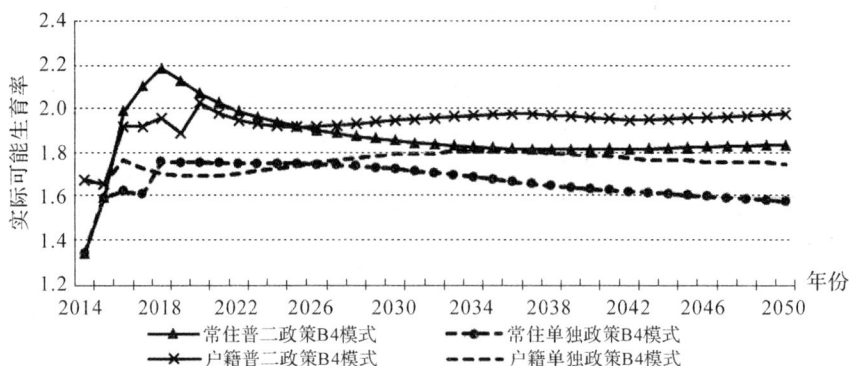

图 4-8　两种政策下常住人口与户籍人口实际可能生育率变动态势

同样,全面两孩政策下的户籍人口实际可能生育率高峰是 2020 年的 2.03,比单独两孩政策下的生育率高 0.33。综合来看,新政策实施后,常住人口和户籍人口实际可能生育率高峰均不会超过 2.3。

2. 可能生育率反弹后缓慢回落,2030 年后趋于稳定,渐近值
　　皆小于 2.0

以四孩生育释放模式为例,对于常住人口而言,实际可能生育率从 2018 年峰值的 2.19 开始回落,2025 年降至 1.92,2030 年达到 1.86,此后逐渐稳定在 1.83 左右。全面两孩政策使得 2030 年以后实际可能生育率渐近值由单独二孩的 1.65 增加到 1.83。户籍人口实际可能生育率也经历相似的变动趋势,生育率峰值由 2020 年的 2.03 下降至 2030 年的 1.95,此后一直稳定在 1.95～1.98。其他生育释放模式下的常住人口和户籍人口生育率峰值回落后的渐近值也都小于 2.0。

3. 城乡实际可能生育率皆在 2017—2018 年达到高峰,且峰值不超过 2.3

新政策实施初期,城镇常住育龄妇女中堆积生育比例高,因而实际可能生育率迅速上升。以四孩生育释放模式为标准(见图 4-9),2016 年全面两孩政策实施后,城镇常住人口实际可能生育率由 2014 年的 1.18 增加到 2018 年峰值的 2.15,比单独两孩政策下城镇常住人口生育率峰值 2018 年的 1.69 高 0.46,其增加值主要来源于堆积育龄妇女的生育释放。此后生育率逐步下降,在 2025 年下降到 1.90,并趋于稳定,基本保持在 1.84 左右。

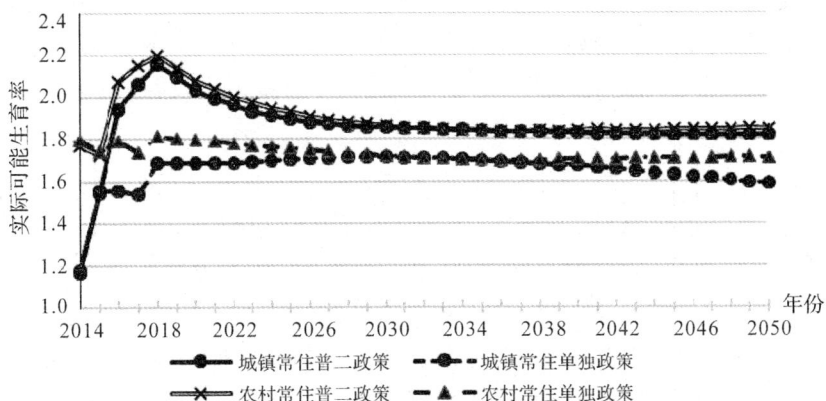

图 4-9 城乡四孩生育释放模式下实际可能生育率变动态势

相比较而言,农村常住人口实际可能生育率变动更加平稳,由 2014 年的 1.77 增加至 2018 年峰值的 2.20,比单独两孩政策下的生育高峰 1.82 高 0.38,此后生育率开始回落,2025 年降至 1.93,其后基本稳定在 1.85 左右。

(二)生育率变动原因分析

新政策实施初期,生育率瞬间反弹主要取决于三个因素:一是堆积生育目标人群;二是二胎生育意愿;三是二胎生育时机。如果已生育一胎在原政策下不允许生育而在新政策下可以再生育第二个孩子的目标人群规模大、身体条件良好且愿意生育二胎、同时集中生育,那么生育率反弹幅度就大。浙江省新政策实施初期生育率反弹不超过 2.3,主要有以下两个原因。

1. 堆积育龄妇女年龄结构偏老,年龄中位数超过 40 岁

2016 年全面两孩政策实施后,浙江省常住堆积夫妇,即只生育了一胎而在新政策后可生育二胎的夫妇共计 469 万对(见表 4-6),其中城镇占 73.83%,农村占 26.17%;单独夫妇占 12.53%,双非夫妇占 87.47%。户籍堆积夫妇共计 328 万对,其中单独夫妇占 17.37%,双非夫妇占 82.63%。双非夫妇是全面二孩政策的目标人群,虽然占堆积夫妇比重高,但是其年龄结构老化,极大地影响了二胎生育。据推测,2016 年全省常住单独堆积妇女 35 岁及以上占 41.18%,40 岁及以上占 16.54%,年龄

中位数为 33.79 岁;而常住双非堆积妇女 35 岁及以上占 69.66%,40 岁及以上占 50.27%,也即一半以上堆积妇女年龄超过 40 岁,年龄中位数达到 40.06 岁,比单独堆积妇女年长 6.27 岁。同样,户籍单独夫妇中妻子的年龄中位数 31.44 岁,而双非夫妇中妻子的年龄中位数达到 41.01 岁,两者相差近 10 岁。育龄妇女年龄结构偏老,对生育率反弹将起到两种效应:一是生育意愿强的妇女将会在政策调整初期即刻生育,强化堆积生育效应;二是二胎生育意愿弱化或者身体条件不适的妇女比例更高,更易于放弃二胎生育。根据对浙江省育龄人群的调查以及历史生育数据的考察,第二种效应更为明显,全面两孩政策下的新增堆积夫妇年龄结构老化是生育率反弹规模较小的重要原因。

表 4-6　2016 年浙江省常住与户籍堆积夫妇及妻子年龄结构

堆积夫妇		规模（万对）	妻子年龄分布(%)				妻子年龄中位数（岁）
			29 岁及以下	30～34 岁	35～39 岁	40 岁及以上	
常住	单独堆积	59	22.44	36.38	24.64	16.54	33.79
	双非堆积	410	14.14	16.20	19.39	50.27	40.06
	合计	469	15.18	18.73	20.04	46.05	39.01
户籍	单独堆积	57	38.40	40.28	19.09	2.23	31.44
	双非堆积	271	9.70	14.89	20.25	55.16	41.01
	合计	328	14.68	19.30	20.05	45.97	38.98

2. 育龄妇女年龄越大,二胎生育意愿越低

育龄妇女年龄结构对二胎生育意愿的影响较大。根据 2014 年浙江省抽样调查数据分析,在 3.9 万对一孩夫妇中,单独夫妇占 11.82%,双非夫妇占 88.18%。其中 0.89 万对夫妇想生育二孩,占 22.65%,单独夫妇想生育二孩 0.21 万对,占想生育二孩人数的 22.72%,双非夫妇想生育二孩 0.68 万对,占想生育二孩人数的 77.28%。不想生育二孩的共计 3.02 万对,占 77.35%。

表 4-7　2014 年浙江省生育意愿调查年龄分布

调查对象	调查人群年龄分布（％）				想生育二孩年龄分布（％）			
	小于 29 岁	30～34 岁	35～39 岁	40 岁及以上	小于 29 岁	30～34 岁	35～39 岁	40 岁及以上
单独	43.68	29.51	15.04	11.77	59.04	30.32	8.15	2.49
双非	21.09	16.27	18.10	44.54	53.99	25.59	12.83	7.59
合计	23.76	17.84	17.74	40.66	55.14	26.67	11.77	6.42

资料来源：2014 年全省抽样调查数据。

在调查人群中，双非夫妇年龄结构较老，40 岁及以上占调查人群的 44.54％，然而同年龄组想生二孩的比例仅为 7.59％。从全省数据来看，35 岁及以上想生育二孩的共计 0.16 万对，占同一年龄组的 7.06％，40 岁及以上想生育二孩的共计 0.06 万对，占同一年龄组的 3.58％，显然年龄越大，二孩生育意愿越低。年龄对家庭生育二孩的影响是多方面的，医学研究表明，高龄产妇由于生殖功能及相关内分泌机能的衰退，妊娠期并发症风险将明显增加，母婴健康风险上升。除了健康风险外，再生育子女所产生的养育、照料等机会成本，以及重新回归抚育婴儿的心理恐惧都会随着年龄的增长而增长，进而影响家庭生育决策。

三、小结

1. 浙江常住人口实际可能生育率在 2018 年达到高峰，峰值在 2.06～2.27。此后生育率开始回落，2020 年降至 2.03～2.07，"十三五"时期实际可能生育率平均为 2.10。2030 年以后基本稳定在 1.83 左右。

2. 城乡实际可能生育率变动趋势相似，城镇在 2018 年达到高峰，峰值在 2.03～2.24，2020 年降至 2.0～2.04，"十三五"时期实际可能生育率平均为 2.05。此后生育率逐步下降并趋于稳定，基本保持在 1.83 左右。农村实际可能生育率峰值在 2017 年上升至 1.96～2.30，略高于城镇，此后开始回落，2020 年处于 2.03～2.08，"十三五"时期实际可能生育率平均在 2.13，2025 年降至 1.88～1.99，并逐步下降至 1.85 左右。

3. 户籍实际可能生育率经历两次高峰，第一次高峰发生在 2016—2018 年，在四孩生育释放模式下峰值达到 1.96；第二次高峰发生在 2020 年，达到 2.03。此后实际可能生育率呈小幅度波动状态，基本稳定在

1.90～2.00。

4. 浙南实际可能生育率明显高于浙北,在四孩生育释放模式下,浙南于 2020 年达到峰值的 2.23,2025 年以后基本稳定在 2.10～2.18,进入相对平稳期;浙北同样 2020 年达到峰值的 1.84,2025 年后稳定在 1.68～1.75。

5. 新政策实施后全省生育率高峰出现在 2018—2020 年,峰值不超过 2.3,生育率反弹可控。

第五章　全面两孩政策下人口
年龄结构变动态势

全面两孩政策的一个重要目的是改善人口年龄结构。全面两孩政策下浙江人口年龄结构变动态势如何，不仅是观察全面两孩政策效果的一个重要方面，也是制定长期发展规划和相关政策必须把握的。

对年龄结构发展态势的分析必须放眼更长时期，才能看到显著的变化和真实的效果。但长期预测和分析又是比较困难的。这是因为随着现代化的推进，人们的生育意愿、生育模式和生育行为将不断发生变化，地区迁移模式和迁移强度也在不断变化。时间越长，变化越显著。为了尽可能考虑这些因素的影响，本研究依据 2010 年人口普查时不同城镇化水平地区的生育模式及实际生育水平与政策生育率的关系，不同城镇化水平地区的迁移模式、迁移强度，以及浙江未来城镇化发展的进程，对浙江未来生育意愿、生育行为、生育水平以及城乡迁移模式、迁移强度进行估计。未来人口数量及年龄结构的变化就是基于这些假定预测的。为了能比较充分地观察年龄结构演变的长期趋势，我们把观察时间延长至 2100 年。

一、以世界人口为背景对年龄结构指标变动态势的分析方法

人口老龄化是世界人口发展大趋势。在这种意义上对于一个国家或地区来说，人口老龄化并不可怕，可怕的是成为世界上程度最重，且还在持续加重的老龄化。在这种情况下，即使其他发展条件与竞争对手完全相同，仅人口过度的老龄化也会显著降低自身的竞争力。因此，对老龄化

的考察不能仅仅自己同自己比,而必须在世界人口老龄化大背景下考察和评估自身的老龄化情况,明确自身在世界人口老龄化大坐标中所处的位置,才能清醒地认识自身、把握自身。

世界人口老龄化是一个动态的发展过程,各个国家或地区在这个大坐标中的位置也在不断发展变化中。为了更好地与世界老龄化对比,我们构建了"国际动态老龄化指数"(简称"老龄化指数")。其构造过程如下:

第一步,依据联合国对世界各国人口预测数据,分别取同年份世界主要国家或区域某年龄结构指标的最大值和最小值,构成两列自 2015 年至 2100 年的动态变化的时间序列标准。

第二步,对世界主要国家或区域及所要比较分析地区的年龄结构指标进行标准化处理。

设 $a_{i,t}$ 为被评价地区第 i 项指标 t 年值;$b_{i,t}$ 为被评价地区第 i 项指标 t 年老龄化指数;$max_{i,t}$ 为国际 i 项指标 t 年最大值;$min_{i,t}$ 为国际 i 项指标 t 年最小值。对于数值越高,老龄化程度越重的指标(如老年人口比重、老年人口抚养比等)标准化处理的方法是:

$$b_{i,t} = a_{i,t}/max_{i,t} \times 100\%$$

对于数值越高,老龄化程度越轻的指标(如少年儿童人口比重、劳动年龄人口比重等)标准化处理的方法是:

$$b_{i,t} = min_{i,t}/a_{i,t} \times 100\%$$

这样处理后,老龄化指数越大,老龄化程度越重。当老龄化指数达到或超过 100 时,表明被评价地区的该项指标是世界上老龄化程度最重的;当老龄化指数小于或等于 1 时,表明被评价地区的该项指标是世界上老龄化程度最轻的。

第三步,取多项评价指标的几何平均值,作为国际标准的老龄化综合指数,对被评价地区老龄化程度作出总体评价。

联合国只发布了个位逢"0"、"5"年份和高生育率、中生育率、低生育率三种方案的人口预测数据。为了便于比较,本研究对世界个位非"0"非"5"年份的数据进行简单插值估计,用联合国的中生育率下各指标与浙江的四孩释放模式、中迁移对比分析。

据联合国预测,韩国、日本是未来年龄结构老化程度最重的国家。再加上韩国国土面积、人口规模与浙江有某种相似,日本的老龄化比较典型,浙江省政府部门和学界常拿浙江与韩国比较,也常拿日本作案例进行分析,我们把韩国、日本列为比较对象。印度人口规模与中国相当,美国是最强的发达国家,俄罗斯低生育率经常是讨论的对象,我们也一并将这三国列为比较对象。欧洲地域相近的国家经济、社会、人口发展状况相似,我们将欧洲分为东欧、西欧、南欧、北欧进行比较,非洲作为一个整体,其他各大洲也都以联合国划定的区域进行比较。

为了加强年龄结构分析的广泛可比性,本研究对各年龄人口界定遵循国际普遍做法:少年儿童人口:0～14 岁;劳动年龄人口:15～64 岁;老年人口:65 岁及以上。

二、全省人口年龄结构变动态势

(一)少年儿童人口比重:两个调整周期

全面两孩政策下,预计浙江常住人口"十三五"规划期末 0～14 岁少年儿童比重达到 16.42%,比单独两孩政策"十三五"期末(15.18%)提高 1.24 个百分点;户籍人口"十三五"期末达到 15.68%,比单独两孩政策"十三五"期末(13.57%)提高 2.11 个百分点。

全面两孩政策下,预计浙江至 21 世纪末常住人口少年儿童比重最大值是 18.44%(2057 年),比单独两孩政策(17.13%,2075 年)提高 1.31 个百分点;户籍人口最大值是 17.01%(2088 年),比单独两孩政策最大值(14.17%,2016 年)提高 2.84 个百分点(见图 5-1、表 5-1)。

据联合国预测,2015—2040 年少年儿童人口比重最低的是日本,2040 年后最低的是韩国,少年儿童比重老龄化指数先后分别高达 100%(见图 5-2)。

在单独两孩政策下,浙江户籍人口少年儿童比重将在 2025 年低于日本、2045 年低于韩国。2020—2050 年,浙江户籍人口少年儿童比重平均为 12.04%,2050—2100 平均为 11.93%,少年儿童比重老龄化指数平均分别达 102%、108%,成为少年儿童比重最低、老龄化指数最高的地区(见图 5-2)。

在全面两孩政策下,全省常住人口少年儿童比重和户籍人口少年儿童比重将呈现两个由升转降的调整周期。第一个周期,浙江常住人口少年儿童比重由 2015 年的 14.36%,最高回升至 2025 年的 17.41%,2040

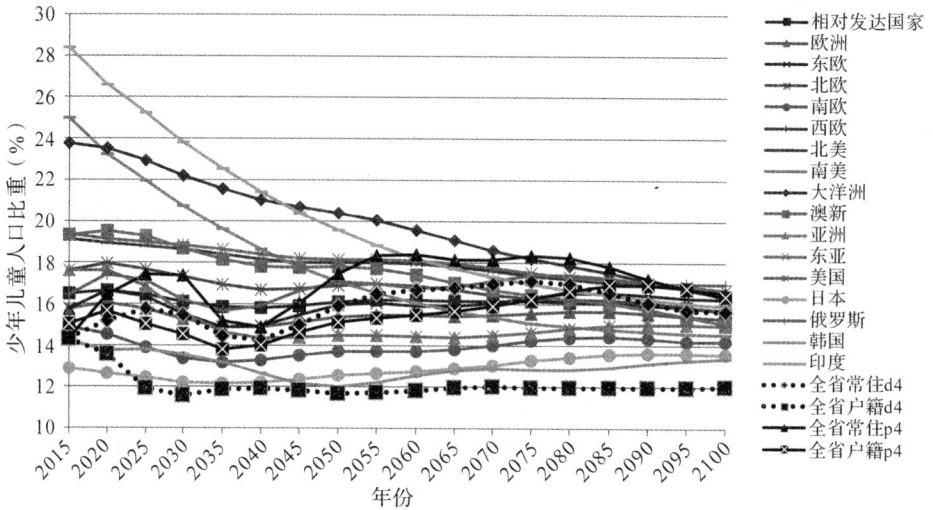

图 5-1 全面两孩政策下浙江少年儿童人口比重的国际比较

注:浙江数据由本项研究组测算,世界数据根据联合国预测。其中:"相对发达"指世界相对发达地区。各区域划分均以联合国划分为据。"全省"为浙江全省合计,"常住"为常住人口口径,"户籍"为户籍人口口径,"d"为单独两孩政策下,"p"为全面两孩政策下,"4"为四孩释放模式。以下各图与此相同。

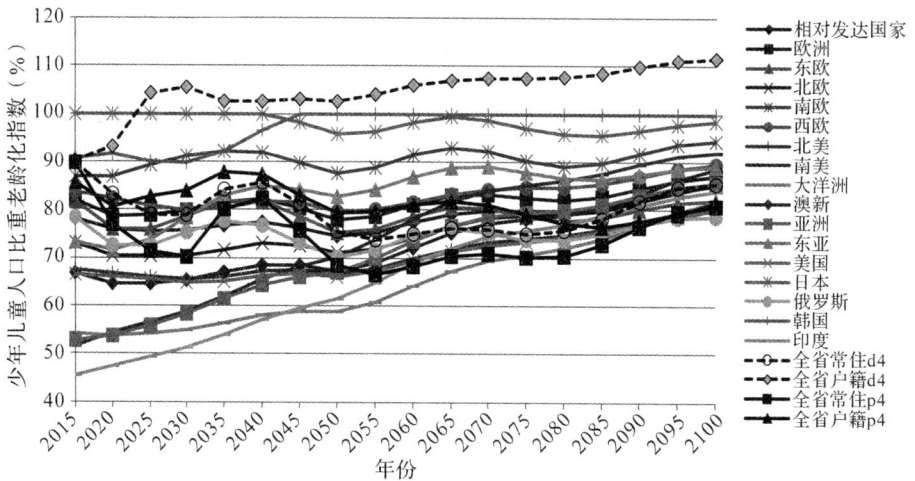

图 5-2 全面两孩政策下浙江少年儿童人口比重老龄化指数的国际比较

年下降为 14.86%;户籍人口少年儿童比重由 2015 年的 15.05%,最高回升至 2020 年的 15.68%,2035 年降为 13.83%。第二个周期,当世界主要地区和国家少年儿童人口比重普遍下降时,浙江常住人口少年儿童比重 2040 年后开始回升,至 2060 年最高回升至 18.39%,此后又呈现下降趋势;户籍人口少年儿童比重则在 2035 年后开始缓慢回升,直至 2088 年达到最高 17.01%。相应地,少年儿童人口比重的老龄化指数在 2035—2040 年形成一个回升的高峰后,转而持续下降。

在全面两孩政策下,常住人口少年儿童比重 2020—2049 年平均为 16.39%,2050—2100 年平均为 17.79%,比单独两孩政策分别提高 1.25 个百分点和 1.28 个百分点;少年儿童比重老龄化指数平均分别达 75.02%、72.61%(见图 5-2),比单独两孩政策分别下降 6.03 个百分点和 5.55 个百分点。户籍人口少年儿童比重分别为 14.69%、16.23%,比单独两孩政策分别提高 2.65 个百分点和 4.30 个百分点;少年儿童比重老龄化指数分别降低 18.44 个百分点和 28.54 个百分点。

这表明,与单独两孩政策相比,全面两孩政策能够使常住人口和户籍人口的少年儿童比重得到一定程度的回升,21 世纪下半叶在世界人口年龄结构演变的大坐标中保持一定的优势。从长期发展看,这就为改善年龄结构的其他指标,保证在世界上有一定的比较优势奠定了基础。当然,这是有条件的,这个条件就是"仍保持现有的生育意愿、生育弹性、城镇化发展态势"。

表 5-1　全面两孩政策下浙江 0~14 岁少年儿童人口比重及其老龄化指数

年份	少年儿童人口比重(%)				少年儿童人口比重老龄化指数(%)			
	单独两孩政策		全面两孩政策		单独两孩政策		全面两孩政策	
	常住人口	户籍人口	常住人口	户籍人口	常住人口	户籍人口	常住人口	户籍人口
2015	14.36	14.28	14.36	15.05	89.76	90.27	89.76	85.65
2020	15.18	13.57	16.42	15.68	83.20	93.07	76.92	80.55
2025	15.74	11.92	17.41	15.02	78.97	104.28	71.40	82.76
2030	15.48	11.56	17.37	14.55	78.81	105.54	70.24	83.85
2035	14.43	11.85	15.16	13.83	84.13	102.45	80.08	87.78
2040	14.24	11.90	14.86	14.00	85.74	102.61	82.17	87.21
2045	14.97	11.80	16.03	14.63	81.16	102.97	75.80	83.05
2050	15.91	11.69	17.49	15.13	75.36	102.57	68.55	79.25
2055	16.51	11.71	18.34	15.32	73.83	104.10	66.47	79.57

续表

年份	少年儿童人口比重(%)				少年儿童人口比重老龄化指数(%)			
	单独两孩政策		全面两孩政策		单独两孩政策		全面两孩政策	
	常住人口	户籍人口	常住人口	户籍人口	常住人口	户籍人口	常住人口	户籍人口
2060	16.71	11.83	18.39	15.46	75.04	106.00	68.19	81.11
2065	16.80	11.96	18.16	15.67	76.19	107.02	70.48	81.68
2070	16.99	12.00	18.17	15.91	75.87	107.42	70.94	81.02
2075	17.13	11.97	18.33	16.26	75.07	107.44	70.16	79.09
2080	16.99	11.94	18.25	16.65	75.63	107.62	70.41	77.18
2085	16.56	11.95	17.79	16.95	78.20	108.37	72.79	76.40
2090	16.06	11.97	17.20	16.92	81.76	109.69	76.34	77.60
2095	15.72	11.98	16.73	16.79	84.61	111.02	79.50	79.21
2100	15.64	11.99	16.54	16.41	85.42	111.43	80.77	81.41
2020—2049年平均	15.14	12.04	16.39	14.69	81.05	101.93	75.02	83.49
2050—2100年平均	16.51	11.93	17.79	16.23	78.16	108.01	72.61	79.43

(二)老年人口比重:过山车式的倒"U"形三阶段

在全面两孩政策下,常住人口 65 岁及以上老年人口比重,到"十三五"规划期末将达到 13.98%,比"十二五"规划期末(11.23%)增加 2.75 个百分点;户籍人口老年人口比重"十三五"规划期末达到 17.46%,比"十二五"规划期末(13.92%)增加 3.54 个百分点。

以老年人口比重的老龄化指数达到或超过 90%,即以接近、等于或超过世界老年人口比重最重地区为标准,全面两孩政策下未来老年人口比重变动可以分为三个阶段。

第一阶段,老年人口比重持续迅速上升阶段。常住人口老年人口比重自 2015 年至 2038 年,23 年间从 11.23% 上升到 29.96%,提高 18.73 个百分点,年均增长 0.81 个百分点。户籍人口老年人口比重自 2015 年至 2035 年,20 年间从 13.92%,上升到 28.69%,提高 14.77 个百分点,年均增长 0.74 个百分点。这种老年人口比重的快速增长态势在世界各个国家或地区中是绝无仅有的。

第二阶段,老年人口比重高峰阶段。2039—2046 年,常住人口老年人口比重基本稳定在 32％左右,老龄化指数平均为 90.35％。2036—2037 年,户籍人口老年人口比重为 29.47％,老龄化指数平均为 90％。两种口径都仅低于同期的日本和韩国,浙江成为世界上老龄化指数最高的地区之一。本阶段是浙江人口老龄化最具有挑战性的时期(见图 5-3、图 5-4)。

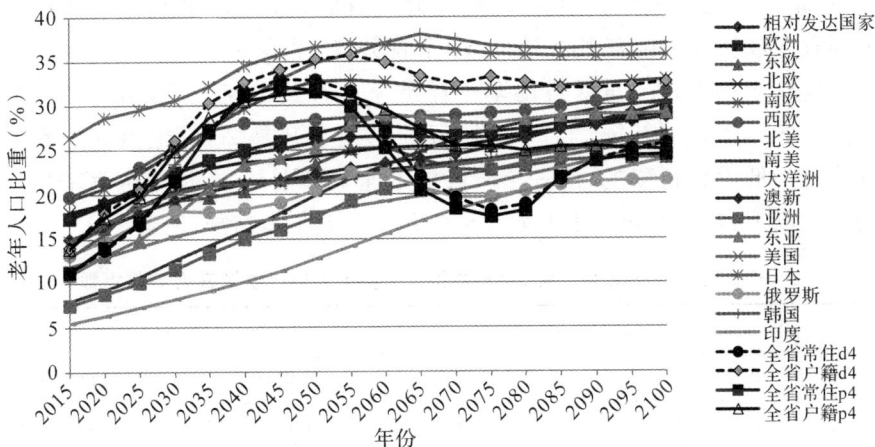

图 5-3　全面两孩政策下浙江老年人口比重的国际比较

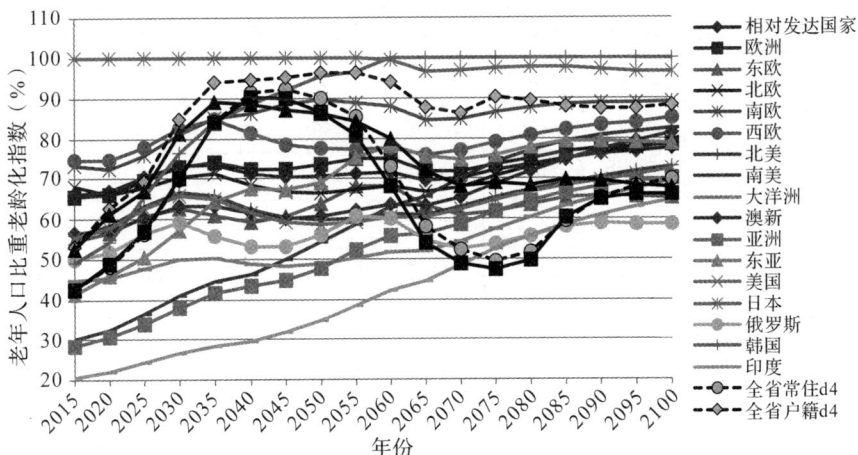

图 5-4　全面两孩政策下浙江老年人口比重老龄化指数的国际比较

其中,常住人口老年人口比重的峰值为 32.25%(2047 年),比单独两孩政策(33.22%)降低 0.97 个百分点;户籍人口老年人口比重峰值为 31.72%(2051 年),比单独两孩政策(35.74%,2053 年)降低 4.02 个百分点。常住人口全面两孩政策与单独两孩政策差别并不十分显著。

第三个阶段,老年人口比重迅速下降至谷底,略有回升后趋于稳定。常住人口老年人口比重在 2075 年降至谷底(17.43%),由峰值(32.25%,2047 年)到谷底经历 28 年,下降 14.82 个百分点,年均下降 0.51 个百分点;户籍人口老年人口比重在 2080 年降至谷底(24.95%),由第二阶段期末到谷底经历 43 年,年均下降 0.11 个百分点(见表 5-2)。

这种老年人口比重像过山车一样迅速上升又迅速下降,是浙江人口老龄化的一个重要特征。前一个阶段的迅速上升是 20 世纪由高生育率迅速转为低生育造成的;后一个阶段的迅速下降则是 21 世纪生育率由持续 1.5 以下,甚至更低,回升到 1.8 至更替水平左右造成的。

表 5-2　全面两孩政策下浙江 65 岁及以上老年人口比重及其老龄化指数

| 年份 | 老年人口比重(%) | | | | 老年人口比重老龄化指数(%) | | | |
| | 单独两孩政策 | | 全面两孩政策 | | 单独两孩政策 | | 全面两孩政策 | |
	常住人口	户籍人口	常住人口	户籍人口	常住人口	户籍人口	常住人口	户籍人口
2015	11.19	14.04	11.23	13.92	42.32	53.10	42.47	52.65
2020	13.80	17.90	13.98	17.46	48.23	62.57	48.86	61.03
2025	16.64	20.55	16.85	19.81	56.16	69.36	56.87	66.86
2030	21.40	26.04	21.51	24.92	69.78	84.90	70.13	81.25
2035	27.11	30.25	27.01	28.69	84.30	94.06	83.99	89.21
2040	31.54	32.65	31.11	30.51	91.45	94.67	90.20	88.46
2045	33.01	34.05	32.21	31.23	92.18	95.09	89.95	87.21
2050	32.90	35.19	31.65	31.57	90.01	96.28	86.59	86.37
2055	31.58	35.62	29.89	31.14	85.40	96.32	80.83	84.21
2060	26.99	34.85	25.20	29.60	72.87	94.09	68.03	79.91
2065	22.02	33.31	20.46	27.32	58.01	87.75	53.90	71.97
2070	19.53	32.36	18.31	25.54	52.11	86.34	48.85	68.14
2075	18.11	33.16	17.43	25.37	49.31	90.28	47.45	69.07

续表

年份	老年人口比重（%）				老年人口比重老龄化指数（%）			
	单独两孩政策		全面两孩政策		单独两孩政策		全面两孩政策	
	常住人口	户籍人口	常住人口	户籍人口	常住人口	户籍人口	常住人口	户籍人口
2080	18.83	32.64	18.15	24.95	51.65	89.52	49.78	68.43
2085	21.64	31.95	21.89	25.38	59.52	87.87	60.20	69.80
2090	23.82	31.89	23.69	25.40	65.26	87.37	64.90	69.59
2095	25.06	32.16	24.28	25.15	68.19	87.51	66.07	68.44
2100	25.76	32.62	24.41	25.00	69.72	88.28	66.06	67.66
2020—2049年平均	23.45	26.33	23.19	24.76	71.80	81.25	71.13	76.63
2050—2100年平均	23.33	33.06	22.37	26.49	63.20	89.53	60.61	71.72

从政策角度看,前一个阶段是由高生育快速过渡到独生子女政策造成的,后一个阶段是由独生子女政策调整为全面两孩政策造成的。如果说后一个阶段的具体数值可能是模糊的,带有更大的不确定性,那么前一个阶段的世界独有的快速老龄化则是明确的。其具体数值可能会有所变化,但其性质不会有根本性改变。即使在全面两孩政策下生育率再高一些,也不会改变这一进程。全面两孩政策对年龄结构改善的效果只有在峰值年过后,即21世纪下半叶才能真正显效。

在无迁移的情况下,这种过山车的特征更为典型(见图5-5)。它的过山车轨迹顶部更高(常住人口峰值达34.94%),老龄化指数的峰值也更高(常住人口峰值达97.52%)。

(三)劳动年龄人口比重:蹦极式的正"U"形三阶段

全面两孩政策下,浙江省常住人口15～64岁劳动年龄人口比重,在"十三五"期末将达到69.60%,比"十二五"期末(74.41%)减少4.81个百分点;户籍人口劳动年龄人口比重到"十三五"期末将达到66.86%,比"十二五"期末(71.04%)减少4.18个百分点(见表5-3)。

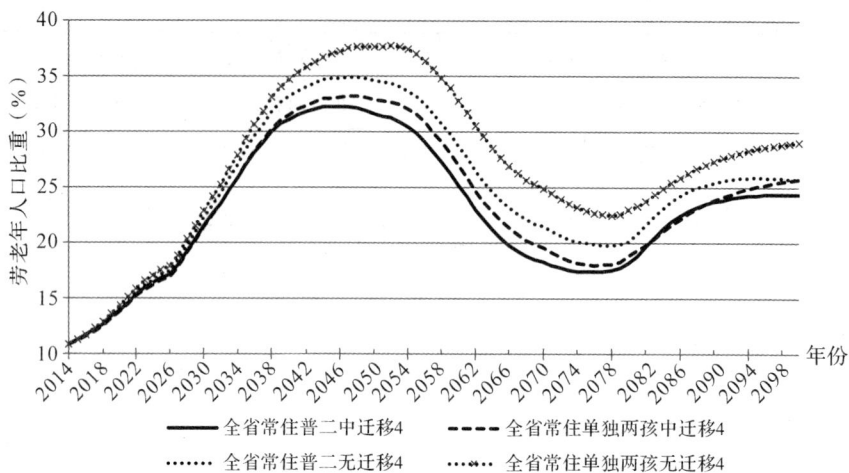

图 5-5 全面两孩政策下浙江 65 岁及以上老年人口比重有无迁移比较

表 5-3 全面两孩政策下浙江 15～64 岁劳动年龄人口比重及其老龄化指数

年份	劳动年龄人口比重(%)				劳动年龄人口比重老龄化指数(%)			
	单独两孩政策		全面两孩政策		单独两孩政策		全面两孩政策	
	常住人口	户籍人口	常住人口	户籍人口	常住人口	户籍人口	常住人口	户籍人口
2015	74.45	71.68	74.41	71.04	75.07	77.97	75.11	78.67
2020	71.02	68.53	69.60	66.86	79.63	82.52	81.25	84.58
2025	67.62	67.53	65.74	65.17	85.12	85.24	87.56	88.32
2030	63.12	62.40	61.12	60.53	90.51	91.55	93.47	94.38
2035	58.46	57.91	57.83	57.48	95.28	96.18	96.32	96.90
2040	54.22	55.46	54.03	55.48	98.30	96.11	98.65	96.07
2045	52.02	54.15	51.76	54.14	99.63	95.72	100.14	95.73
2050	51.20	53.12	50.86	53.30	99.45	95.86	100.12	95.53
2055	51.91	52.68	51.77	53.54	97.01	95.60	97.28	94.06
2060	56.30	53.31	56.41	54.95	89.43	94.45	89.26	91.63
2065	61.17	54.72	61.38	57.01	80.51	90.00	80.24	86.39
2070	63.48	55.64	63.51	58.55	78.20	89.22	78.16	84.78
2075	64.76	54.87	64.24	58.37	77.84	91.87	78.47	86.36

续表

| 年份 | 劳动年龄人口比重（%） | | | | 劳动年龄人口比重老龄化指数（%） | | | |
| | 单独两孩政策 | | 全面两孩政策 | | 单独两孩政策 | | 全面两孩政策 | |
	常住人口	户籍人口	常住人口	户籍人口	常住人口	户籍人口	常住人口	户籍人口
2080	64.19	55.42	63.60	58.40	78.95	91.45	79.69	86.78
2085	61.80	56.10	60.31	57.67	82.02	90.36	84.05	87.90
2090	60.12	56.13	59.11	57.68	83.78	89.74	85.21	87.33
2095	59.22	55.85	59.00	58.06	84.35	89.44	84.66	86.03
2100	58.60	55.39	59.04	58.59	84.80	89.71	84.16	84.81
2020—2049年平均	61.51	61.35	60.67	60.50	90.37	90.14	91.58	91.27
2050—2100年平均	60.16	55.01	59.84	57.28	83.69	91.18	84.12	87.61

用劳动年龄人口比重的老龄化指数达到或超过90%为标准,全面两孩政策下,浙江省劳动年龄人口比重同样可以划分为三个阶段。

第一阶段,劳动年龄人口比重持续大幅下降阶段。常住人口劳动年龄人口比重自2015年至2027年,12年间由74.41%降至64.50%,下降9.91个百分点,年均下降0.83个百分点。户籍人口劳动年龄人口比重自2015年至2026年,由71.04%降至64.24%,11年下降6.80个百分点,年均下降0.62个百分点。世界其他国家或地区也在下降,但浙江劳动年龄人口比重以这种速度下降却是绝无仅有的(见图5-6)。

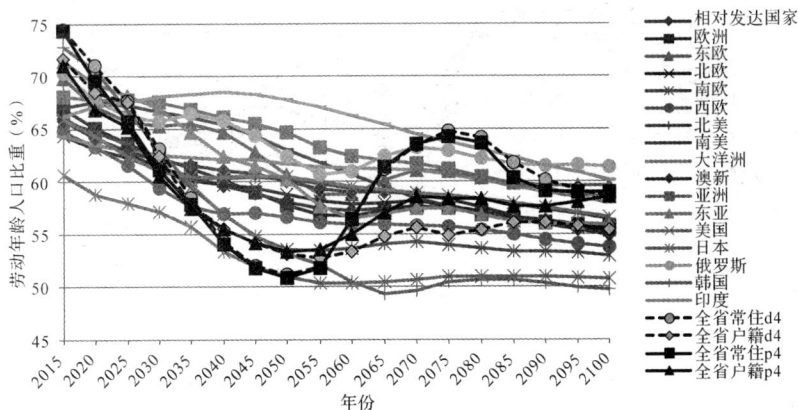

图 5-6　全面两孩政策下浙江劳动年龄人口比重的国际比较

第二阶段,劳动年龄人口比重低谷、老龄化指数高峰阶段。2028—2059 年,常住人口劳动年龄人口比重平均为 54.66%,老龄化指数平均为 97.20%,劳动年龄人口比重平均接近国际最低水平,其间有 9 年时间(2043—2052 年)等于或低于国际最低水平,老龄化指数达到或超过 100%。2026—2062 年,户籍人口劳动年龄人口比重平均为 56.10%,老龄化指数平均为 94.63%(见图 5-6、图 5-7)。

其中,常住人口劳动年龄人口比重在 2052 年降至最低点 50.82%;户籍人口劳动年龄人口比重在 2051 年降至最低点 53.09%。

与老年人口比重相比较,劳动年龄人口比重变动的老龄化高峰阶段时间更长,老龄化指数更高。这表明劳动年龄人口规模和比重的变动周期比老年人口更长,原有规模和比重的显著变化也需要更长的时间。这种长时期极低的劳动年龄人口比重对浙江经济社会发展的挑战,比老年人口比重高峰期更为严峻。

第三阶段,劳动年龄人口比重回升并趋于稳定阶段。常住人口自 2060 年开始,户籍人口自 2063 年开始,至 21 世纪末。其间,常住人口劳动年龄人口比重 2074 年回升到最高点 64.24%,接近国际最高水平(非洲),14 年回升 8.97 个百分点,年均回升 0.64 个百分点;户籍人口劳动年龄人口比重 2072 年回升到最高点 58.83%,9 年回升 3.10 个百分点,年均回升 0.34 个百分点。

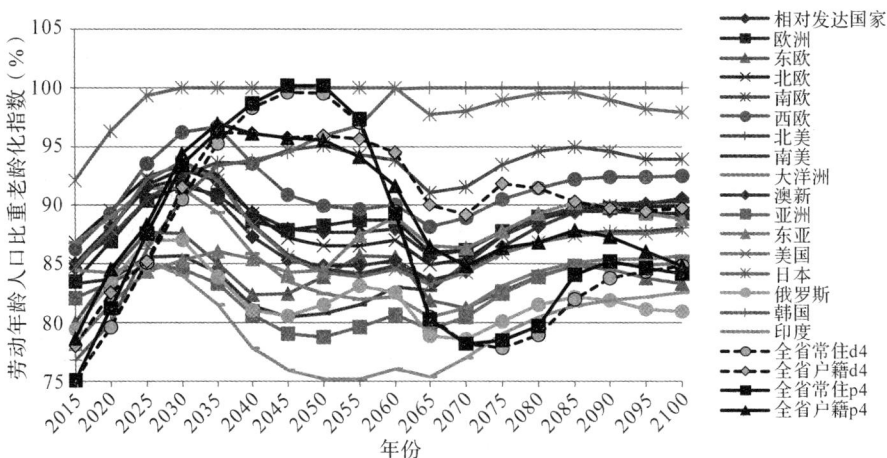

图 5-7　全面两孩政策下浙江劳动年龄人口比重老龄化指数的国际比较

浙江劳动年龄人口比重在 21 世纪下半叶能否像预测那样显著回升，还有许多不确定性。但可以十分确定的是：即使在充分考虑省外人口一定规模迁入的情况下，21 世纪上半叶全面两孩政策既不能遏制常住人口劳动年龄人口比重下降的趋势，也不能止住户籍人口劳动年龄人口下降的态势。"劳动年龄人口比重以世界绝无仅有的速度持续下降"将是浙江 21 世纪上半叶劳动力供给的常态。

据联合国预测，未来 85 年世界主要国家或地区劳动年龄人口比重也都有一个由下降到趋于稳定的过程。但像浙江人口，特别是浙江常住人口劳动年龄人口这样大幅度地迅速下降至届时世界最低值，又大幅度地回升至届时世界最高值，是绝无仅有的（见图 5-6）。与此相对应，浙江劳动年龄人口比重的老龄化指数则同老年人口比重及其老龄化指数一样，在 2045—2050 年或其左右，超过世界所有国家或地区，成为该指标老龄化程度最重的地区。这表明，21 世纪上半叶，浙江"劳动年龄人口比重以世界绝无仅有的速度持续下降"的结果就是劳动年龄人口比重降到世界最低，成为劳动力资源最贫乏的地区。尽管这种状态随后会发生重大转变，但如何在新中国成立 100 周年时，顺利渡过这一艰难时期，保持经济社会可持续发展，将是对浙江的重大挑战。

（四）总抚养比：过山车式的倒"U"形三阶段

全面两孩政策实施后，出生人口增多，而老年人口规模仍按原有速度在继续增长，使得 15～64 岁劳动年龄人口对 0～14 岁少年儿童人口和 65 岁及以上老年人口的总抚养比增加。

常住人口总抚养比"十三五"期末达到 43.69%，比"十二五"期末（34.39%）增加 9.30 个百分点，比单独两孩"十三五"期末（40.81%）增加 2.88 个百分点。户籍人口总抚养比"十三五"期末达到 49.57%，比"十二五"期末（40.77%）增加 8.80 个百分点，比单独两孩"十三五"期末（45.91%）增加 3.66 个百分点（见表 5-4）。

表 5-4 全面两孩政策下浙江总抚养比及其老龄化指数

年份	总抚养比(%)				总抚养比老龄化指数(%)			
	单独两孩政策		全面两孩政策		单独两孩政策		全面两孩政策	
	常住人口	户籍人口	常住人口	户籍人口	常住人口	户籍人口	常住人口	户籍人口
2015	34.32	39.51	34.39	40.77	43.49	50.06	43.58	51.66
2020	40.81	45.91	43.69	49.57	53.12	59.76	56.87	64.53
2025	47.88	48.09	52.11	53.45	64.95	65.23	70.69	72.50
2030	58.43	60.27	63.61	65.21	77.87	80.32	84.77	86.90
2035	71.06	72.70	72.93	73.96	89.35	91.41	91.70	93.00
2040	84.42	80.33	85.08	80.24	96.34	91.67	97.09	91.57
2045	92.22	84.66	93.19	84.72	99.20	91.07	100.25	91.14
2050	95.33	88.25	96.62	87.61	98.90	91.56	100.24	90.89
2055	92.65	89.83	93.18	86.78	93.99	91.13	94.53	88.04
2060	77.62	87.57	77.27	82.00	78.71	88.80	78.36	83.16
2065	63.47	82.74	62.92	75.39	61.59	80.28	61.05	73.15
2070	57.53	79.73	57.44	70.78	56.70	78.58	56.61	69.76
2075	54.42	82.24	55.67	71.32	55.31	83.59	56.58	72.49
2080	55.79	80.43	57.22	71.24	57.34	82.66	58.81	73.22
2085	61.81	78.26	65.79	73.39	63.53	80.44	67.62	75.43
2090	66.34	78.15	69.16	73.38	67.33	79.32	70.19	74.47
2095	68.87	79.05	69.51	72.23	68.73	78.88	69.36	72.08
2100	70.65	80.54	69.37	70.69	69.77	79.54	68.51	69.81
2020—2049 年平均	70.02	68.60	72.46	70.68	82.82	81.57	85.94	84.36
2050—2100 年平均	66.92	81.85	67.75	74.72	70.17	83.16	71.08	76.59

同老年人口比重及劳动年龄人口比重一样,未来总抚养比发展态势也可分为三个阶段。

第一阶段,总抚养比迅速增长阶段。2015—2033 年,常住人口总抚养比由 34.39％上升到 68.36％,18 年提高 33.97 个百分点,年均上升 1.89 个百分点。2015—2032 年,户籍人口总抚养比由 40.77％上升到 68.24％,17 年提高 27.47 个百分点,年均上升 1.62 个百分点。两种口径人口的总抚养比是同一阶段老年人口比重年均上升和劳动年龄人口比重年均下降幅度的 2 倍还多。

第二阶段,总抚养比高峰阶段。常住人口 2034—2056 年总抚养比由 70.39％上升到 90.32％,22 年提高 19.93 个百分点,年均升高 0.91 个百分点,总抚养比平均水平达 88.90％;老龄化指数平均达 97.40％,其中 2043—2052 年超过 100％,同时总抚养比超过国际最高水平,成为世界上总抚养比最高的地区。其中 2052 年达到最大值 96.77％,比单独两孩政策的峰值(95.63％,2052 年)高 1.14 个百分点。

户籍人口 2033—2053 年总抚养比由 70.21％上升至 88.14％,20 年提高 17.93 个百分点,年均提高 0.90,总抚养比平均水平达 81.97％,老龄化指数平均为 91.65％。户籍人口总抚养比在 2051 年达到最大值 88.35％,比单独两孩政策的峰值(87.97％,2050 年)高 0.38 个百分点。

无论常住人口还是户籍人口,总抚养比的高峰阶段都将超过 20 年,都比老年人口比重的高峰阶段长,常住人口的总抚养比有一半时间超过国际最高水平。这对浙江的挑战是相当严峻的。

第三阶段,总抚养比下降并趋稳阶段。常住人口 2056—2074 年总抚养比由 90.32％(2056 年)降到最低点 55.67％,接近国际最低负担水平,18 年下降 34.65 个百分点,年均降低 1.93 个百分点。户籍人口 2053—2073 年总抚养比由 2053 年的 8.14％降到 2073 年最低水平 69.98％,20 年下降 18.16 个百分点,年均降低 0.91 个百分点(见图 5-8)。

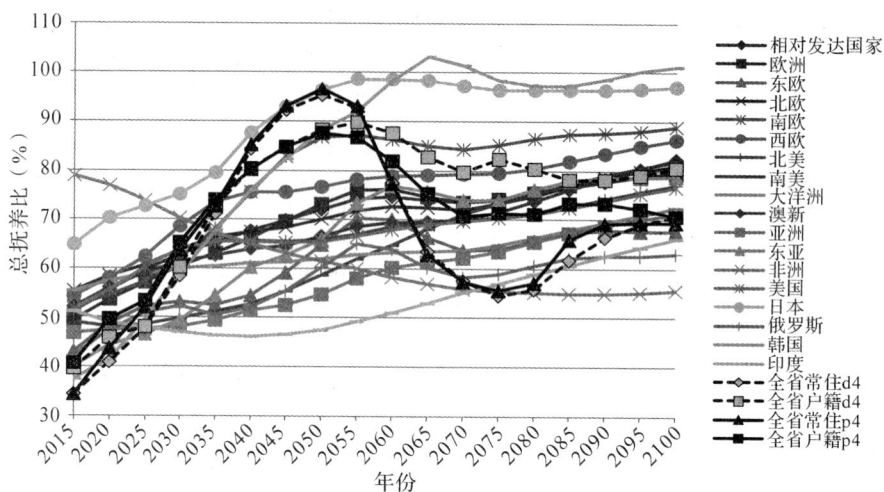

图 5-8　全面两孩政策下浙江总抚养比的国际比较

　　在第二阶段,全面两孩政策总抚养比的峰值甚至高于单独两孩政策,主要是因为与单独两孩政策相比,在老年抚养比下降之前,少年儿童抚养比就已经显著增加了。这是低生育率向上回升的过程中必然产生的一种现象。新闻界普遍把延长人口红利期作为放宽生育政策的一个理由。实际上,调高生育率,首先增加的不是劳动年龄人口,而是被抚养的少儿人口,生育政策放宽不是立即导致抚养比下降,而是马上促使抚养比上升,恰恰不是"延长人口红利期",而是缩短了人口红利期。全面两孩政策的意义在于追求战略上的、长期的人口均衡发展。它起不到立竿见影的效果。

　　常住人口第三阶段总抚养比降至 2074 年的谷底时,老龄化指数为56.23%,只有世界总抚养比最高值的一半多一点。那时将再现年龄结构优势,显现现时人们常说的人口红利。户籍人口不会有如此显著的下降,2073 年仅降到 69.98%,老龄化指数为 70.25%。经过 85 年调整后,2100年常住人口和户籍人口的总抚养比基本稳定在 70% 左右,届时在世界处于较低水平。只有第三个阶段,才是全面两孩政策效果充分显现的阶段(见图 5-9)。

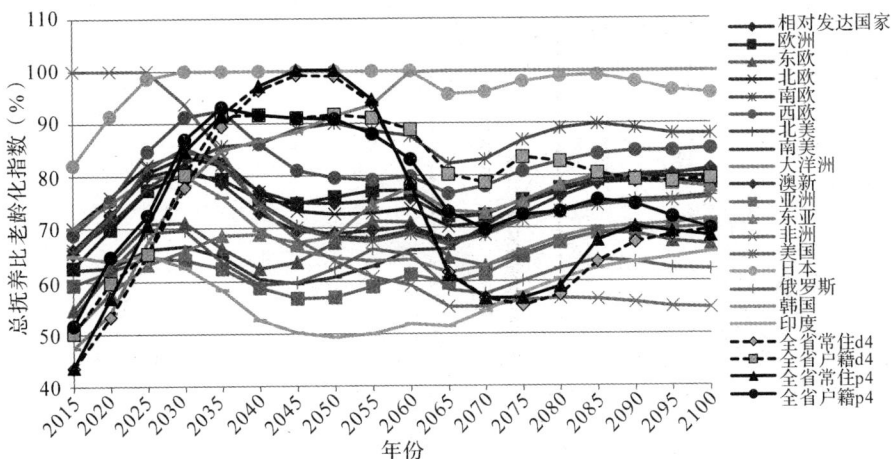

图 5-9　全面两孩政策下浙江总抚养比老龄化指数的国际比较

(五)老龄化综合指数:浙江老龄化的"三段论"

1. 综合老龄化指数的三个阶段

将老年人口比重、劳动年龄人口比重和总抚养比老龄化指数进行乘法合成,就得到了国际可比的老龄化综合指数。

常住人口 2015 年老龄化综合指数为 51.80%,预计"十三五"规划期末(2020 年)达到 60.89%,"十三五"规划期平均为 57.11%,年均升高1.82 个百分点。

老龄化综合指数和其他单项指标一样,也可以分为三个发展阶段。

第一阶段,老龄化综合指数迅速上升阶段。常住人口从 2015—2035年,由 51.80%上升到 88.46%,提高 36.66 个百分点,年均上升 1.83 个百分点。户籍人口从 2015—2032 年,由 59.81%上升到 89.36%,提高29.55 个百分点,年均上升 1.74 个百分点(图 5-9)。

第二个阶段,老龄化高峰期。常住人口从 2036—2055 年,19 年基本稳定在 95%左右,仅低于日本。户籍人口从 2033—2054 年,21 年基本稳定在 92%左右,仅低于日本和韩国。

第三阶段,老龄化程度迅速下降并趋于稳定阶段。常住人口自 2056年开始,至 2073 年降到最低 59.14%,仅高于非洲,17 年下降 31.44 个百分点,年均下降 1.85 个百分点。户籍人口自 2056 年开始,2071 年降到最低 73.69%,15 年下降 15.96 个百分点,年均下降 1.06 个百分点。

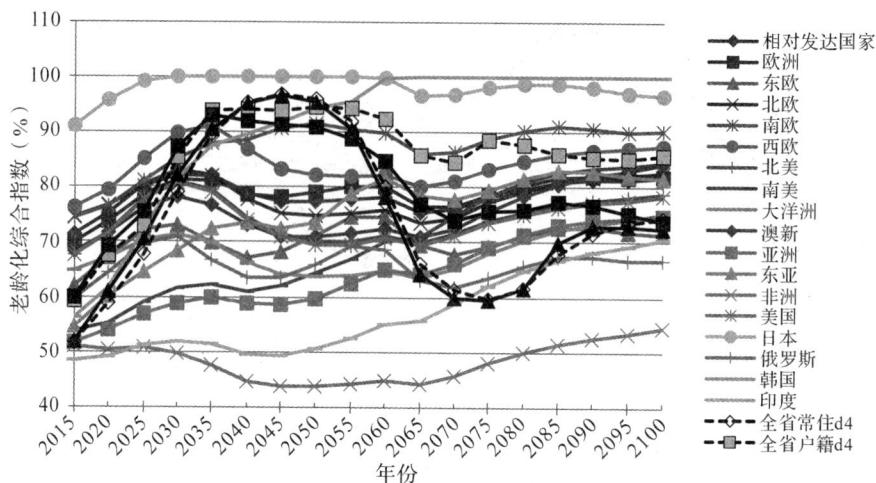

图 5-10　全面两孩政策下浙江老龄化综合指数的国际比较

老龄化综合指数表明,国际上各国家和地区老龄化相对程度随着时间推移有升有降,是很正常的。但浙江老龄化综合指数如此大幅度地上升,长时期地高位稳定,随后又大幅度地下降,在国际上是绝无仅有的。

2. 常住人口和户籍人口老龄化的三个阶段比较

常住人口和户籍人口老龄化既有共性,又有差异。从老龄化综合指数看,其共性和差异表现如下。

(1)共性表现

一是都呈现三阶段变化,且时间长短无明显差异。第一阶段,常住人口是 19 年,户籍人口是 17 年。第二阶段,常住人口是 21 年,户籍人口是 22 年。第三阶段,常住人口是 45 年,户籍人口是 46 年(见图 5-10)。

二是经过长时间演变,最终几乎趋于同一水平。2015 年户籍人口老龄化综合指数比常住人口高 8 个百分点。21 世纪末,户籍人口老龄化综合指数达到 74%左右,常住人口为 73%左右,仅差 1 个百分点。

三是有无迁移都将呈现三个阶段。有无迁移,对长期趋势影响甚微,常住人口和户籍人口都呈现三个阶段,只是不同阶段老龄化程度略有差异。无迁移的老龄化程度都要高于有迁移。

(2)差异表现

一是户籍人口呈现两头阶段比常住人口高、中间阶段比常住人口低,

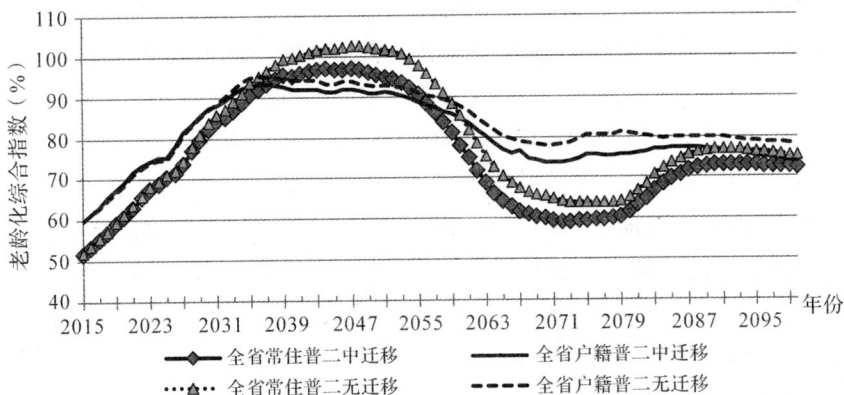

图 5-11 浙江常住人口和户籍人口老龄化综合指数比较

高峰后变动平缓。"U"形三个阶段不太典型。

二是常住人口呈现两头阶段比户籍人口低,中间阶段高,起伏波动较大,"U"形三个阶段比较典型。

为了应对各个阶段老龄化挑战,把各个阶段的各项工作建立在切实可靠的基础上,应该依据每个阶段老龄化指数,在常住人口和户籍人口两种人口中,取高值,作为各项规划的目标依据,取低值,作为各项规划不可突破的下限值。具体地说就是:第一、三阶段应该以户籍人口的老龄化程度作为目标依据,以常住人口的老龄化程度作为不可突破的下限;第二阶段应该以常住人口的老龄化程度作为目标依据,以户籍人口的老龄化程度作为不可突破的下限。如此,方可使各项工作立于不败之地。

三、结论:迎接年龄结构转型的严峻挑战

实施全面两孩政策的重要目的是改善我国的人口年龄结构,实现人口长期均衡发展。全面两孩政策的实施是在以前严厉控制人口、尽力压低生育率的政策基础上开始的。它必须先消化先前政策的人口遗产,才能开始新的人口。新旧政策的交替,实际上就是新旧人口转换基础上年龄结构的转换或转型,表现在主要人口年龄结构指标的变动上就是两个过山车式的大幅上升和下降,一个蹦极式的大幅下降和回升,用比较学术一点的语言来说就是"一正两反"的三个相辅相成的"U"形变化。这种情况在联合国对世界各国的人口预测中都"绝无仅有"。

　　传统的人口转变理论只是研究了出生率、死亡率、自然增长率三大指标数量对比关系的演变过程及其动因,没有研究三率的这种变动对年龄结构的影响。当中国把三率的转变压缩在一个很短的历史时期完成时,我们看到了这种压缩式人口转变的后果就是年龄结构由年轻型快速向过度老年型转变,即人口年龄结构快速、过度地转型。当开始实施全面两孩政策试图将未来可能的过度老年型变成正常老年型时,我们看到它首先必须克服快速、过度老年型转变的惯性,才能向正常老年型转变。以上分析的三个"U"形的左侧(第一阶段),就是快速、过度老年型转变惯性的表现,右侧(第三阶段)就是由过度老年型向正常年老型的转变,中间(第二阶段)就是过度老龄化阶段。这就是"中国特色"人口(数量变动)转变形成的"中国特色"人口年龄结构转变或转型在中国计划生育先进地区的表现,我们称之为"人口年龄结构转型"。浙江的上述态势,就是非常典型的"中国特色"人口年龄结构转型。这种人口年龄结构转型恰恰与经济发展转型升级叠加在一起,使我们不得不深入理解它的经济社会含义。

　　在这三个阶段中,比较困难的是前两个阶段。第一阶段快速老龄化将成为常态。社会的主要任务是应对快速老龄化带来的各种经济社会问题。目前人们似乎对因全面两孩政策实施、出生人口增加可能带来的公共服务压力十分关注。实际上,这种因出生人口增加带来的公共服务压力,相比之下是好应对的,更为困难的是如何在常态性的长时间快速、大幅老龄化中求发展。而社会并没有意识到它可能会来得那么迅猛,思想上、物质上、制度上都没有做好充分准备,尤其是对劳动年龄人口及其所占比重持续大幅下降,老年人口大规模增加、比重迅速上升的趋势很不理解、很不适应。

　　第二阶段主要任务是应对过度老龄化带来的各种经济社会问题。如果经过第一阶段,社会在思想上、物质上、制度上都做好了充分准备,这一阶段还好应对。反之,将会在中华人民共和国成立百年前后,严重削弱国家人口在世界上的竞争力。

　　所以,站在长期发展的战略高度,我们必须严肃对待第一个阶段已经和可能出现的问题,在思想上、物质上、制度上都做好充分准备,迎战年龄结构转型的严峻挑战。

　　在这方面,我们必须丢掉对全面两孩政策在年龄结构问题上多种不切实际的幻觉。以上分析表明,实施普遍两孩政策在 21 世纪上半叶并不能减轻劳动年龄人口的抚养负担,不能扭转劳动年龄人口比重持续下降的趋势;也不能扭转老年人口比重持续升高的态势,不能显著带来"因生产性人口比重增加"形成的人口红利。21世纪下半叶究竟如何,还取决于浙江能否避开低生育率陷阱。所以,一方面,必须努力促使政策全面落实;另一方面,绝不能放松迎战快速、高度老龄化的准备。

第六章 全面两孩政策实施与人口健康素质

随着全面两孩生育政策的实施,原本受独生子女生育政策限制不能生育第二孩的育龄妇女(堆积妇女)将纷纷进入生育行列,她们往往年龄偏大。医学上将妇女35岁及以上生育界定为高龄生育。高龄生育可能会面临更多的生育健康问题和风险,直接影响到出生人口素质和妇女自身健康。

浙江常住人口规模、堆积妇女规模、各类目标人群规模都大于户籍人口。根据基本公共服务均等化的要求,所有浙江常住人口都应该是浙江省卫生服务的人群。本章将集中分析与全面两孩政策实施联系比较密切的常住人口的生育健康问题。

一、生育政策调整对出生人口素质的影响

(一)堆积妇女规模及年龄构成

按本研究的预测,2016年实施全面两孩生育政策,全省将产生政策允许生育第二孩的堆积妇女469.12万人,她们将持续32年,即到2048年才全部退出生育年龄。其中,城镇有346.37万人,农村有122.75万人,城乡分别占73.83%和26.17%,堆积妇女主要集中于城镇。

堆积妇女年龄结构显著老化。2016年全省469.12万名堆积妇女中,15~24岁11.02万人,占2.35%;25~29岁60.19万人,占12.83%;30~34岁87.86万人,占18.73%;35~39岁94.03万人,占20.04%;40岁及以上216.02万人,占46.05%。35岁及以上有310.05万人,占66.09%,其中城镇达到65.90%,农村达到66.63%。虽然农村35~39岁堆积妇女比例较

城镇低,但 40 岁及以上的占比却明显高于城镇(见图 6-1)。

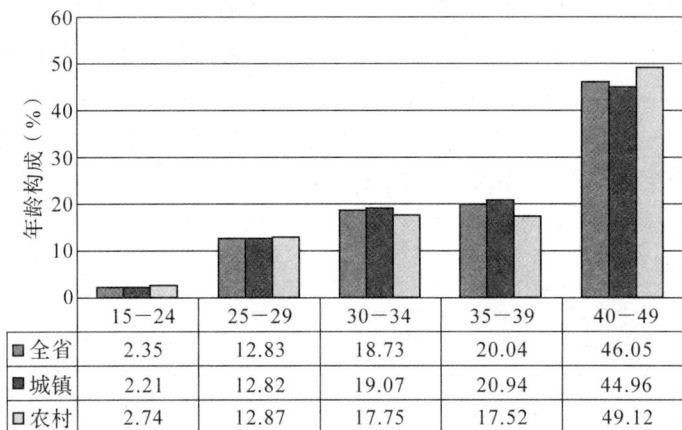

	15—24	25—29	30—34	35—39	40—49
全省	2.35	12.83	18.73	20.04	46.05
城镇	2.21	12.82	19.07	20.94	44.96
农村	2.74	12.87	17.75	17.52	49.12

图 6-1　2016 年全省分城乡堆积妇女年龄构成

2016 年 35 岁及以上堆积妇女规模与 2015 年单独两孩政策下的 24.18 万人比较,净增加 285.87 万人,占比提高 35.3 个百分点,35 岁及以上堆积妇女规模增长迅速;而且随着时间推延,虽然堆积妇女总规模逐渐缩小,但 35 岁及以上的比重随之持续上升,在 2034 年达到 100％并一直持续到 2048 年,即 2034—2047 年间所有的堆积妇女全是 35 岁及以上的高龄育龄妇女。

(二)堆积妇女可能生育的规模及释放模式

本研究对堆积妇女可能生育的规模进行了高、中、低三个方案的预测(即"五孩模型"、"四孩模型"、"三孩模型"),本部分选择中方案("四孩模型")的预测结果进行分析。预测表明,堆积妇女的二孩生育释放完毕需要经过 34 年时间(2016—2050 年),可能生育孩子 175.22 万人,其中城镇生育 130.61 万人,农村生育 44.61 万人,各占 74.54％和 25.46％。2016—2020 年,全省堆积妇女可能生育二孩 104.78 万人,占未来 34 年全部堆积生育二孩(175.22 万人)的 59.80％,其中城镇生育 77.77 万人,农村生育 27.01 万人,分别占未来 34 年全部城镇堆积生育二孩的 59.54％、全部农村堆积生育二孩的 60.55％。

在堆积生育二孩(175.22 万人)中,108.03 万人是由 35 岁及以上堆积妇女所生,占 61.65％,其中城镇为 62.30％,农村为 59.77％。未来 34 年,高龄产妇生育二孩的规模将经历一个迅速上升、随后持续缓慢下降的过程。预计 2017 年达到最高值 12.79 万人，之后持续缓慢下降到 2032 年 1.04 万人，与目前的规模（2015 年 1.08 万人）基本持平，随后进一步下降，直至 2050 年完全释放完毕。城镇、农村高龄堆积妇女生育释放模式与全省基本一致（见图 6-2、表 6-1）。2016—2020 年，高龄产妇将生育二孩 54.09 万人，占未来 34 年全部高龄堆积生育二孩（108.03 万人）的 50.07%。

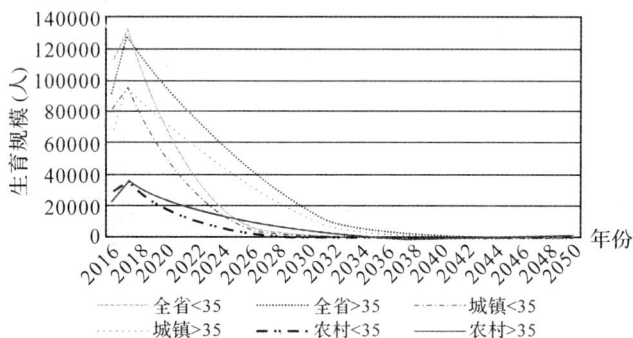

图 6-2　全省不同年龄堆积妇女生育释放模式

表 6-1　三种释放模式下全省城乡 35 岁及以上堆积妇女生育规模 单位：万人

年份	全省			城镇			农村		
	五孩释放模式	四孩释放模式	三孩释放模式	五孩释放模式	四孩释放模式	三孩释放模式	五孩释放模式	四孩释放模式	三孩释放模式
2016	78834	92347	110380	59094	68258	82233	19739	24088	28147
2017	111475	127881	147195	83837	94981	109945	27638	32900	37250
2018	108577	118142	127196	82004	88339	95479	26574	29804	31718
2019	104460	106893	107639	79149	80499	81317	25312	26395	26322
2020	99820	95618	90060	75476	72110	68102	24344	23508	21958
2021	96317	85879	75596	72895	65071	57433	23422	20809	18163
2022	92864	76731	63006	70062	58171	47889	22802	18560	15117
2023	88931	68120	52057	66901	51652	39579	22030	16466	12478
2024	83804	59452	42183	63057	45264	32212	20746	14188	9972
2025	77740	51141	33677	58346	38953	25743	19394	12188	7934
2026	70935	43392	26478	53175	33114	20279	17760	10276	6198

续表

年份	全省			城镇			农村		
	五孩释放模式	四孩释放模式	三孩释放模式	五孩释放模式	四孩释放模式	三孩释放模式	五孩释放模式	四孩释放模式	三孩释放模式
2027	62903	35722	20190	47027	27260	15456	15876	8463	4734
2028	54701	28889	15161	40829	22056	11606	13872	6834	3555
2029	46638	22919	11221	34688	17448	8559	11950	5471	2662
2030	39032	17858	8182	28923	13547	6216	10111	4311	1968
2031	32056	13713	5886	23661	10364	4449	8395	3349	1438
2032	25875	10405	4202	19026	7835	3162	6849	2569	1040
2033	20398	7690	2948	14971	5777	2213	5426	1913	734
2034	15775	5636	2047	11526	4215	1531	4249	1421	516
2035	11930	4076	1400	8704	3052	1048	3227	1024	351
2036	8677	2834	921	6293	2108	687	2384	726	235
2037	6099	1911	588	4406	1419	438	1693	491	151
2038	4104	1231	358	2949	910	266	1156	320	93
2039	2650	772	214	1873	562	157	777	209	58
2040	1629	459	123	1136	330	88	493	131	35
2041	947	264	68	646	185	48	301	79	21
2042	552	151	38	369	103	26	183	48	12
2043	302	81	20	194	53	14	108	28	7
2044	155	42	10	96	27	7	59	16	4
2045	75	21	5	46	13	3	29	8	2
2046	43	13	3	28	8	2	15	4	1
2047	21	7	2	14	5	1	7	2	1
2048	3	1	—	2	1	—	1	—	—
2049	3	1	—	2	1	—	1	—	—
2050	3	1	—	2	1	—	1	—	—
合计	1348328	1080293	949054	1011407	813692	716188	336924	266599	232875

（三）堆积生育可能产生的出生缺陷儿规模

出生缺陷(birth defects)，是指胚胎或胎儿在发育过程中发生解剖学和功能上的异常，包括胎儿形态结构异常，以及功能、代谢、精神、行为等方面的异常，可导致早期流产、死胎、死产、新生儿死亡、婴幼儿夭折和病残，是影响出生人口素质的主要因素。

据浙江省卫生计生委提供的数据，自 2009 年浙江省政府出台"优生两免"政策、加强婚前健康检查和孕前健康检查以来，全省出生缺陷监测发生率呈现先缓慢上升、后缓慢下降的过程，近 4 年基本稳定在 23‰左右，2014年为 23.6‰(见表 6-2、图 6-3)。有研究表明，自"优生两免"政策实施以来，我省出生缺陷监测发生率持续上升的势头得到有效遏制，但与全国比较(2013 年 14.5‰)，浙江省出生缺陷监测发生率仍处于较高水平。[①]

表 6-2　2007—2014 年全国、浙江出生缺陷监测发生率　　　　单位：‰

	2007 年	2008 年	2009 年	2010 年	2011 年	2012 年	2013 年	2014 年
浙江	20.9	24.0	26.8	27.2	23.8	22.6	23.4	23.6
全国	14.8	13.5	14.5	15.0	15.3	14.6	14.5	—

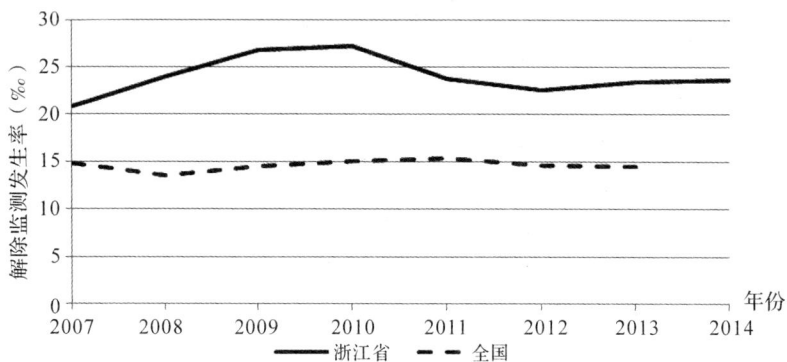

图 6-3　浙江省出生缺陷监测发生率与全国的比较

高龄是导致出生缺陷发生的高危因素。女性卵子受致畸因子影响较多，随着年龄增大，染色体异常及基因突变可能性增大，卵子质量逐年下

---

① 浙江省卫计委：《"优生两免"对提高出生人口素质的绩效评价》(调研报告)，2015年 5 月。

降,异常卵细胞受精后子代发生出生缺陷的概率增大。我省历年出生缺陷监测结果显示,35 岁及以上产妇具有较高的出生缺陷发生率(见表 6-3)。

表 6-3　2007—2014 年浙江产妇分年龄出生缺陷监测发生率　　单位:‰

	2007 年	2008 年	2009 年	2010 年	2011 年	2012 年	2013 年	2014 年
<35 岁	20.0	24.1	26.6	26.9	23.6	22.0	23.4	23.4
≥35 岁	19.1	22.4	26.1	29.0	24.0	28.6	23.4	24.2
全省	20.9	24.0	26.8	27.2	23.8	22.6	23.4	23.6

对未来堆积生育出生缺陷儿规模的估计,我们采用以下两种方案。

方案一　根据本研究"四孩模式"对堆积生育规模的预测结果,如果以 2014 年的全省出生缺陷监测发生率和分年龄出生缺陷监测发生率为标准进行估计,预计未来 34 年堆积生育的 175.22 万名二孩中,约有 4.2 万例缺陷儿产生,也即由于全面两孩生育政策的实施,在未来 34 年中约净增 4.2 万例缺陷儿。其中约 2.6 万例由 35 岁及以上产妇所生,占 61.90%;约 1.6 万例由 35 岁以下产妇所生,占 38.10%。从表 6-4 结果可以看出,随着堆积生育妇女年龄构成的逐步老化,堆积生育出生缺陷发生率也呈逐年缓慢上升的趋势,从 2016 年的 23.76‰逐步提升到 2033 年的 24.20‰,此后保持这一水平。

2016—2020 年,约有 2.50 万例缺陷儿出生。其中 1.31 万例由 35 岁及以上产妇所生,占 52.40%,约 1.19 万例由 35 岁以下产妇所生,占 47.60%。在此期间,堆积生育出生缺陷发生率基本稳定在 23.80‰左右。

表 6-4　浙江未来 34 年分年龄堆积生育出生缺陷儿规模(方案一)

年份	35 岁以下		35 岁及以上		缺陷发生率(‰)
	生育规模(人)	缺陷儿规模(人)	生育规模(人)	缺陷儿规模(人)	
2016	112587	2635	92347	2235	23.76
2017	130592	3056	127881	3095	23.80
2018	106700	2497	118142	2859	23.82
2019	87150	2039	106893	2587	23.84
2020	69864	1635	95618	2314	23.86
2021	53388	1249	85879	2078	23.89
2022	39131	916	76731	1857	23.93

续表

年份	35 岁以下		35 岁及以上		缺陷发生率(‰)
	生育规模(人)	缺陷儿规模(人)	生育规模(人)	缺陷儿规模(人)	
2023	27224	637	68120	1649	23.97
2024	18133	424	59452	1439	24.01
2025	11509	269	51141	1238	24.05
2026	6833	160	43392	1050	24.09
2027	4104	96	35722	864	24.12
2028	2315	54	28889	699	24.14
2029	1217	28	22919	555	24.16
2030	609	14	17858	432	24.17
2031	359	8	13713	332	24.18
2032	170	4	10405	252	24.19
2033	29	1	7690	186	24.20
2034	0	0	5636	136	24.20
2035	0	0	4076	99	24.20
2036	0	0	2834	69	24.20
2037	0	0	1911	46	24.20
2038	0	0	1231	30	24.20
2039	0	0	772	19	24.20
2040	0	0	459	11	24.20
2041	0	0	264	6	24.20
2042	0	0	151	4	24.20
2043	0	0	81	2	24.20
2044	0	0	42	1	24.20
2045	0	0	21	1	24.20
2046	0	0	13	0	24.20
2047	0	0	7	0	24.20
2048	0	0	1	0	24.20
2049	0	0	1	0	24.20
2050	0	0	1	0	24.20
合计	671914	15722	1080293	26143	

方案二 如果以 2007—2014 年全省出生缺陷监测发生率和分年龄出生缺陷监测发生率为基数（见表 6-3），运用对数回归分析法对浙江省未来 34 年全省、分年龄出生缺陷监测发生率变动进行趋势外推预测，得到全省、分年龄出生缺陷发生率的变动趋势（见图 6-4）。以此估计未来 34 年堆积生育出生缺陷儿的规模，结果见表 6-5。预计堆积生育的 175.22 万名二孩中，约有 4.7 万例缺陷儿产生，也即由于全面两孩生育政策的实施，在未来 34 年中将净增约 4.7 万例缺陷儿。其中约 3.1 万例由 35 岁及以上产妇所生，占 64.72%；约 1.6 万例由 35 岁以下产妇所生，占 35.28%。

2016—2020 年，约有 2.75 万例缺陷儿出生，其中 1.50 万例由 35 岁及以上产妇所生，占 54.43%；约 1.25 万例由 35 岁以下产妇所生，占 45.57%。5 年间，堆积生育出生缺陷发生率缓慢上升近 1 个千分点，从 2016 年的 25.80‰ 缓慢上升到 2020 年的 26.70‰。

可以看出，不论哪种方案，堆积生育出生缺陷发生率均高于一般生育的出生缺陷发生率。

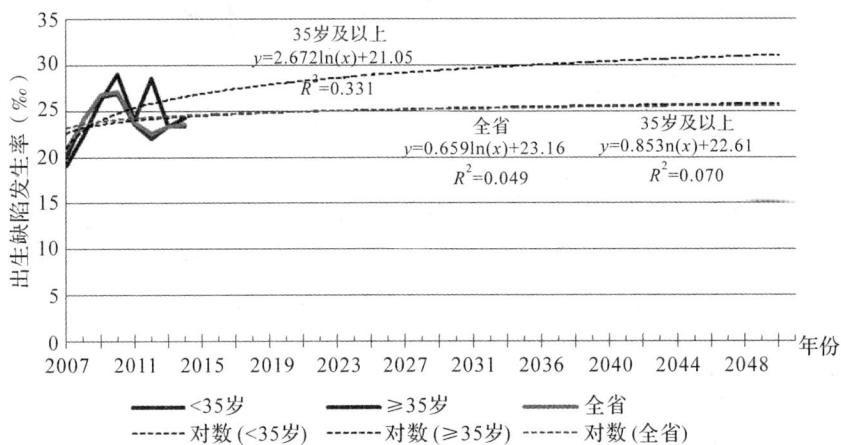

图 6-4 浙江产妇分年龄出生缺陷发生率变化趋势

表 6-5　未来 34 年分年龄堆积生育出生缺陷儿规模(方案二)

年份	35 岁以下			35 岁及以上			总缺陷发生率(‰)
	生育规模(人)	缺陷发生率(‰)	缺陷儿规模(人)	生育规模(人)	缺陷发生率(‰)	缺陷儿规模(人)	
2016	112587	24.60	2770	92347	27.20	2512	25.80
2017	130592	24.70	3226	127881	27.50	3517	26.10
2018	106700	24.70	2635	118142	27.70	3273	26.30
2019	87150	24.80	2161	106893	27.90	2982	26.50
2020	69864	24.90	1740	95618	28.10	2687	26.70
2021	53388	24.90	1329	85879	28.30	2430	27.00
2022	39131	25.00	978	76731	28.50	2187	27.30
2023	27224	25.00	681	68120	28.60	1948	27.60
2024	18133	25.10	455	59452	28.80	1712	27.90
2025	11509	25.10	289	51141	28.90	1478	28.20
2026	6833	25.20	172	43392	29.10	1263	28.60
2027	4104	25.20	103	35722	29.20	1043	28.80
2028	2315	25.20	58	28889	29.30	846	29.00
2029	1217	25.30	31	22919	29.40	674	29.20
2030	609	25.30	15	17858	29.50	527	29.40
2031	359	25.40	9	13713	29.70	407	29.60
2032	170	25.40	4	10405	29.80	310	29.70
2033	29	25.40	1	7690	29.90	230	29.90
2034	0	25.50	0	5636	30.00	169	30.00
2035	0	25.50	0	4076	30.00	122	30.00
2036	0	25.50	0	2834	30.10	85	30.10
2037	0	25.50	0	1911	30.20	58	30.20
2038	0	25.60	0	1231	30.30	37	30.30
2039	0	25.60	0	772	30.40	23	30.40
2040	0	25.60	0	459	30.50	14	30.50

续表

年份	35 岁以下			35 岁及以上			总缺陷发生率（‰）
	生育规模（人）	缺陷发生率（‰）	缺陷儿规模（人）	生育规模（人）	缺陷发生率（‰）	缺陷儿规模（人）	
2041	0	25.60	0	264	30.50	8	30.50
2042	0	25.70	0	151	30.60	5	30.60
2043	0	25.70	0	81	30.70	2	30.70
2044	0	25.70	0	42	30.80	1	30.80
2045	0	25.70	0	21	30.80	1	30.80
2046	0	25.80	0	13	30.90	0	30.90
2047	0	25.80	0	7	31.00	0	31.00
2048	0	25.90	0	1	31.40	0	31.40
2049	0	25.90	0	1	31.40	0	31.40
2050	0	25.90	0	1	31.50	0	31.50
合计	671914		16658	1080293		30553	

事实上，目前医院所监测的出生缺陷仅为 23 种以结构畸形为主易于诊断的出生缺陷，而更多地涉及功能、代谢、精神、行为等方面的先天异常无法在出生时被及时发现，在患儿后天发育中以病残的形式陆续显现出来。据研究推算，浙江出生缺陷总发生率在 6‰ 左右，处于全国 4‰～6‰ 的上限水平。[①] 受出生缺陷自身发病规律以及产前筛查、产前诊断能力的限制，出生缺陷监测发生率（如 2014 年 23.6‰）与总发生率之间存在约 3.5 个百分点的差距，这一差距将在孩子出生成长过程中陆续发病得以体现。因此，未来 34 年因堆积生育所产生的出生缺陷儿的累积规模估计在 10 万例左右，其中，2016—2020 年期间约有 6 万例。这些缺陷儿中，约 30‰～40‰ 可因死胎、死产、严重出生缺陷产前被人工引产、新生儿死亡、日后患病自然死亡等原因不复存在；约 30‰～40‰ 日后发展成为程度不同的各类残疾，成为残疾人口的组成部分；约 20‰～30‰ 经早期治疗得到治愈或纠正。即未来 34 年中约有 6.5 万例出生缺陷儿存活下来，其中约 3.9 万例在"十三五"期间存活下来。

---

① 2008 年浙江省长调研课题：《浙江省提高出生人口素质问题与对策研究》（研究报告），2008 年 12 月。

(四)堆积生育出生缺陷对全省出生缺陷率的影响

同样用上述两种方案对实施全面两孩生育政策后非堆积妇女正常生育可能产生的出生缺陷规模进行估计,再利用堆积生育出生缺陷规模的预测数据,就堆积生育对全省出生缺陷率的影响进行分析。

方案一 根据本研究"四孩模式"非堆积生育规模的预测结果,以2014年的全省出生缺陷监测发生率(23.67‰)为标准,对非堆积妇女未来34年正常生育可能产生的出生缺陷规模进行估计。在此基础上,利用本章上一部分方案一对未来34年堆积生育出生缺陷儿规模的预测数据(见表6-4),估计堆积生育对全省出生缺陷发生率的影响(见表6-6)。结果显示,未来历年总体缺陷发生率维持在23.60‰~23.70‰,34年堆积出生缺陷儿累积规模占全省34年出生缺陷儿累积规模的15.17%,堆积生育对全省出生缺陷发生率没有明显影响。

表 6-6　堆积生育对全省出生缺陷率的贡献(方案一)

	非堆积生育		堆积生育		总体		
	生育规模 (人)	缺陷儿规模 (人)	生育规模 (人)	缺陷儿规模 (人)	生育规模 (人)	缺陷儿规模 (人)	缺陷发生率(‰)
2016	257762	6083	204934	4869	462696	10952	23.67
2017	254544	6007	258473	6151	513017	12158	23.70
2018	315705	7451	224842	5356	540547	12807	23.69
2019	311315	7347	194043	4626	505358	11973	23.69
2020	300756	7098	165482	3949	466238	11047	23.69
2021	294573	6952	139267	3328	433840	10280	23.70
2022	286882	6770	115862	2773	402744	9543	23.70
2023	278142	6564	95344	2286	373486	8850	23.70
2024	269852	6369	77585	1863	347437	8232	23.69
2025	261717	6177	62650	1507	324367	7684	23.69
2026	253958	5993	50225	1210	304183	7203	23.68
2027	249087	5878	39826	961	288913	6839	23.67
2028	244810	5778	31204	753	276014	6531	23.66
2029	242674	5727	24136	583	266810	6310	23.65

续表

	非堆积生育		堆积生育		总体		
	生育规模 （人）	缺陷儿规模 （人）	生育规模 （人）	缺陷儿规模 （人）	生育规模 （人）	缺陷儿规模 （人）	缺陷发生 率(‰)
2030	243211	5740	18467	446	261678	6186	23.64
2031	243410	5744	14072	340	257482	6084	23.63
2032	244863	5779	10575	256	255438	6035	23.63
2033	247760	5847	7719	187	255479	6034	23.62
2034	251044	5925	5636	136	256680	6061	23.61
2035	255088	6020	4076	99	259164	6119	23.61
2036	259747	6130	2834	69	262581	6199	23.61
2037	265167	6258	1911	46	267078	6304	23.60
2038	271561	6409	1231	30	272792	6439	23.60
2039	278427	6571	772	19	279199	6590	23.60
2040	286075	6751	459	11	286534	6762	23.60
2041	294500	6950	264	6	294764	6956	23.60
2042	302629	7142	151	4	302780	7146	23.60
2043	311014	7340	81	2	311095	7342	23.60
2044	319307	7536	42	1	319349	7537	23.60
2045	327308	7724	21	1	327329	7725	23.60
2046	333885	7880	13	0	333898	7880	23.60
2047	338744	7994	7	0	338751	7994	23.60
2048	341888	8069	1	0	341889	8069	23.60
2049	343163	8099	1	0	343164	8099	23.60
2050	342569	8085	1	0	342570	8085	23.60
合计	9923137	234186	1752207	41868	11675344	276054	

说明：堆积生育缺陷儿规模＝35 岁以下缺陷儿规模＋35 岁及以上缺陷儿规模

方案二　根据本研究"四孩模式"非堆积生育规模的预测结果，以全省出生缺陷监测率变动趋势（见图 6-4）对非堆积妇女正常生育可能产生的出生缺陷规模进行估计。在此基础上，再利用本章上一部分方案二对未来34年堆积生育出生缺陷儿规模的预测数据（见表6-5），估计堆积生育对全省出生缺陷发生率的影响（见表6-7、图6-5）。结果显示，未来24年（2016—2040年），堆积生育将使全省总体缺陷发生率有所抬升，其中2017—2027年间可提升0.5个千分点以上，2017年达到最高0.7个千分点，也是24年中升高最多的年份。34年堆积出生缺陷儿累积规模仅占全省34年出生缺陷儿累积规模的15.83%，堆积生育对全省出生缺陷发生率的影响不大。

表6-7 堆积生育对全省出生缺陷率的贡献（方案二）

	非堆积生育			堆积生育		总体		
	生育规模（人）	缺陷率（‰）	缺陷儿规模（人）	生育规模（人）	缺陷儿规模（人）	生育规模（人）	缺陷儿规模（人）	缺陷发生率（‰）
2016	257762	24.68	6367	204934	5281	462696	11648	25.17
2017	254544	24.74	6287	258473	6742	513017	13029	25.40
2018	315705	24.80	7829	224842	5908	540547	13737	25.41
2019	311315	24.85	7752	194043	5144	505358	12896	25.52
2020	300756	24.90	7489	165482	4426	466238	11915	25.56
2021	294573	24.94	7335	139267	3760	433840	11095	25.57
2022	286882	24.99	7172	115862	3165	402744	10337	25.67
2023	278142	25.03	6954	95344	2629	373486	9583	25.66
2024	269852	25.06	6773	77585	2167	347437	8940	25.73
2025	261717	25.10	6569	62650	1767	324367	8336	25.70
2026	253958	25.13	6374	50225	1435	304183	7809	25.67
2027	249087	25.17	6277	39826	1147	288913	7424	25.70
2028	244810	25.20	6169	31204	905	276014	7074	25.63
2029	242674	25.23	6115	24136	705	266810	6820	25.56
2030	243211	25.25	6153	18467	542	261678	6695	25.59
2031	243410	25.28	6158	14072	416	257482	6574	25.53
2032	244863	25.31	6195	10575	314	255438	6509	25.48
2033	247760	25.33	6268	7719	231	255479	6499	25.44
2034	251044	25.36	6377	5636	169	256680	6546	25.50
2035	255088	25.38	6479	4076	122	259164	6601	25.47

续表

	非堆积生育			堆积生育		总体		
	生育规模（人）	缺陷率（‰）	缺陷儿规模（人）	生育规模（人）	缺陷儿规模(人)	生育规模（人）	缺陷儿规模(人)	缺陷发生率(‰)
2036	259747	25.40	6598	2834	85	262581	6683	25.45
2037	265167	25.42	6735	1911	58	267078	6793	25.44
2038	271561	25.44	6898	1231	37	272792	6935	25.42
2039	278427	25.46	7100	772	23	279199	7123	25.51
2040	286075	25.48	7295	459	14	286534	7309	25.51
2041	294500	25.50	7510	264	8	294764	7518	25.50
2042	302629	25.52	7717	151	5	302780	7722	25.50
2043	311014	25.54	7931	81	2	311095	7933	25.50
2044	319307	25.56	8174	42	1	319349	8175	25.60
2045	327308	25.57	8379	21	1	327329	8380	25.60
2046	333885	25.59	8547	13	0	333898	8547	25.60
2047	338744	25.61	8672	7	0	338751	8672	25.60
2048	341888	25.71	8787	1	0	341889	8787	25.70
2049	343163	25.72	8819	1	0	343164	8819	25.70
2050	342569	25.74	8804	1	0	342570	8804	25.70
合计	9923137		251059	1752207	47209	11675344	298268	

说明：堆积生育缺陷儿规模＝35岁以下缺陷儿规模＋35岁及以上缺陷儿规模

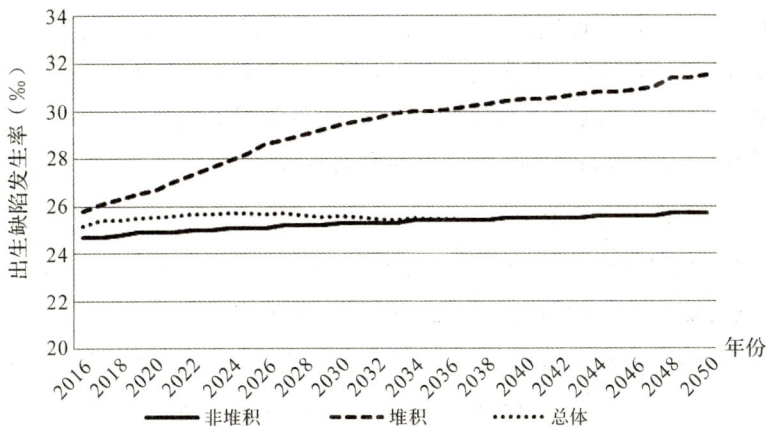

图 6-5　堆积生育对全省出生缺陷发生率的影响

(五)出生缺陷的危害

尽管堆积生育对全省出生缺陷发生率的影响不大,但堆积生育缺陷发生率显著高于非堆积生育的事实不容忽视,因堆积生育多产生的约 6.5 万例存活的出生缺陷儿在现实生活中确实存在,我省又是全国出生缺陷高发的省份之一。出生缺陷高发的结果,必然产生大量低素质人口,带给患者终生痛苦和家庭沉重的经济负担,影响我省经济发展和社会和谐。

1. 制约我省国民素质的提高

出生缺陷已成为婴儿和围产儿死亡、致残、致病的重要原因,不仅直接对出生人口素质造成危害,而且对未来人口包括儿童、成年人、老年人的健康都产生重要负面影响。出生缺陷是导致我省婴儿、围产儿死亡的重要原因。2014 年全省 5 岁以下儿童死亡监测显示,先天异常列户籍婴儿死因顺位第三。全省围产儿死亡监测显示,因出生缺陷导致的围产儿死亡占42.20%;随着医疗技术水平的提高,出生缺陷儿存活率不断提高,但存活下来的患儿多数终身残疾。据统计,我国严重出生缺陷患儿中除 20%~30%经早期诊断和治疗可以获得较满意的生活质量、约 30%~40%在出生后死亡外,余下约 40%发展为残疾,成为残疾人口的重要组成部分。浙江省第二次全国残疾人抽样调查资料显示,2006 年全省残疾人数达 311.8 万人,占总人口的 6.36%;0~14 岁残疾人口为 8.90 万人,占总残疾人口的2.85%,其中先天性因素占有相当的比例。有研究提出,在我国残疾人口中,先天性致残占总残疾的 20%;在儿童残疾和智力残疾中,先天性因素所起的作用更为显著,可达到 50%以上(郑晓瑛等,2006);生命早期的健康潜能低下又为中老年的慢性病发生埋下伏笔。国内外研究已表明,早期损害包括胎儿发育期在内的生命早期营养不良和健康潜能低下与中老年所患的慢性病如高血压、冠心病、糖尿病等密切相关。

2. 造成巨额的经济负担

出生缺陷是一类发生概率小但经济负担重的疾病,那些存活下来的患儿,尤其是需要长时期照顾的患儿,其医治、康复以及其他费用的支出是相当昂贵的,给家庭和社会带来沉重的经济负担,包括由于疾病、伤残、死亡给患者、家庭、社会带来的医疗卫生保健、非医疗卫生保健、发展性服务、特殊教育等支出的直接经济负担,以及病人和家属因病而丧失(损失)劳动能力(时间)造成的间接经济损失。先天性心脏病是一种严重危害青少年健康及生命的疾病,在我省前十位高发出生缺陷中居于首位。2014 年全省先天性心脏病监测发生率 132.9/万,报告病例数占全省畸形总数的 56.4%。如果以此估计堆积生育儿中的罹患先天性心脏病的累积规模,约有 2.3 万例。有研究测算,先天性心脏病的生命周期疾病经济负担为 9.7 万元/例①,2.3 万例先天性心脏病患儿的疾病经济负担则达到 223100 万元。虽然先天性心脏病医疗费用比较昂贵,但现有的医学技术可以有效地治疗,甚至治愈。而对于一些严重影响患儿智力、生活能力和社会发展能力的疾病,如唐氏综合征、脑瘫等,必须终身依靠家庭而生活。如果说先天性心脏病更多地体现为一次性的高额医疗保健经济负担,而唐氏综合征、脑瘫则是持久的、长年累月的负担,包括经济的、精神的、生活的、直接的、间接的。

3. 影响家庭幸福和社会和谐

出生缺陷不仅直接导致患者本人终生痛苦,还直接影响到家庭生活幸福、安居乐业和社会和谐。对于患者本人,由于存在形态畸形和功能障碍,其在生存、生活各方面存在诸多问题和困难,对其生存质量造成不同程度的影响。特别是由于耻辱、歧视、孤立、失去机会和希望、终身残疾所造成的精神压力更是难以估量,出生缺陷给患者本人带来终生痛苦。对于患儿的家庭,父母、亲属普遍承受着巨大的心理压力,他们不仅需要付出高额的抚养费、医疗费及其他辅助费用,而且需要花费更多的时间和精力照顾患儿的日常生活,生活、工作被严重扰乱,失去许多发展机会,不同程度陷入经济困境。对于整个社会,出生缺陷反映的不仅仅是公共卫生问题,还涉及社会保障、社会公平与社会和谐等诸多方面。出生缺陷儿、残疾人及其家庭所承受的巨大压力,其根源来自一个个具体的现实问题:出生缺陷儿、残疾人的基本生活保障,尤其是将来的养老保障问题;生活护理、医疗康复、特殊教育等的巨大开支来源问题;能否得到特殊的教育、康复、训练以提高独立生活能力,建立起生活的自信心;能否获得更多的力所能及的就业机会和平等参与社会的机会;能否得到社会各界的关心、理解、支持,被社会承认和接受,等等。降低出生缺陷发生、提高出生人口素质已成为改善民生、构建和谐社会的迫切需要。

---

① 陈英耀:《我国主要出生缺陷的疾病负担和预防措施的经济学评价研究》,复旦大学出版社 2007 年版。

(六)结论

1. 近七成堆积妇女年龄在 35 岁及以上

因实施全面两孩生育政策,全省将产生 469 万名堆积妇女,年龄结构老化,其中 35 岁及以上的有 310 万人,占 66.09%。

2. 六成二孩由高龄(35 岁及以上)产妇所生

堆积生育释放将历时 34 年完成,出生 175 万名二孩,经历迅速上升(2017 年达到最高 13 万人)之后缓慢下降的释放过程。其中 108 万名二孩是由 35 岁及以上堆积妇女所生,占 61.65%。

3. 六成出生缺陷儿由 35 岁及以上高龄产妇所生

按出生缺陷监测发生率估计,未来 34 年全省堆积生育出生缺陷儿累积规模估计为 4.2 万~4.7 万人,其中六成由 35 岁及以上高龄产妇所生。

4. 堆积生育出生缺陷发生率高于非堆积生育,但对全省总体出生缺陷发生水平影响不大

由于堆积生育,全省出生缺陷发生率可能稍有抬升,但最多仅提高 0.7 个千分点,且持续时间不长。34 年堆积生育缺陷儿累积规模占同期全体缺陷儿累积规模约 15%。

5. "十三五"期间将是堆积生育、高龄生育、缺陷儿出生的主要时期

2016—2020 年期间,将有 105 万名堆积二孩出生,约占未来 34 年累积堆积二孩的 60%。其中 54 万名由 35 岁及以上堆积产妇所生,约占未来 34 年累积高龄生育二孩的 50%;在此期间,将有 2.50 万~2.75 万名堆积生育出生缺陷儿产生,约占 34 年累积堆积生育出生缺陷儿规模的 60%。

6. 浙江是出生缺陷发生率较高的省份,出生缺陷防治负担依然沉重

浙江省出生缺陷总发生率估计在 6% 左右,处于全国总水平(4%~6%)的上限。以总发生率估计,未来 34 年全省堆积生育出生缺陷儿累积规模 10 万人左右,其中存活下来约 6.5 万人。"十三五"期间约有 6 万人,其中 3.9 万人将存活下来。这给家庭、社会带来巨大的经济负担和精神压力不容忽视。

二、堆积妇女的生殖健康风险

(一)高龄生育的风险

高龄是导致高危妊娠的重要因素之一。所谓高危妊娠,是指本次妊娠对孕产妇及胎婴儿有较高危险性,可能导致难产或危及母婴者,称为高危妊娠。具有高危妊娠因素的孕妇,称为高危孕妇。医学规定,35 岁及以上的孕妇即为高危孕妇。一方面,她们怀上染色体不正常胎儿的概率较大,新生儿遗传缺陷发生率明显较高;另一方面,自身发生慢性高血压或严重妊高征、妊娠糖尿病、子宫肌瘤和难产的危险性增加,早产机会较多,容易发生妊娠期并发症。而且由于骨骼及生理因素,高龄孕妇顺产的机会也可能减低,遭遇生殖健康受损的风险大大增大,甚至危及生命。

据 2014 年浙江省卫生统计资料,全省高危产妇占总产妇的46.91%,其中城市 47.95%,农村 44.75%。而在堆积生育妇女中,按"四孩模式"预测,在未来 34 年中,我省仅因年龄因素(35 岁及以上)净增高危孕妇 108.03 万人,占全部堆积生育妇女的 61.65%。其中城镇 81.37万人,占城镇堆积生育妇女 62.30%;农村 26.66 万人,占农村堆积生育妇女 59.77%。2016—2020 年期间,全省 35 岁及以上孕妇达到 54.09 万人,占 34 年全部高龄孕妇的 50%。其中城镇 40.42 万人,农村 13.67 万人。堆积妇女仅因年龄因素而发生高危妊娠的概率显著高于普通孕产妇。

(二)剖宫产后再孕的风险

剖宫产术作为处理妊娠并发(合并)症、解决难产和围生儿宫内窒息的重要手段,在降低孕产妇和围生儿死亡率方面起到重要作用。随着剖宫产技术和麻醉技术的进步,人们对剖宫产的安全性普遍认可,对高危妊娠的认识逐步提高,同时由于孕妇及医务人员本身和社会方面的原因,我国剖宫产率大幅度升高,且一直居高不下。20 世纪 50—70 年代,我国剖宫产率仅为 5%左右,80 年代以后则快速上升,进入 21 世纪,剖宫产变得更加普通,其效用也被无限放大。2010 年世界卫生组织在医学权威期刊《柳叶刀》发布报告,2007 年 10 月至 2008 年 5 月,中国的剖宫产率达

46.2%,在抽样的 9 个亚洲国家中排名第一,是世界卫生组织推荐上限(15%)的 3 倍以上,且 11.7%没有明确的手术指征(Lumbiganon,2010)。

然而剖宫产后如果再次妊娠生育,却要面临很大的风险,可能导致并发症,严重的引发大出血而危及产妇生命,最为常见的就是前置胎盘和子宫疤痕处妊娠。当两者同时出现,就是凶险性前置胎盘,为保护产妇的生命安全,常采取子宫摘除术。而且剖宫产后如果引发宫腔粘连,再次怀孕后随着胎儿的长大,这些粘连可能会割到胎儿躯体,造成胎儿肢体残疾。因此,剖宫产后再孕无论是产妇还是胎儿都要面临极大的风险考验。2014 年浙江在全国率先实施单独两孩生育政策,生育二孩人数逐步增多,而过去十年高剖宫产率的后遗症也开始显现。来自宁波市妇儿医院的调查数据(钱江晚报,2015)显示,2014 年 3 月至 2015 年 2 月,宁波全市92979 名产妇,二次及以上剖宫产产妇为 11811 例。而上一年同期,两组数字分别为 87360 和 8601。二次及以上剖宫产产妇占比从 9.8%上升到12.7%。这两年二次及以上剖宫产妊娠并发症情况是:子宫破裂数从 21例翻倍增长到 54 例;产后大出血从 425 例增加到 589 例,多了近四成;子宫切除数 2014 年为 35 例,较 2013 年的 31 例增加 4 例。遭遇这些风险和损害的准妈妈们,大部分是头胎为剖宫产者。

据浙江省卫生统计资料,2014 年全省剖宫产率 43.96%,其中城市44.02%,农村 43.84%。如果以"四孩模式"预测的堆积生育妇女为基数,以 2014 年全省、城乡剖宫产率为标准,对未来 34 年堆积生育妇女中头胎实施剖宫产术的妇女人数进行估计,其规模见表 6-8。随着全面两孩生育政策的实施,未来 34 年 175.22 万名再生育的妇女中,将有 77.06 万人是带有疤痕子宫的妇女,其中城镇 57.50 万人,农村 19.56 万人。2016—2020 年,全省将有 46.07 万名带有疤痕子宫的妇女,占 34 年全部疤痕子宫妇女的 59.78%,其中城镇 34.23 万人,农村 11.84 万人。这些净增 77 万人的剖宫产后再孕产妇的生育安全需求,将对我省城乡妇产科医疗技术、管理、服务带来巨大的压力和挑战。

表 6-8　再生育妇女中头胎实施剖宫产术的妇女数　　　　单位：人

年份	全省		城镇		农村	
	生育妇女	有疤痕子宫妇女	生育妇女	有疤痕子宫妇女	生育妇女	有疤痕子宫妇女
2016	204934	90089	151269	66589	53664	23526
2017	258473	113625	190940	84052	67533	29606
2018	224842	98841	167230	73615	57613	25258
2019	194043	85301	144647	63674	49397	21656
2020	165482	72746	123580	54400	41901	18369
2021	139267	61222	104164	45853	35104	15390
2022	115862	50933	86749	38187	29113	12763
2023	95344	41913	71445	31450	23896	10476
2024	77585	34106	58213	25625	19371	8492
2025	62650	27541	47083	20726	15567	6825
2026	50225	22079	37814	16646	12409	5440
2027	39826	17508	30008	13210	9819	4305
2028	31204	13717	23537	10361	7667	3361
2029	24136	10610	18187	8006	5949	2608
2030	18467	8118	13917	6126	4550	1995
2031	14072	6186	10600	4666	3472	1522
2032	10575	4649	7952	3500	2621	1149
2033	7719	3393	5797	2552	1922	843
2034	5636	2478	4215	1855	1421	623
2035	4076	1792	3052	1343	1024	449
2036	2834	1246	2108	928	726	318
2037	1911	840	1419	625	491	215
2038	1231	541	910	401	320	140
2039	772	339	562	247	209	92
2040	459	202	330	145	131	57
2041	264	116	185	81	79	35
2042	151	66	103	45	48	21

续表

年份	全省		城镇		农村	
	生育妇女	有疤痕子宫妇女	生育妇女	有疤痕子宫妇女	生育妇女	有疤痕子宫妇女
2043	81	36	53	23	28	12
2044	42	18	27	12	16	7
2045	21	9	13	6	8	4
2046	13	6	8	4	4	2
2047	7	3	5	2	2	1
2048	1	0	1	0		
2049	1	0	1	0		
2050	1	0	1	0		
合计	1752207	770269	1306125	574955	446075	195560

(三)小结

1. 仅因高龄(35岁及以上)将净增100多万高危堆积孕产妇。在未来34年,我省仅因年龄因素(35岁及以上)净增高危堆积孕妇108.03万人,占全部堆积生育妇女的61.65%。

2. 近80万堆积妇女将面临剖宫产后再孕的风险。以2014年全省剖宫产率推算,未来34年175.22万名再生育的堆积妇女中,有疤痕子宫的妇女将达77.03万人。

3. 约五成35岁及以上高危孕妇、六成有疤痕子宫妇女在"十三五"期间生育。将有54万名35岁及以上高危孕妇、46万名带有疤痕子宫的妇女在2016—2020年期间生育。

4. 全省妇产科医疗保健服务管理将面临巨大挑战。随着生育政策的调整,规模可观的高龄群体和有疤痕子宫群体的再生育需求由此产生。高危孕妇、剖宫产后再孕产妇的生育安全需求,将对我省城乡妇产科医疗技术、管理、服务带来巨大的压力和挑战。

第七章　全面两孩政策下公共服务需求与风险防范

浙江是人口流入大省,常住人口大于户籍人口,常住人口对公共服务的需求量大于户籍人口,因此,我们只考虑常住人口的公共服务需求。由于公共服务涉及面很广,与生育政策调整完善密切相关的公共服务主要是卫生健康服务和就学需求,所以,本章主要针对常住人口,对卫生计生服务需求和就学需求进行分析。

一、卫生计生服务需求增长

随着 2016 年全面两孩生育政策的实施,生育数量将骤然增多,高龄孕产妇、高危孕产妇明显增多,势必带来围孕期保健、孕期保健、住院分娩、新生儿监测、围产期保健、新生儿保健等健康服务需求的增加,对浙江现有妇幼医疗保健能力带来巨大挑战。据浙江省卫生和计划生育委员会相关处室反映,卫生健康服务对象实际上是实有人口。常住人口口径包括离开原居住地或在现居住地居住达半年及以上的人口。实有人口口径没有这种居住时间的限制,它包括所有在本区域的人口,甚至包括不在本区域居住却来本区域就医的临时外来就医人口。在经济发达、优质医疗资源集中的地区,卫生服务的对象要显著大于常住人口。因此,本章对全省常住人口卫生服务需求的分析,只是这种需求的最低限度。

(一)产科床位需求短期内快速增加

与全面两孩生育政策最密切相关的是产科床位数。2012 年全省产科床位为 14725 张,2013 年增长到 15445 张,同时,2012 年和 2013 年全省出生人口分别为 55.36 万人和 54.93 万人。根据浙江省卫计委的统计,2012 年以来浙江住院分娩率为 100%,即每年新出生的婴儿均在医院出生,那么,2012 年和 2013 年浙江每张产科床位平均接生 37 位和 36 位新生婴儿。

假设 2014 年后每张产科床位周转为 37 人次,2016 实施全面两孩生育政策,根据不同生育释放模式(B3、B4、B5),浙江省未来所需的新增产科床位数见表 7-1 和图 7-1。

表 7-1　浙江出生人口变化对产科床位和新增产科床位需求估算

年份	产科床位需求(张)			新增产科床位需求(张)		
	三孩释放模式	四孩释放模式	五孩释放模式	三孩释放模式	四孩释放模式	五孩释放模式
2015	18651	18265	17746	3206	2820	2301
2016	24246	22522	20608	8801	7077	5163
2017	24970	23238	21097	9525	7793	5652
2018	24327	23389	21889	8882	7944	6444
2019	22295	21935	20992	6850	6490	5547
2020	20386	20432	19965	4941	4987	4520
2021	18868	19181	19108	3423	3736	3663
2022	17549	18022	18268	2104	2577	2823
2023	16481	17038	17514	1036	1593	2069
2024	15614	16192	16824	169	747	1379
2025	14946	15497	16200	−499	52	755
2030	13727	13970	14478	−1718	−1475	−967
2035	14424	14389	14416	−1021	−1056	−1029
2040	16616	16378	15968	1171	933	523

从表 7-1 和图 7-1 可看到,产科床位需求的高峰在 2017—2018 年,产科床位需求为 2.19 万~2.50 万张,与 2013 年已有产科床位 15445 张相比,需要新增 0.64 万~0.95 万张,占现有产科床位的 41.72%~61.67%。随后需求量快速下降,到"十三五"规划期末的 2020 年,需要新

增产科床位下降为 0.45 万～0.49 万张,到 2026 年后,已有的产科床位不仅能满足出生人口的需要,还将出现剩余。因此,全面两孩生育政策的实施,只有在实施的最初 10 年左右时间,产科床位趋于紧张,需要积极应对。

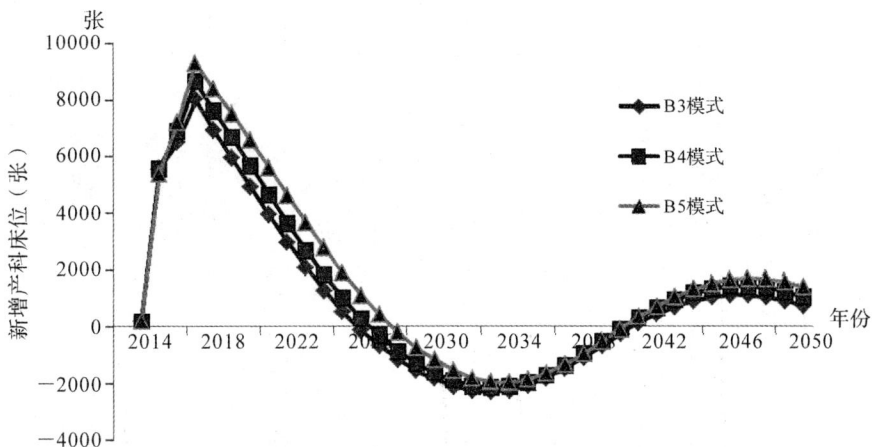

图 7-1　浙江出生人口变化对新增产科床位需求变化

如果按照目前每张产科床位一般配备 0.4～0.6 名护理人员,到 2017—2018 年高峰时,需要新增产科护理人员 2560～3800 人(一床位按 0.4 人配备),最大值为 3800～5700 人(一床位按 0.6 人配备)。到 2020 年,需要新增产科护理人员下降为 1800～1960 人,最大值为 2700～2940 人。

(二)婴幼儿预防接种需求和儿童健康管理需求增长较快

根据中国疾病预防控制中心免疫规划中心"疫苗免疫程序",新生儿出生后,0～6 周岁内需要 13 种常规疫苗免疫程序,累计 28 次(见附表)。其中,乙型肝炎(乙肝)疫苗在出生后 24 小时内接种第 1 剂,卡介苗在出生时进行接种。因此,每年出生多少人口就需要预防接种多少乙肝疫苗和卡介苗,其余疫苗在 6 周岁内按次序完成。而婴幼儿预防接种主要由基层卫生院或城镇街道卫生中心完成。

此外,新生儿社区卫生院服务人员需要访视,3 岁以下儿童要系统管理,7 岁以下儿童要进行保健管理。因此,出生人口的增加,会加大对基层卫生服务人员的需求。

（三）医疗机构床位需求

2014 年,浙江省每千常住人口医疗卫生机构床位数为 4.46 张(已达到并超过《浙江省卫生事业发展"十二五"规划》4.13 张的要求),其中医院床位数 3.9 张,基层医疗卫生床位数 0.4 张。[①] 根据 2015 年 3 月国家卫生和计划生育委员会发布的《全国医疗卫生服务体系规划纲要(2015—2020年)》(以下简称《纲要》)的要求,到 2020 年,每千常住人口医疗卫生机构床位数控制在 6 张,其中医院床位数 4.8 张,基层医疗卫生床位数 1.2 张。

假设浙江每千常住人口医疗卫生机构床位数在 2020 年完成目标,根据这一增长率要求,即使没有生育政策调整,卫生机构床位数也是要增加的。2016 年实施全面两孩生育政策,根据不同生育释放模式(B3、B4、B5),预计到 2020 年,全省需要医疗机构床位 34.77 万～34.49 万张,是2014 年已有床位规模的 1.4 倍,其中因全面两孩生育政策带来的每年新增床位为 2100～2500 张,若按 B4 生育释放模式,每年新增床位 2300 多张。到 2020 年,与 2014 年比,累计新增床位 1.26 万～1.50 万张,若按B4 生育释放模式,累计新增床位 1.41 万张(见表 7-2)。

表 7-2　全面两孩政策下浙江新增人口对医疗机构床位的需求(B4 模式)

年份	总人口 （万人）	每千人卫生 机构床位数	年新增床位（张）	与2014年相比,需 累计新增床位（张）
2014	5508	4.46	—	
2015	5562	4.69	2528	2528
2016	5613	4.92	2516	5044
2017	5664	5.17	2635	7679
2018	5711	5.44	2555	10234
2019	5749	5.71	2165	12399
2020	5777	6.00	1671	14070

注:2015—2020 年每千人卫生机构床位数,根据 2014 年实际值与 2020 年目标值的年均增长率计算获得。

资料来源:2014 年数据来自浙江省卫计委统计资料(2014 年度);2015 年后为预测数据。

――――――――――

① 根据浙江省卫计委"2014 年浙江省各类卫生机构、床位、人员数(总表)",2014年医院床位数是全省医院实有床位数与总人口之比,基层医疗卫生床位数是全省基层医疗卫生机构床位数与总人口之比。

(四)医疗卫生人力资源需求

《纲要》对医疗卫生人才队伍作出了规划标准,到 2020 年,每千常住人口执业(助理)医师达到 2.5 人,注册护士达到 3.14 人,公共卫生人员达到 0.83 人。

1. 执业(助理)医师需求

2014 年,浙江省每千常住人口卫技人员为 6.82 人,其中每千常住人口执业(助理)医师达到 2.65 人,注册护士达到 2.63 人,公共卫生人员达到 0.41 人。[①] 每千人执业(助理)医师已超过国家 2020 年 2.5 人的标准,每千人注册护士与 2020 年 3.14 人的标准有较大差距。

方案一　假设到 2020 年,浙江每千人执业(助理)医师保持在 2014 年水平,即每千人执业(助理)医师为 2.65 人。在不同生育释放模式(B3、B4、B5)下,全省需要执业(助理)医师 15.23 万～15.36 万人,年均新增 0.11 万～0.13 万人。与 2014 年相比,需要新增执业(助理)医师(0.64 万～0.76 万人)(见表 7-3)。

表 7-3　全面两孩政策下浙江常住人口对执业(助理)医师的需求(方案一)

年份	每千人执业(助理)医师(人)	总需求(万人)			年新增(万人)			累计新增(万人)		
		B3	B4	B5	B3	B4	B5	B3	B4	B5
2014	2.65	14.60	14.60	14.60	—	—	—	—	—	—
2015	2.65	14.74	14.74	14.73	0.14	0.14	0.13	0.14	0.14	0.13
2016	2.65	14.90	14.87	14.85	0.16	0.13	0.12	0.30	0.27	0.25
2017	2.65	15.05	15.01	14.96	0.15	0.14	0.11	0.45	0.41	0.36
2018	2.65	15.18	15.13	15.07	0.13	0.12	0.11	0.58	0.53	0.47
2019	2.65	15.28	15.23	15.17	0.10	0.10	0.10	0.68	0.63	0.57
2020	2.65	15.36	15.31	15.23	0.08	0.08	0.06	0.76	0.71	0.64

注:2020 年每千人执业(助理)医师数是浙江 2014 年实际数,《纲要》规定为 2.5 人,浙江 2014 年已达目标。

资料来源:2014 年数据来自浙江省卫生计生委事业统计资料(2014 年度);2015 年后为预测数。

---

① 根据 2014 年全省专业公共卫生机构卫生技术人员数与总人口之比,卫生技术人员包括执业(助理)医师、注册护士、药师(士)、技师(士)和其他。

方案二　如果浙江每千人执业(助理)医师按全国2013—2020年增长速度增长,到2020年,浙江每千人执业(助理)医师为3.13人,在不同生育释放模式(B3、B4、B5)下,全省需要执业(助理)医师17.99万~18.14万人,是2014年规模的1.2倍,年均新增0.57万~0.59万人。与2014年相比,需要新增执业(助理)医师3.39万~3.54万人(见表7-4)。

表7-4　全面两孩政策下浙江常住人口对执业(助理)医师的需求(方案二)

年份	每千人执业(助理)医师(人)	总需求(万人)			年新增(万人)			累计新增(万人)		
		B3	B4	B5	B3	B4	B5	B3	B4	B5
2014	2.65	14.60	14.60	14.60	—	—	—	—	—	—
2015	2.72	15.13	15.13	15.12	0.53	0.53	0.52	0.53	0.53	0.52
2016	2.8	15.74	15.72	15.69	0.61	0.59	0.57	1.14	1.12	1.09
2017	2.88	16.35	16.31	16.26	0.61	0.60	0.57	1.75	1.71	1.66
2018	2.96	16.96	16.90	16.84	0.61	0.59	0.58	2.36	2.30	2.24
2019	3.04	17.53	17.48	17.40	0.57	0.58	0.56	2.93	2.88	2.80
2020	3.13	18.14	18.08	17.99	0.61	0.60	0.59	3.54	3.48	3.39

资料来源:2014年数据来自浙江省卫计委统计资料(2014年度);2015年后预测数。

2. 每千人注册护士

方案一　假设每千人注册护士从2014年的2.63人,增长到2020年《纲要》要求的3.14人的平均水平。在不同生育释放模式(B3、B4、B5)下,全省需要注册护士约18万人以上,是2014年规模的1.2倍,需年均新增注册护士0.6万人。与2014年相比,需累计增加3.56万~3.71万人(见表7-5)。

表7-5　全面两孩政策下浙江常住人口对注册护士的需求(方案一)

年份	每千人注册护士数(人)	总需求(万人)			年新增(万人)			累计新增(万人)		
		B3	B4	B5	B3	B4	B5	B3	B4	B5
2014	2.63	14.49	14.49	14.49	—	—	—	—	—	—
2015	2.7	15.02	15.02	15.01	0.53	0.53	0.52	0.53	0.53	0.52
2016	2.77	15.57	15.55	15.52	0.55	0.53	0.51	1.08	1.06	1.03

续表

年份	每千人注册护士数（人）	总需求（万人）			年新增（万人）			累计新增（万人）		
		B3	B4	B5	B3	B4	B5	B3	B4	B5
2017	2.84	16.13	16.09	16.04	0.56	0.54	0.52	1.64	1.60	1.55
2018	2.91	16.67	16.62	16.55	0.54	0.53	0.51	2.18	2.13	2.06
2019	2.98	17.19	17.13	17.05	0.52	0.51	0.50	2.70	2.64	2.56
2020	3.14	18.20	18.14	18.05	1.01	1.01	1.00	3.71	3.65	3.56

资料来源:2014 年数据来自浙江省卫计委统计资料（2014 年度）;2015 年后为预测数。

方案二　如果浙江每千人注册护士从 2014 年的 2.63 人,按全国 2013—2020 年平均增长率增长,到 2020 年,浙江每千人注册护士将提高到 3.79 人。在不同生育释放模式（B3、B4、B5）下,全省需要注册护士 21.79 万～21.97 万人,是 2014 年规模的 1.5 倍,年均新增 1.22 万～1.25 万人。与 2014 年相比,需累计新增注册护士 7.30 万～7.48 万人（见表 7-6）。不论何种增长,浙江注册护士需求增长比执业（助理）医师需求更多。

表 7-6　全面两孩政策下浙江常住人口对注册护士的需求（方案二）

年份	每千人注册护士数（人）*	总需求（万人）			年新增（万人）			累计新增（万人）		
		B3	B4	B5	B3	B4	B5	B3	B4	B5
2014	2.63	14.49	14.49	14.49	—	—	—	—	—	—
2015	2.8	15.58	15.57	15.57	1.09	1.08	1.08	1.09	1.08	1.08
2016	2.97	16.69	16.67	16.64	1.12	1.11	1.07	2.20	2.18	2.15
2017	3.16	17.94	17.90	17.84	1.25	1.23	1.20	3.45	3.41	3.35
2018	3.36	19.25	19.19	19.11	1.31	1.29	1.27	4.76	4.70	4.62
2019	3.57	20.59	20.52	20.43	1.34	1.33	1.32	6.10	6.03	5.94
2020	3.79	21.97	21.89	21.79	1.38	1.37	1.36	7.48	7.40	7.30

注:* 是假设每千人注册护士数增长率同全国 2013—2020 年的增长率。

资料来源:2014 年数据来自浙江省卫计委统计资料（2014 年度）;2015 年后为预测数。

(五)卫生资源的需求不足风险防范

生育政策调整必然带来生育堆积释放,高龄孕产妇、高危孕产妇势必增加,生育风险评估、优生咨询检查、孕期保健、产前筛查、产前诊断、新生儿检测、出生缺陷干预等事关母婴健康安全的医疗保健服务和管理需求量大增。为此,需要重视以下几个方面工作。

1. 科学规划,挖潜与新增卫生服务资源并重

开展妇幼卫生保健资源调查,着力挖掘潜力,调整结构,及时扩充服务资源;增加妇幼健康服务人员、产儿科床位,优化服务流程,提高妇产科、儿科和妇幼保健服务能力和效率。

2. 评估风险,实现孕产妇风险控制从孕前开始

增加和配置生育风险评估、优生咨询指导,宣传和强调孕前优生健康检查的重要性,广泛倡导计划怀孕夫妇参加孕前优生健康检查、生育风险评估,实现"预防出生缺陷从孕前开始"。

3. 规范服务,从生殖期人群扩展到全人群

通过建立咨询室、开通咨询热线、举办再生育讲座等形式,加强单独两孩政策宣传和相关医疗保健知识宣传,提供从终止现有避孕措施到儿童保健服务的再生育全程医疗保健服务工作。

4. 加强监测,高效实施应急预案

及时、动态了解妇幼健康服务资源利用情况,制定有针对性的风险防控措施和应急预案,加强产科、儿科急救设备配备和储备。

二、出生人口变化对教育的需求

2016年实施全面两孩政策,考虑到教育资源需求的滞后性,新出生的人口要在2030年后才进入高中阶段学习,有足够的时间进行规划和统筹。因此,全面两孩政策出生人口对教育资源的需求,仅考虑学龄前和义

务教育阶段的教育需求。①

(一)学前及义务教育设施与学生规模现状②

据浙江省教育厅教育事业发展统计资料,2014 年,全省幼儿园 8871
所,在园幼儿 185.75 万人,其中托班在园人数为 10.63 万人。本省户籍
儿童入园率达到 97.2%。

全省义务教育中小学 5063 所,其中小学 3344 所,招生 59.81 万人,
在校生 354.50 万人,小学校均办学规模 1060 人,小学班均规模为 40.1
人,小学生师比为 18.6 : 1。初中 1719 所,招生 50.43 万人,在校生
149.91 万人,初中校均办学规模 872 人,初中班均规模为 40.6 人。

(二)学龄人口规模变化

2016 年实施全面两孩政策,不同年龄规模都有不同程度的增加,但
是增加的过程不同步,在时间上具有继起性(见图 7-2、表 7-7)。

---

　①　依据当前我国现行学制,我们将学龄前儿童规定为 3~5 岁人口;小学学龄人口
为 6~11 岁人口;初中学龄人口为 12~14 岁人口,;高中学龄人口为 15~17 岁人口;大
学学龄人口为 18~21 岁人口。

　②　学龄人口与在园(校)人口口径不同,二者不可比。如 2010 年普查资料显示,我
省 3~5 岁常住学前人口为 149.37 万人,6~11 岁小学学龄人口为 277.84 万人,12~14
岁初中学龄人口为 146.82 万人。根据省教育厅资料,2010 年实际在园人口为 183.05 万
人(含托班约 10 万人),小学在校生为 333.33 万人,初中在校生为 167.13 万人,分别是
学前或学龄人口的 123%、120% 和 114%。粗略地按这一比例计,2014 年,学前人口、小
学学龄人口和初中学龄人口(按 B4 模式)分别为 146 万人、298 万人和 137 万人,相对应
的在园、在校人口分别为 178.92 万人、357.52 万人和 155.95 万人;而省教育厅 2014 年
实际在园、在校人口分别为 177.12 万人(不含托班)、354.50 万人和 149.91 万人,二者差
异为 1.8 万~6.0 万人。分城乡在园和在校人口与学前、学龄人口的关系同理,二者不可
比,而且受城镇化水平和优质教育资源配置的影响,与现实的差距会更大。

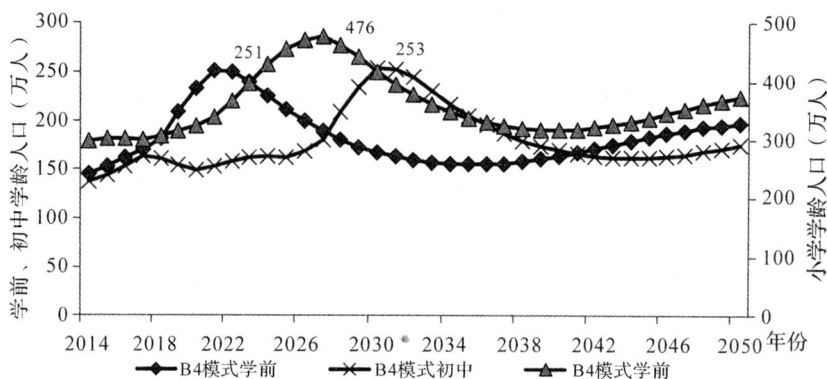

图 7-2　浙江常住学前、小学、初中学龄人口变化趋势

表 7-7　全省常住不同学龄人口变化（B4 模式）　　　单位:万人

年份	学前	义务教育	小学	初中
2014	146	435	298	137
2015	153	447	303	144
2016	162	454	301	153
2017	169	464	301	164
2018	181	468	308	161
2019	209	468	314	154
2020	232	474	325	149
2021	251	492	339	153
2022	249	525	367	159
2023	240	559	397	162
2024	225	591	428	163
2025	211	618	455	162
2026	199	639	471	168
2027	189	656	476	181
2028	180	671	462	209
2029	173	675	442	234
2030	167	670	417	253
最大值	251	675	476	253
最大值年份	2021	2029	2027	2030

1. 学前儿童人口变化

学前儿童的峰值出现最早，常住人口峰值在 2021—2022 年，人口为 233 万～266 万人；户籍人口峰值也在 2021—2022 年，人口为 174 万～ 186 万人。

从常住人口看，2016 年全面两孩政策施行后出生的人口，自 2019 年起陆续进入学前年龄。学前人口从 2015 年的 153 万人左右增加到 2020 年的 216 万～246 万人，新增 63 万～93 万人，年均增加 13 万～19 万人。2021— 2020 年达到峰值后下降，到 2030 年，下降为 162 万～175 万人（见表 7-8）。

表 7-8　全省学前儿童人口变化　　　　　单位：万人

年份	常住人口			户籍人口		
	三孩释放模式	四孩释放模式	五孩释放模式	三孩释放模式	四孩释放模式	五孩释放模式
2015	153	153	153	150	150	150
2016	162	162	162	144	144	144
2017	169	169	169	147	147	146
2018	183	181	180	155	155	153
2019	216	209	200	161	162	162
2020	246	232	216	170	174	176
2021	266	251	231	174	180	185
2022	260	249	233	172	180	186
2023	244	240	230	164	172	179
2024	225	225	220	157	165	173
2025	208	211	210	151	159	167
2026	194	199	201	147	154	162
2027	183	189	193	143	150	158
2028	174	180	186	140	147	154
2029	167	173	180	137	144	151
2030	162	167	175	136	142	149
最大值	266	251	233	174	180	186
最大值年份	2021	2021	2022	2021	2021	2022

从户籍人口看，学前儿童从 2015 年的 150 万人左右增加到 2020 年

的 170 万～176 万人,增加 20 万～26 万人,年均增加 3 万～4 万人,增长速度低于常住人口。到 2030 年,下降为 136 万～149 万人(见表 7-8)。

2. 小学学龄人口变化

小学学龄人口在 2025—2027 年达到峰值,常住人口峰值为 451 万～491 万人,户籍学龄人口峰值为 328 万～353 万人。

2016 年全面两孩政策施行后出生的人口,从 2022 年开始进入小学年龄。从常住人口看,小学学龄人口从 2015 年的 303 万人左右增加到 2020 年的 323 万～326 万人,新增 20 万～23 万人,年均增加 4 万多人;2027 年达到峰值 451 万～491 万人后,到 2030 年,下降为 411 万～417 万人(见表 7-9)。

表 7-9 全省小学学龄人口变化   单位:万人

年份	常住人口			户籍人口		
	三孩释放模式	四孩释放模式	五孩释放模式	三孩释放模式	四孩释放模式	五孩释放模式
2015	303	303	303	287	287	287
2016	301	301	301	302	302	302
2017	301	301	301	306	306	306
2018	308	308	307	308	308	308
2019	315	314	313	312	312	311
2020	326	325	323	313	312	311
2021	341	339	336	305	304	302
2022	375	367	357	300	300	300
2023	411	397	380	311	314	315
2024	445	428	407	322	328	331
2025	473	455	431	327	335	341
2026	489	471	445	328	339	349
2027	491	476	451	326	340	353
2028	469	462	445	320	334	349
2029	441	442	434	308	322	337
2030	411	417	417	298	312	328

从户籍人口看,小学学龄人口从 2015 年的 287 万人左右增加到 2020年的 312 万人左右,新增 25 万人左右,年均增加 5 万人左右;增长到2026—2028 年峰值 328 万～353 万人之后,到 2030 年,下降为 298 万～328 万人(见表 7-9)。

3. 初中学龄人口变化

初中学龄人口在 2030—2031 年达到峰值,常住人口峰值为 237 万～269 万人,户籍人口峰值为 172 万～185 万人。

2016 年全面两孩政策施行后出生的孩子,最早从 2028 年开始进入初中学龄。而此前的变化,均是生育政策完善前已出生人口和学龄人口迁移流动造成的(见表 7-10)。

从常住人口看,初中学龄人口从 2015 年的 144 万人左右增加到 2020年的 149 万人左右,新增仅 5 万人,年均增加 1 万人左右。到 2030—2031年,初中学龄人口达到峰值 237 万～269 万人,之后开始下降,到 2035年,下降为 200 万～207 万人。

从户籍人口看,初中学龄人口有两个小高峰,从 2015 年的 134 万人左右增加到 2022 年第一个峰值 178 万人左右,新增 44 万人左右,年均增加 6 万人以上;然后略有回调,到 2025 年达到 146 万人的低点后开始回升,增长到 2030—2031 年峰值 172 万～185 万人之后,开始下降,到 2035年,下降为 148～163 万人(见表 7-10)。

表 7-10　全省初中学龄人口变化　　　　　　　单位:万人

年份	常住人口			户籍人口		
	三孩释放模式	四孩释放模式	五孩释放模式	三孩释放模式	四孩释放模式	五孩释放模式
2015	144	144	144	134	134	134
2016	153	153	153	137	137	137
2017	164	164	164	140	140	140
2018	161	161	161	140	140	140
2019	154	154	154	142	142	142
2020	149	149	149	148	149	149
2021	153	153	152	164	164	164
2022	159	159	158	178	178	178
2023	163	162	160	175	175	175

续表

年份	常住人口			户籍人口		
	三孩释放模式	四孩释放模式	五孩释放模式	三孩释放模式	四孩释放模式	五孩释放模式
2024	164	163	161	159	159	159
2025	163	162	161	146	146	146
2026	168	168	167	148	147	147
2027	182	181	178	154	154	152
2028	216	209	200	159	160	160
2029	247	234	218	168	172	174
2030	269	253	233	172	178	184
2031	264	253	237	171	178	185
2032	248	244	234	164	171	178
2033	230	230	225	157	165	172
2034	213	217	215	152	159	167
2035	200	205	207	148	155	163
最大值	269	253	237	178	178	185
最大值年份	2030	2030	2031	2022	2022/2030	2031

(三)城镇学龄人口快增快降,农村学龄人口缓增缓降,学龄人口增加主要集中在城镇

1. 城乡学前人口分布

以 B4 释放模式为例,城镇学前人口从 2016 年的 107 万人快速增长到 2021 年的峰值 181 万人,5 年增加 74 万人,每年增加近 15 万人。此后逐年下降,到 2030 年下降到 112 万～122 万人(见表 7-11、图 7-3)。

农村学前人口也经历先增后降的过程,但变化幅度远小于城镇,从 2016 年的 56 万人左右增长到 2021 年峰值的 70 万人,年均增加不到 3 万人(见表 7-11、图 7-3)。

表 7-11　全省常住分城乡学前人口变化趋势　　　　　单位:万人

年份	城镇			农村		
	三孩释放模式	四孩释放模式	五孩释放模式	三孩释放模式	四孩释放模式	五孩释放模式
2014	95	95	95	51	51	51
2015	100	100	100	54	54	54
2016	107	107	107	55	56	56
2017	112	112	112	57	57	57
2018	124	123	122	58	58	58
2019	151	145	139	65	63	61
2020	177	167	155	69	66	61
2021	193	181	167	73	70	64
2022	189	181	169	71	68	64
2023	177	174	167	67	66	63
2024	162	163	159	62	62	61
2025	149	152	151	58	59	59
2026	138	142	144	56	57	57
2027	129	134	137	53	55	56
2028	122	127	131	52	53	55
2029	117	121	126	50	52	54
2030	112	116	122	49	51	53
2031	109	113	118	49	50	52
2032	107	110	115	48	49	51
2033	106	109	113	47	48	50
2034	106	108	112	47	47	49
2035	107	108	111	46	47	48
最大值	193	181	169	73	70	64
最大值年份	2021	2021	2022	2021	2021	2021

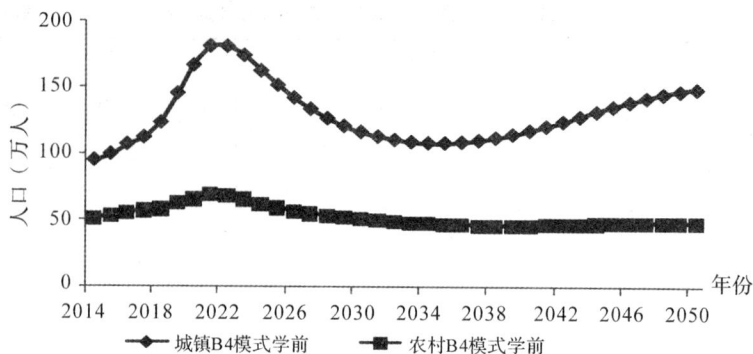

图 7-3　全省常住分城乡学前人口变化趋势

2. 城乡小学学龄人口分布

城镇小学学龄人口呈大幅度变化趋势。自 2020 年起,单独、全面两孩政策下新出生的人口陆续进入小学年龄。小学学龄人口从 2020 年的 219 万人增加到 2027 年峰值人口 344 万人,7 年增加 126 万人,年均增加约 18 万人。峰值学龄人口与 2014 年学龄人口相比,增加 153 万人(见表 7-12、图 7-4)。

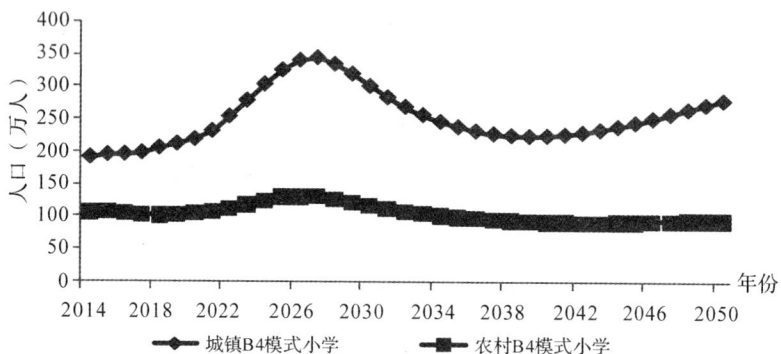

图 7-4　全省常住分城乡小学学龄人口变化趋势

农村小学学龄人口变化相对比较平缓。小学学龄人口从 2020 年的 106 万人增加到 2027 年峰值人口 131 万人,7 年增加 25 万人,年均增加约 4 万人。峰值学龄人口与 2014 年学龄人口相比,仅增加 24 万人(见表 7-12、图 7-4)。

表 7-12　全省常住分城乡小学学龄人口变化趋势　　　　单位：万人

年份	城镇			农村		
	三孩释放模式	四孩释放模式	五孩释放模式	三孩释放模式	四孩释放模式	五孩释放模式
2014	191	191	191	107	107	107
2015	195	195	195	108	108	108
2016	196	195	195	106	106	106
2017	198	198	198	103	103	103
2018	206	205	205	102	102	102
2019	212	212	211	103	103	102
2020	219	219	217	106	106	106
2021	233	231	229	108	108	107
2022	260	254	246	115	113	111
2023	289	278	266	122	119	114
2024	316	303	287	129	125	119
2025	339	325	307	135	130	124
2026	354	340	321	135	131	124
2027	356	344	327	135	131	124
2028	340	335	322	129	127	123
2029	319	319	314	122	122	120
2030	296	300	300	115	117	117
2031	277	283	287	110	112	114
2032	261	269	275	106	108	111
2033	248	256	265	102	105	108
2034	238	246	256	100	102	106
2035	230	238	248	98	100	104
最大值	356	344	327	135	131	124
最大值年份	2027	2027	2027	2026	2027	2027

3. 城乡初中学龄人口分布

城镇初中学龄人口变化幅度小于小学。自 2027 年起,单独、全面两孩政策下新出生的人口陆续进入初中年龄,初中学龄人口从 2025 年的 112 万人增加到 2030 年峰值人口 184 万人,5 年增加 72 万人,年均增加约 15 万人。峰值学龄人口比 2014 年学龄人口增加 98 万人(见表 7-13、图 7-5)。

表 7-13　全省常住分城乡初中学龄人口变化趋势　　　　单位:万人

年份	城镇			农村		
	三孩释放模式	四孩释放模式	五孩释放模式	三孩释放模式	四孩释放模式	五孩释放模式
2014	87	87	87	51	51	51
2015	91	91	91	53	53	53
2016	96	96	96	57	57	57
2017	102	102	102	62	62	62
2018	100	100	100	61	61	61
2019	98	98	98	56	56	56
2020	97	97	97	52	52	51
2021	103	103	103	50	50	50
2022	108	108	107	51	51	50
2023	112	111	110	52	51	51
2024	113	112	111	51	51	50
2025	113	112	111	50	50	50
2026	115	115	114	53	53	53
2027	126	125	123	56	56	55
2028	152	147	140	64	62	60
2029	179	169	157	68	65	61
2030	196	184	169	73	69	64
2031	193	185	173	71	68	64
2032	182	179	171	67	66	63

续表

年份	城镇			农村		
	三孩释放模式	四孩释放模式	五孩释放模式	三孩释放模式	四孩释放模式	五孩释放模式
2033	167	168	164	62	62	61
2034	155	157	156	59	59	59
2035	144	148	150	56	57	58
最大值	196	185	173	73	69	64
最大值年份	2030	2031	2031	2030	2030	2031

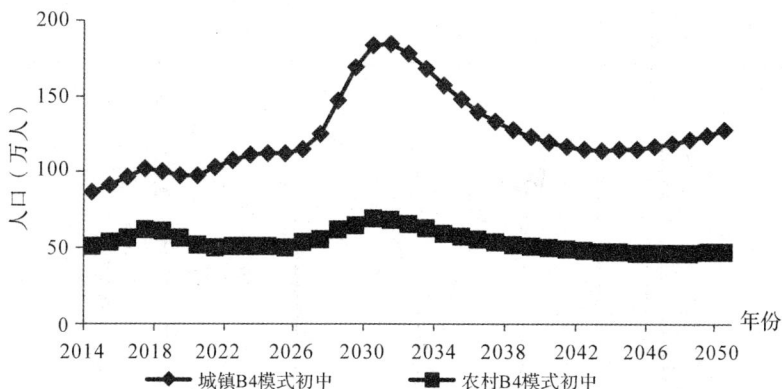

图 7-5　全省常住分城乡初中学龄人口变化趋势

农村初中学龄人口变化幅度小于城镇,也远小于农村小学学龄人口。初中学龄人口从 2025 年的 50 万人增加到 2030 年峰值人口 69 万人,5 年增加 19 万人,年均增加约 4 万人。峰值学龄人口比 2014 年学龄人口增加 18 万人(见表 7-13、图 7-5)。

(四)教育资源供需平衡及对策

1. 幼儿园高峰时段 2017—2019 年累计将新增幼儿教师 6 万人左右

根据《浙江省教育事业发展"十二五"规划》,到 2015 年,浙江学前三年入园率达到 96%,假定未来 15 年浙江幼儿入园率为 96%[①]、师生比按

———————————

① 2014 年户籍入园率为 97.2%,此处为常住人口,故取 96%。

照 2014 年 1：16.54 的水平①,预计未来幼儿教育师资需求见表 7-14。

2015 年,新增幼儿园专任教师 4400 人左右,到 2019 年,最高需要每年新增专任幼儿教师 1.19 万～1.94 万人。以 B4 释放模式为例,2019 年新增专任幼儿教师约 1.58 万人,这一新增需求持续到 2021 年。与 2014 年相比,累计需增加专任幼儿教师 4.95 万～7.00 万人,按 B4 释放模式,需增加专任幼儿教师 6.09 万人。2022 年后,随着生育政策堆积出生人口的下降,新增幼儿园专任教师需求下降,幼儿园专任教师不但不需增加,甚至有过剩(见表 7-14)。到 2030 年,浙江幼儿园专任教师需求比 2014 年仍增加 0.94 万～1.69 万人,按 B4 释放模式,需增加专任幼儿教师 1.25 万人。因此,要及早统筹安排幼教师资力量的培养、配置。

表 7-14　全省未来幼儿园专任教师需求(以 B4 为例)

年份	全省		城镇		城镇累计新增占比(％)
	年新增教师(万人)	与 2014 年比累计新增教师(万人)	年新增教师(万人)	累计新增教师(万人)	
2015	0.44	0.44	0.27	0.27	61.36
2016	0.54	0.98	0.43	0.70	71.43
2017	0.39	1.37	0.30	1.00	72.99
2018	0.70	2.08	0.65	1.65	79.33
2019	1.58	3.66	1.28	2.92	79.78
2020	1.38	5.04	1.24	4.17	82.74
2021	1.05	6.09	0.83	5.00	82.10
2022	−0.07	6.03	−0.01	4.99	82.75
2023	−0.56	5.47	−0.40	4.59	83.91
2024	−0.88	4.59	−0.67	3.92	85.40
2025	−0.81	3.79	−0.64	3.29	86.81
2026	−0.69	3.10	−0.55	2.73	88.06

---

① 2014 年,在园幼儿 185.75 万人(含托班),全省幼儿园专任教师 11.23 万人,师生比为 1：16.54。

续表

年份	全省		城镇		城镇累计新增占比（%）
	年新增教师（万人）	与2014年比累计新增教师（万人）	年新增教师（万人）	累计新增教师（万人）	
2027	−0.60	2.50	−0.49	2.25	90.00
2028	−0.50	1.99	−0.41	1.84	92.46
2029	−0.41	1.58	−0.33	1.51	95.57
2030	−0.33	1.25	−0.26	1.25	100.00

注：负号"−"指年专任教师需要减少的量，下同。

分城乡看，新增幼儿园专任教师主要集中的城镇。按 B4 释放模式，2015 年，城镇累计新增幼儿园专任教师为 2700 人，占新增幼儿园专任教师（4400 人）比重的 61.36%，到 2020 年提高到 82.74%，到 2030 年基本全部集中在城镇（见表 7-14）。

如果每个幼儿园人口规模以 2014 年平均 209 人计[①]，到 2020 年，全省需新增 741~1382 所幼儿园。按 B4 释放模式，需新增 1094 所幼儿园。考虑到城镇幼儿园平均规模一般大于农村[②]，假设浙江城镇幼儿园平均规模同比例增长，浙江城镇新增幼儿园 664~1094 所，按 B4 释放模式，需新增 898 所幼儿园。

2. 小学高峰时段 2026—2028 年累计将新增专任教师 8~10 万人

2014 年单独两孩、2016 年全面两孩将政策施行后出生的孩子最早从 2021 年开始进入小学年龄。假定未来 15 年小学入学率[③]，以及师生比[④]均保持 2014 年水平，预计到 2027 年才达到峰值，累计新增小学教师 8.23 万~10.37 万人。按 B4 释放模式，年新增教师最大值为 1.68 万人，累计

---

①　2014 年，全省有幼儿园 8871 所，在园幼儿 185.75 万人（含托班），每个幼儿园平均规模为 209 人。

②　根据 2012 年中国教育统计资料，幼儿园平均规模为 203 人，其中城镇为 224 人，农村为 165 人，城镇幼儿园平均规模比农村大 36% 左右。

③　2014 年，浙江省小学学龄儿童入学率为 99.99%。

④　,2014 年，浙江省小学在校学生 354.50 万人，全省小学专任教师 19.04 万人，师生比为 1：18.62。

增加峰值小学专任教师 9.55 万人。到 2030 年,累计新增专任教师总量需求下降为 6.11 万～6.42 万人,按 B4 释放模式,需增加小学专任教师 6.42 万人(见表 7-15、图 7-6)。

分城乡看,由于原生育政策的城乡差异及人口城镇化的发展,小学学龄人口增长集中在城镇。因此,新增小学教师在城镇将持续增长到 2027 年,而农村是剩余与短缺并存。按 B4 释放模式,2020 年,城镇累计新增小学教师约 1.49 万人,农村剩余 0.04 万人左右;到 2027 的峰值年,城镇需累计新增教师 8.25 万人,而农村只需增加 1.30 万人;随后城乡均出现下降(见表 7-15、图 7-7)。

表 7-15 全省及城镇小学教师需求(以 B4 为例)

年份	全省		城镇		城镇累计新增占比(%)
	年新增教师(万人)	与 2014 年比累计新增教师(万人)	年新增教师(万人)	与 2014 年比累计新增教师(万人)	
2015	0.26	0.26	0.21	0.21	80.8
2016	−0.08	0.18	0.04	0.25	138.9
2017	−0.01	0.18	0.12	0.37	205.6
2018	0.35	0.53	0.41	0.78	147.4
2019	0.36	0.89	0.34	1.11	124.7
2020	0.56	1.45	0.38	1.49	102.8
2021	0.77	2.22	0.69	2.18	98.2
2022	1.49	3.70	1.20	3.37	91.1
2023	1.62	5.33	1.32	4.70	88.2
2024	1.68	7.01	1.34	6.04	86.2
2025	1.46	8.47	1.18	7.21	85.1
2026	0.84	9.30	0.82	8.03	86.3
2027	0.25	9.55	0.22	8.25	86.4
2028	−0.73	8.82	−0.53	7.72	87.5
2029	−1.09	7.73	−0.82	6.90	89.3
2030	−1.31	6.42	−1.01	5.89	91.7

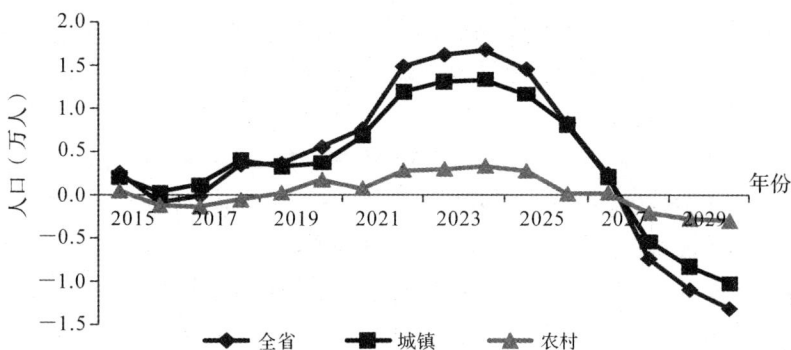

图 7-6　全省及分城乡年新增小学教师变化趋势

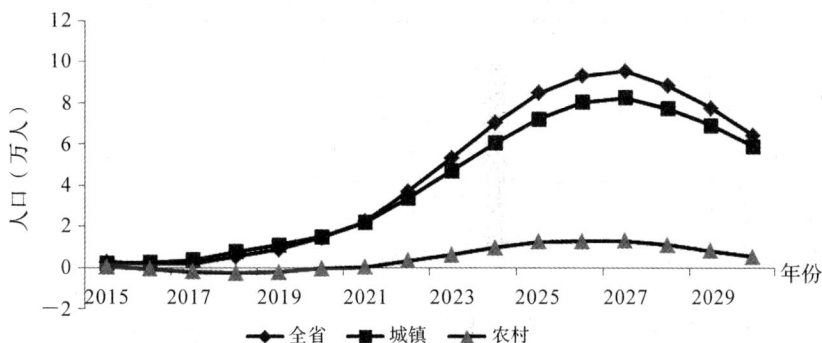

图 7-7　与 2014 年比全省累计增加小学教师变动趋势

如果一个小学学校的规模按 2014 年全省平均 1060 人计算，2020 年全省需新增小学 95～99 所，按 B4 释放模式，在 98 所左右。到 2023—2024 年新增小学学龄人口峰值年，全省需新增小学 250～340 所，按 B4 释放模式，在 296 所左右。

分城乡看，假设浙江城镇小学平均规模同全省平均规模，到 2020 年，浙江城镇需新增小学 64～68 所，按 B4 释放模式，需新增 67 所，占全省新增小学的 68.37%。到 2023—2024 峰值年，城镇需增小学 203～273 所，按 B4 释放模式，在 236 所左右，占全省新增小学的 79.73%。

3. 初中：高峰时段 2030—2031 年累计新增专任教师 9 万人左右

假定未来 15 年初中入学率以及师生比均保持 2014 年水平。预计 2030—2031 年初中学龄人口达到峰值 237 万～269 万人，新增初中学龄人口为 21.71 万～33.96 万人，这时需初中专任教师 20.54 万～23.29 万人，年新增教师需求为 1.72 万～2.70 万人。按 B4 释放模式，年新增教师 2.23 万人,累计新增教师 9.19 万人。到 2031 年后,初中专任教师需求下降,不仅不需要新增,而且出现剩余,这种现象一直持续到 2046 年左右。到 2046 年,年新增初中教师 100~1500 人,按 B4 释放模式,累计新增加中学专任教师下降为 2.03 万人(见表 7-16、图 7-8)。

分城乡看,新增需求初中教师主要集中在城镇。在城镇,除 2018—2020 年新增初中教师下降外,其余年份都是呈增长态势,到 2030—2031 年达到峰值,而农村是剩余与短缺并存。按 B4 释放模式,2030 年,城镇累计新增初中教师约 7.74 万人,农村需要 1.46 万人,随后城乡初中教师均出现剩余,累计需求量下降(见表 7-16、图 7-8、图 7-9)。

表 7-16　全省未来分城乡初中专任教师需求(以 B4 为例)　　单位:万人

年份	全省		城镇	
	年新增教师	与 2014 年比累计新增教师	年新增教师	与 2014 年比累计新增教师
2015	0.56	0.56	0.35	0.35
2016	0.69	1.25	0.42	0.77
2017	0.83	2.08	0.45	1.22
2018	−0.21	1.87	−0.14	1.08
2019	−0.56	1.31	−0.19	0.88
2020	−0.38	0.92	−0.02	0.86
2021	0.31	1.24	0.43	1.29
2022	0.46	1.70	0.40	1.69
2023	0.28	1.98	0.24	1.93
2024	0.06	2.04	0.11	2.04
2025	−0.04	2.00	−0.01	2.03
2026	0.44	2.44	0.21	2.24
2027	1.00	3.44	0.81	3.05
2028	2.23	5.67	1.73	4.78
2029	1.98	7.66	1.74	6.53
2030	1.54	9.19	1.21	7.74
2035	−0.91	5.38	−0.72	4.88
2040	−0.36	2.52	−0.28	2.61
2045	0.02	1.94	0.06	2.28
2050	0.29	2.97	0.26	3.25

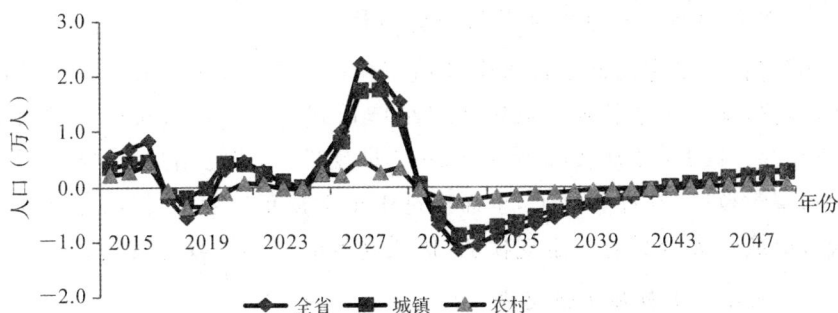

图 7-8　全省及分城乡每年新增初中教师变动趋势

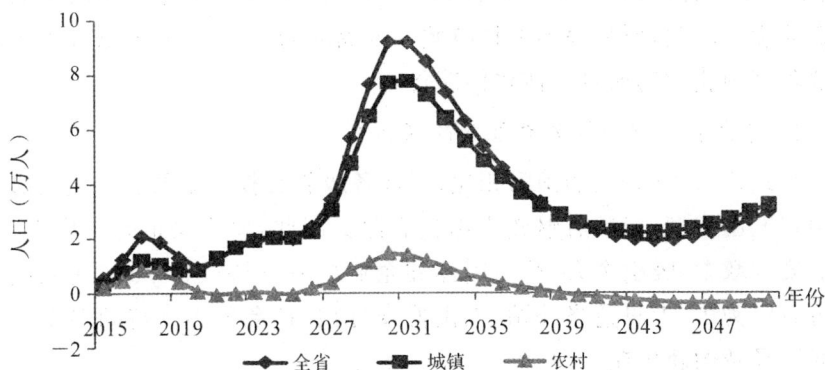

图 7-9　与 2014 年比全省累计增加初中教师变动趋势

(五)教育资源需求不足风险防范

面对相继出现的入托、入学高峰,教育管理部门需要未雨绸缪、统筹规划,合理配置城乡幼儿园、中小学教育基础设施和师资力量,提高办学效率,确保学龄人口就近顺利入学,确保教育质量。

1. 加强幼儿园资源的规划和优化配置

2014 年单独两孩政策、2016 年全面两孩政策下出生的人口,最早自2017 年开始进入幼儿园,2021—2022 年达到入园高峰,此后开始逐年下降。同时,受人口城镇化的影响,城镇学龄前儿童增长量和增长率均高于农村,因此,需要合理配置城乡幼儿园,以提高现有幼儿园效率和优化空间布局。

2. 继续推进中小学校布局的合理调整

随着长期稳定的低生育水平及城市化的影响,农村学龄人口不断向城镇转移,新增小学教师在城镇将持续增长到 2027 年,而农村是剩余与短缺并存。因此,要从实际出发,撤并一批规模小、设施落后、办学效益低的"麻雀学校"。在此基础上,全面推进中小学校布局调整,提高办学规模效益,形成一大批具有一定规模的、优质高效的中小学教育网络。

3. 统筹安排教师队伍建设

根据学龄人口的发展规律,预先优化教师队伍,确保教师队伍学科结构、年龄结构合理,防止师资配备的不足或过剩,尤其需要考虑的是农村师资的优化问题,要从根本上打破城乡分隔的局面,从教育发展和人才培养的角度为我国的城乡一体化作准备。

4. 建立多渠道筹措教育经费的新机制

与人均 GDP 相近的国家相比,浙江各级教育投入偏低。虽然政府的努力程度已较高,但政府财政支出仍有限。因此,要多渠道筹措资金,制定必要的政策,吸引个人、社会团体和企业各界支持教育建设,建立起以地方政府为主、中央适当补贴、人民群众分担、社会各界支持的多渠道筹措教育经费的新机制。

三、小结

(一)卫生资源的需求变化

随着全面两孩政策的实施,产科床位需求短期内快速增加,需求峰值出现在 2017—2018 年,产科床位为 2.2 万～2.5 万张。与 2014 年相比,需要新增 0.6 万～0.9 万张。但 10 年后,产科床位不仅能满足出生人口的需要,还将出现剩余。

到 2020 年,假设每千常住人口医疗卫生机构床位数控制在 6 张(即《纲要》的目标),全省因全面两孩政策带来的每年新增床位为 2100～2500 张。与 2014 年相比,累计新增床位 1.26 万～1.50 万张。

到 2020 年,假设浙江每千人执业(助理)医师为 3.13 人,全省需要执业(助理)医师 17.99 万～18.14 万人,每年新增 0.57 万～0.59 万人。与

2014 年比,累计增加 3.39 万～3.54 万人。

到 2020 年,浙江每千人注册护士达到全国规划 3.14 人的平均水平,全省需要注册护士约 18 万人以上,年均需新增注册护士 0.57 万～0.59 万人。与 2014 年比,累计增加 3.56 万～3.71 万人。

到 2020 年,假设浙江每千人注册护士将提高到 3.79 人,则全省需要注册护士 21.79 万～21.97 万人,年均需新增 1.22 万～1.25 万人。与 2014 年相比,累计增加 7.30 万～7.48 万人。

面对大量的高龄、高危孕产妇,应加强产前筛查、产前诊断、新生儿检测、出生缺陷干预等生育风险评估和优生咨询服务,从基本公共卫生硬件设施如床位资源和卫生专业人才两方面,加强科学规划,扩大供给,满足日趋增长的公共卫生服务需求,提高服务质量。

(二)教育资源需求变化

2016 年实施全面两孩政策,不同学龄人口规模都有不同程度的增加,呈单峰型,但是增加的过程不同步,在时间上具有继起性。学龄前儿童的峰值出现最早,在 2021—2022 年,峰值人口为 233 万～266 万人;小学学龄人口在 2025—2027 年达到峰值,峰值人口为 469 万～493 万人;初中学龄人口在 2030—2031 年达到峰值,峰值人口为 237 万～269 万人。

分城乡看,城镇学龄人口快增快降,农村学龄人口缓增缓降,学龄人口增加主要集中在城镇。其中城镇学前人口从 2016 年的 107 万人快速增长到 2021 年峰值的 181 万人,年均增加近 15 万人;农村年均增加不到 3 万人;城镇小学适龄人口变化幅度较大,从 2020 年的 219 万人增加到 2027 年峰值的 344 万人,年均增加约 18 万人,而农村年均增加只有约 4 万人;城镇初中适龄人口变化幅度小于小学,初中学龄人口从 2025 年的 112 万人增加到 2030 年峰值的 185 万人,年均增加 15 万人以上,而农村年均增加 4 万人以上。

幼儿教育资源将率先出现短缺,尤其是城镇新增幼儿园专任教师短缺。峰值年(2019 年)需要新增幼儿教师 1.6 万人,其中城镇需新增 1.0 万～1.5 万人,累计需增加专任幼儿教师 4.9 万～7.0 万人。小学师资需求 2023 年达到峰值,年新增教师最大值为 1.2 万～1.9 万人,其中城镇为 1.15 万～1.60 万人,累计新增小学专任教师数量 8.23 万～10.37 万人。初中师资需求在 2030—2031 年达到峰值,年新增教师需求1.72 万～2.70 万人,其中城镇为 1.31 万～2.11 万人,累计新增教师7.74 万人左右。

面对相继出现的入托、入学高峰,以及城乡受教育人口规模变化趋势的不同,在规划教育事业发展时,应充分考虑生育政策调整和人口迁移、城市化的影响。要从根本上打破城乡分隔的局面,从教育发展和人才培养的角度为我国的城乡一体化作准备。

附表　中国儿童疫苗免疫程序

疫苗	接种对象月(年)龄	接种剂次	备注
乙型肝炎(乙肝)疫苗	0、1、6 月龄	3	出生后 24 小时内接种第 1 剂,第 1、2 剂间隔≥28 天
卡介苗	出生时	1	
脊髓灰质炎(脊灰)减毒活疫苗	2、3、4 月龄,4 岁	4	第 1、2 剂,第 2、3 剂间隔≥28 天
百日咳-白喉-破伤风(百白破)联合疫苗	3、4、5 月龄,18～24 月龄	4	第 1、2 剂,第 2、3 剂间隔≥28 天
白喉-破伤风(白破)联合疫苗	6 岁	1	
麻疹-风疹(麻风)联合疫苗	8 月龄	1	
麻疹-流行性腮腺炎-风疹(麻腮风)联合疫苗	18～24 月龄	1	
流行性乙型脑炎(乙脑)减毒活疫苗	8 月龄,2 岁	2	
A 群脑膜炎球菌多糖疫苗	6～18 月龄	2	第 1、2 剂间隔 3 个月
A 群 C 群脑膜炎球菌多糖疫苗	3 岁,6 岁	2	2 剂间隔≥3 年;第 1 剂与 A 群脑膜炎球菌多糖疫苗第 2 剂间隔≥12 个月
甲型肝炎(甲肝)减毒活疫苗	18 月龄	1	
乙脑灭活疫苗	8 月龄(2 剂),2 岁,6 岁	4	第 1、2 剂间隔 7～10 天
甲肝灭活疫苗	18 月龄,24～30 月龄	2	2 剂间隔≥6 个月

第八章　新形势下计划生育体制机制的改革

在发展和政策的共同作用下,中国人口已经发展到了一个全新的阶段,形成了新的人口、新的态势,需要新的政策、新的体制和机制。为了研究与新人口、新态势相适应的新体制、新机制,在浙江省卫生计生委的帮助下,课题组在浙北和浙南与县市、乡镇和村级干部进行了多次座谈,并对部分计划生育超生户和放弃二孩生育户进行了深入访谈(访谈个案见附录四),引发了课题组的深入思考。本章内容以此为基础写就。

一、目标选择

中国的生育政策一直面临一个两难选择。中国人口规模庞大,资源相对短缺,要缓解人口与资源的矛盾,就需要严格控制人口总量。即使在生育率和人口增长率已经很低、人口增量减少、存量依然很大的情况下,人口规模大与资源相对短缺的矛盾,仍然是制约我国发展的一个重要因素。但对人口规模的过于严格的控制,却又为未来人口年龄结构畸形老化埋下伏笔,加大性别结构严重失衡,影响人口和经济、社会、民生长期均衡发展。中国现在和未来的生育及相关政策,都不得不考虑这两个方面,那就是"调控人口规模,优化人口结构"。

中国人口生育率、增长率已经很低并已经保持很长时间,在人口内在增长率已成负值、未来年龄结构面临过度老化的情况下,过于严格的控制人口数量增长的目标和政策已经完成了历史使命,随之而来的应该是优化人口结构,适度调控人口规模的目标和政策。许多研究表明,实现和稳定更替水平生育率是能够兼顾这两方面需求的一举两得的选择。预测表明,即使生育率回归到更替水平,中国人口数量的负增长也已成定势,人口总量也将长期处于缩减状态。高于更替水平,中国人口数量将会重新回归持续增长的状态;继续长期低于更替水平,人口年龄结构老化还将持续加重。

所以,回归并稳定更替水平生育率应该是调整和完善生育政策的重要目标。由单独两孩政策过渡到全面两孩政策,就是实现这一目标的重大步骤。全面两孩政策的实施也应该以是否有利于生育率回归并稳定在更替水平为标准。

多年的计划生育实践和人口发展的客观规律告诉我们,在人口发展上既不能患急性病,以主观代替客观,为所欲为;也不能患慢性病,完全听任其自发演进。要尊重客观规律,科学适度干预,能为则为,不能为则不为,控制人口总量是如此,调整人口年龄结构也是如此。以回归并稳定更替水平为目标,既不是高水平,也不是低水平,而是适度水平,是控制生育还是鼓励生育均应以是否能够稳定在更替水平左右为度量标准。

回归并稳定更替水平生育率只是对人口总量及各年龄人口数量对比关系的调控。人的发展既有量的规定性,又有质的规定性。要全面计划和促进人和人口的发展,就要在追求数量适度的同时,质量上尽可能优良。提高出生人口素质,实现优生优育应该是计划生育永恒的目标和任务。在以往尽管文件和口头上也讲提高出生人口素质,由于数量控制的要求过严过高,在实际工作中却被挤掉了,忽略了。

我国计划生育控制人口数量过快增长的最终目的是加速发展经济,改善民生,提高老百姓的生活质量和幸福指数。实践证明,控制人口数量过快增长并不能自然而然地转化成老百姓的幸福指数,要切实提高全民幸福指数还需要做一系列的工作。在控制人口数量过快增长的阶段性目标实现后,接下来的工作就要设法把计划生育的成果转化成老百姓的幸福指数。

回归更替水平生育率,切实提高出生人口素质,最终提高人民群众的幸福指数,应该是完善生育政策的三个层次的目标。所有人口和计划生育体制机制和工作任务、工作方法都应该服务于这三个层次的目标。

二、形势判断

全面两孩政策实施后,不同区域效果不同。全省统一的体制机制改革要能够包容区域差异,体现区域差异,有普遍适用性,才能具有生命力。困难在于有的要上调,有的要下调。不同地区不能一刀切。这需要分析不同地区影响因素的变化和发展的阶段性。

(一)基本判断:"五不"、"两可"、"两压"、"三风险"

1."五不"

本项研究结果表明,在生育水平和人口数量变动方面,普遍生育两个孩子,由于堆积夫妇的生育释放将分散在多年进行,以及由于部分人放弃或自然失去生育第二个孩子机会,出生人口规模和人口出生率虽然有所回升,但都将出现"五个不"的前景:

——实际总和生育率总体上不会超过更替水平;

——常住总人口不会超过 6000 万人,户籍总人口不会超过 5500 万人;

——不能改变"三个负增长"的前景,即人口自然负增长、总人口负增长、劳动年龄人口负增长的前景;

——人口数量变动不会出现大幅度的回调高峰,不存在剧烈波动、强力反弹的风险。

——不能改变 21 世纪下半叶进入世界老龄化程度最重地区之列的前景。

2."两可"

——全面两孩政策可以实现生育政策的平稳过渡;

——可以立即大胆实施普遍生育两个孩子的政策。

3."两压"

——出生人口健康压力、高龄产妇健康压力增大;

——公共服务需求压力增大。

4."三风险"

——年龄结构过度老龄化风险。对于浙江来说,全面两孩政策下,即使在有迁移的情况下,人口还将持续老化,主要人口指标老龄化指数和综合老龄化指数仍将接近或超过国际最高水平,劳动年龄人口和比重仍将出现持续负增长,人口年龄结构仍难以在 21 世纪上半叶实现长期均衡发展。

——低生育水平陷阱的风险。本研究对全面两孩政策浙江生育水平的预测显示,未来有可能长期稳定在 1.8 左右,难以回归更替水平;全省单独两孩政策实施以来,许多群众对生育第二个孩子持冷淡态度,因种种困难和压力难以完全按政策生育;浙北地区的生育意愿持续走低,浙南地区年轻一代生育意愿也在下降,浙江面临长期陷入低生育水平陷阱的风险。要规避这种风险就需要在全面两孩实施后的头几年,密切注视生育旺盛期堆积妇女释放生育二孩的实际情况,判断生育率的回调弹性,及时采取长期稳定在更替水平左右的措施。

——出生人口性别比反弹风险。至少堆积妇女生育二孩的性别比有升高的风险。普查显示,二孩及以上孩次出生性别比普遍偏高。2014 年人口抽样调查结果显示,在所有的年龄组中,想生、想近几年生、想生但时间不确定的比例,都是女孩家庭高于男孩家庭。单独两孩政策实施情况显示,截至 2015 年 5 月,单独堆积夫妇生育的第二个孩子性别比 113.1。全面两孩实行可能会进一步推高出生人口性别比。

(二)影响因素

调查显示,现实和未来影响浙江妇女生育水平有以下主要因素。

1. 政策体制

部分夫妇只生一个孩子,主要是由于政策约束,当然与个人意愿也有一定关系;生与不生随大环境而变。生育政策放宽,生二孩的比例也将提高。

2. 宏观经济

近几年经济不太好,生活成本高,很难养孩子,年轻人觉得自己生活都困难,不会为父母生孩子。实体经济转型中的阵痛,对生育意愿影响较大,不是一两年能消化掉的。经济收入降低、孩子成本升高,弱化了生育愿望。

3. 代际差异

不同年份出生的人,或者说不同年龄组的人,对生第二个孩子的态度是不同的。一般来说,60 后不会生;最积极的是 70 后,但实际上只会有少量的人生;80后、90后会感到生了孩子后自己的自由度就降低了,幸福指数就降低了,不着急生。关键是父母是否帮助带,有父母带,就会考虑生,不然不会主动生育。浙南地区也开始在形成这种环境。

4. 生育氛围

周围的生育氛围和同伴对生育意愿影响很大,存在跟风从众心理。小姐妹们要生都生,要不生都不生。余杭塘栖镇允许独女户生二胎实施之初,13例符合条件的,2005年、2006年就可以生二孩。但是当时(24~25岁)不生,现在(34~35岁)生的人多了,她们也生了。这表明生育率回升还是有一定弹性的。

5. 家庭合力

决定生育的是家庭的合力。长辈鼓励起一定作用。许多申请是老年人代替孩子办理的,年轻人并不想生。本人不想生,家里人却鼓励生,最后还是有可能生的。不少独生子女父母习惯了、认同了"一对夫妇一个孩子"的生活,一下子不想改变这种状况。想要改变时,又受到自己独生子女的消极反对。这可以称为"独生子女生活惯性"。是否生育,就取决于这些情况博弈的结果。

6. 生育准备

所谓"单独两孩政策遇冷",主要是还没有准备好,特别是30岁以上的。全面两孩政策放开,也不会着急,不差两三年。单独放开时即使是在浙南地区也没有发生井喷或扎堆生育。目标人群没有全部做好马上要生的思想准备、身体准备、经济准备、物质准备。

7. 生理因素

浙北、浙南都有一定比例不孕不育而不能生育的;也有一定比例身体不好,不能再生的。

(三)重点人群

1. 二胎生育主要人群

农村独女户想生男孩,独男户想生女孩。

生育意愿长期受压抑的公职人员生育二孩愿望强烈,又有一定的经济条件。没有放开时,都说想生,真正放开,又不一定会生了。生养两个,精神压力、经济压力都很大,再加上公职人员收入不高,是否要再生育,还得要想一想。

2. 多胎生育主要人群

购房入户者:余杭购房入户者,按老家习惯,多生。

富人、老板,即使儿女双全,经济条件好的也会想多生。

侨民可能会多生。

再婚家庭:离婚率升高,再婚率上升,再婚夫妇增多,为了要一个共同的子女,多孩率上升。

双女户:如缙云县壶镇镇 17 个多孩生育中,12 个是双女户,因为两个女儿都要嫁出去,不会有上门女婿过来。有的地方双女户多胎,多数是35 岁以上的想要儿子。

全面两孩政策实施后,压力主要来自多孩,对于多孩会不会增多,受访者看法不尽相同。课题组认为,多孩数量不一定会更多,不管用什么手段进行强制控制,控制的也是少数人。

3. 其他计划外生育主要人群

非婚生育、未婚早育,都属于计划外生育的人群。

4. 流动人口

由于信息不对称,外出人口、外来人口、回流人口对流出地和流入地都将有影响。

(四)区域差别

1. 浙北地区:低生育氛围业已形成

浙北地区计划生育考核严格,宣传有力,经济发达,女性地位高,有决断权,生育意愿偏弱,养成了享受型文化、时尚文化和少生的文化氛围。以舟山和嘉善为例:舟山市实施单独两孩政策后,仍受原来的生育观念、生育行为惯性影响,对农渔村冲击几乎为零;养老产业化、商业化,对孩子的养老期待减弱,反哺期待淡化,估计全面两孩政策实施后两三年变化不会大,五年后二胎生育会增多。嘉善县人口多年负增长,形成这种情况的原因是,受上海影响,教育成本高,对孩子质量的期望高,生育意愿低;该县实施单独两孩政策后,申请再生育 435 对,实际再生育仅 12%,仍保持原来的低生育意愿。

浙北地区低生育惯性,还是有一定的回升弹性的。如果生二胎逐渐多了起来,不想生的也会生起来。余杭放开独女户后生二胎的情况就能说明这个问题。全面两孩政策实施后,也要有几年才能形成二胎生育氛围。根据经济社会条件和文化氛围,要回升到多数甚至绝大多数生两个孩子也是有困难的。

浙北地区也有极少数多孩生育,如余杭购房入户者和个别老板,但远不会超过放弃生二胎的人数。据省卫计委调查,2010—2012年浙北地区放弃再生育的数量与超生数量之比为6:1。全面两孩政策实施后,浙北地区的生育率仍将显著低于政策生育率,更低于更替水平。

2. 浙南地区:疑似"事实全面两孩"

浙南地区,除公职人员外,许多人基本上处于"事实全面两孩"的状态。用当地干部的话说就是,"对许多群众而言,全面两孩放不放开没有这个概念,他们原来就是放开的",只是有政策约束要交社会抚养费。仙居县、永嘉县独生子女领证率不到10%,近年来生一孩的比率由65%降至58%;多孩率有所上升。实际上就是全面两孩水平,全面两孩放不放开影响不大。

浙南有的地区多孩有增加趋势,双女户多胎比例比较稳定,儿女双全户也有多生的。如仙居县白塔镇已婚育龄妇女中一孩占40.11%,二孩占50.95%,多孩占5.08%。如果分年龄计算,35岁以上二孩率、多孩率更高。

浙南地区经济社会发展不平衡,贫富差距比较大,山区农村收入相当低,人多势力大的意识重。收入低的想靠人多增强势力,收入高的也想靠人多扩大势力。人是财富,孩子就是财富,炒股票不如炒孩子的观念重。收入低的想靠孩子增加收入,生了又没有钱交社会抚养费,罚与不罚没有区别,超生不超生无差别。小企业、家族企业也想通过多生孩子,增加帮手,不怕交社会抚养费。重男轻女的思想仍然比较重,不生儿子不罢休,四孩及以上很多就是这样造成的。即使如此,也有一部分没有孩子或只有一个孩子的。有的确实是因为观念转变;有的是经济收入低,对孩子期望高,生二胎养育压力大;有的因生理因素生不出来或因有遗传性疾病不敢再生。

浙南多地基层干部反映对控制多孩一点办法都没有。"他想生,你怎么也挡不住,"当地干部说,"要是依法行政,就控制不住违法生育。政府开协调会,就意味着要想法突破法律。"最不敢生的是中等收入阶层,主要是公职人员,但有的公务员为了不影响对单位的考核,辞职生孩子。所以,按原生育政策,甚至按单独两孩政策执行情况看,浙南地区还应该处于控制阶段。

但这种形势也在变化。如果真的不管,也只是个别老板要多生,三个、四个的都可能有。多数老板有两三个继承人就够了,也不会要太多。对老板来说,孩子多带来的压力,主要是教育压力,不是经济压力,有两个也就够了。

单独两孩、全面两孩政策下,是否生二胎,起作用的主要是老人。年轻人外出打工,很累,不想多生。流动到发达地区,生育意愿也会大大弱化。发展若干年后,也会变的。现在浙南地区对孩子也在由"放养"变"精养"。老人影响力减弱后,少生也将成为主流。可以称为现在处于"老人弹性阶段"。

不同批次妇女对单独两孩政策反应不一。70后要生二孩的基本上都生了,不存在再生不再生的问题。80后,如果父母给房子、车子,帮带孩子,可以生;90后,即使父母帮助带孩子,也不想为父母生。控制的主要是公职人员,但公职人员的收入受经济形势的影响,培养高质量孩子的经济能力有所下降,全面两孩后是否生二胎,也会很纠结。此外,多数受访者认为,如果意外怀孕,也会准备生出来。近年来人工流产数量下降,也说明这个问题。总体看,放开后,各类人群的生育会更趋平衡。

由此看来,浙南许多地方生育二孩的弹性已经释放。实施"普遍两孩"只是在名义上把"事实全面两孩"变为"政策全面两孩",整个形势会比较平稳。总体上,终身生育率可能会在2左右,不会很高,平均下来也就是全面两孩的水平。

对于浙南地区来说,全面两孩政策施行越晚,社会抚养费征收的对象和拖欠的对象也越多,雪球越积越大,征收难度越大,堆积的问题越多。如放弃征收,已经征收的就会闹,可能会发生群体性事件。

三、政策选择

研究表明,从浙江全省看,以降低上节所说"三大风险"为目的,浙江生育政策的进一步完善,需要考虑政策内容、进程衔接和可持续、区域差别。

(一)政策内容

政策内容有多种选择。

第一种,实施控制性全面两孩政策。所谓控制性全面两孩政策,就是允许每对夫妻生育两个孩子,不允许有三孩及以上孩次的生育。如有违背,则依原有规定收取社会抚养费。在这种情况下,人们最多只能生两个,考虑到有部分人只想生一个,这种控制性全面两孩,不会使生育率达到和超过更替水平,只能是继续维持低生育水平。

第二种,实施提倡性全面两孩政策。所谓提倡性全面两孩政策,就是提倡一对夫妻生育两个孩子,以宣传教育为主要手段,鼓励一对夫妻生育两个孩子,不借"提倡"之名,行强制之实,一孩不奖,三孩不罚。估计在这一政策下生育水平可能会略高于控制性全面两孩政策,但长期看不会更高。

第三种,模仿其他国家实行家庭计划,还权于民,生育数量、生育性别、生育间隔,完全自主选择。

第四种,实行中国特色的新家庭计划,即提倡性全面两孩政策与国家指导下的家庭计划相结合。在提倡性全面两孩政策指导下,协助家庭制定并实施包括生育数量、生育性别、生育间隔计划,更包括优生优育计划、生育保险计划、家庭健康计划、养老保障计划,甚至包括家庭教育计划、家庭就业计划在内的内容丰富的家庭计划,将公共服务渗透到每个家庭,政府既为群众提供必要的基本公共服务,又为群众提供个性化的家庭服务,切实提高全民的健康水平和幸福指数。

(二)进程衔接和可持续

新政策不应该与原有政策截然分开,形成断裂,而应该有继承性、连续性,但又要与原有政策有质的区别,不只是生育几个孩子的区别,更要有新的时代内容和形式。以上控制性全面两孩政策与原有政策并没有本质的区别,区别只在于生一个还是生两个,仍然坚持"控制"数量为主的本质。提倡性全面两孩政策虽然放松了控制,但仍局限于生育数量上的提倡。实行国外的家庭计划则与原有的政策有巨大区别,减弱了政府在家庭服务上的职责,许多职能可能会推给非政府组织,形成政策的"断裂"。实行中国特色的新家庭计划则是融历史沿革、时代特色、中外经验在内的,既突出家庭自主决策又强调政府服务职责的政策选择。

(三)区域差别

就浙江而言,浙北地区和浙南地区民情民意、原有基础就有很大区别。但从新生代的成长环境、思想观念看,两地又有趋同化趋势,区域差别的缩小既是已经发生的事实,也是未来的必然。政策选择既要关注目前的区域差别,更要关注未来的时代变迁。

从调查情况看,浙北地区仍会有极少数多生现象,但不生二孩者更多,生育率仍难回归更替水平。即使全部育龄人群有按政策生育二孩的愿望,由于不孕不育等多种因素限制,同样不会回归并稳定在更替水平。控制性全面两孩政策显然不合时宜。

浙南地区生三孩或以上的人会比浙北多一些,加上公职人员可以生第二个孩子,生育率可能会在一段时间内超过更替水平。假若浙南地区实行控制性全面两孩政策,由于世代更替,新生代成为主要生育人群时,生育率也会和浙北一样降到更替水平以下,很难保证政策的可持续性。届时还将面临新一次生育政策调整。

在提倡性全面两孩政策下,浙北低一些,浙南高一些,全省总体上就有可能接近和回归更替水平。

(四)结论性建议

由此看来,浙江全省宜实行统一的提倡性全面两孩政策与国家指导下的家庭计划相结合的中国特色的新家庭计划。区域差别只在于:浙南地区对历史遗留问题的解决需要特别讲究政策的严肃性和延续性,也要讲究执行的艺术性。

四、主要任务

既然新时期计划生育体制机制转换应该以回归并稳定更替水平,改善人口结构,提高全民健康水平和幸福指数为目标,所有工作就都应该围绕这一目标展开,努力实现政策效果最大化,避免出现单独两孩政策遇冷或低于预期的窘境;也要避免把责任推给家庭,政府无所作为和不作为的尴尬境地。

由此看来,新时期计划生育体制机制应该转换为促进大人口发展的体制机制。工作的主要任务应该是:努力实现更替生育水平,有效促进人口结构改善,着力提高人口素质,全面实行新家庭计划,切实帮扶原计生家庭。

(一)工作重点

1. 努力实现更替水平生育率

更替生育水平是兼顾人口总量不要太大、年龄结构不要太老的最佳生育水平。尽管我国人口总量过若干年后会趋于下降,但不会断崖式下跌。人口存量与资源环境的矛盾还将长期存在,不能不继续关注人口总量,所以不能有更高的生育率。按原有趋势发展,21世纪下半叶我国将是世界上年龄结构最老的国家。即使在我国与发达国家经济社会条件完全相同的条件下,也将严重削弱我国在世界上的竞争力。由于年龄结构转变的长周期性,必须尽早着手改善人口的年龄结构,生育率不能低于更替水平,不能长期稳定在低生育水平,包括稳定在1.8的水平。

2. 有效促进人口结构改善

人口结构包括年龄结构、性别结构、城乡结构、区域结构及就业结构、教育结构等经济社会结构。促进人口结构改善,应该包括所有这些结构。与计划生育关系密切的主要是年龄结构和性别结构。

人口年龄结构的改善,就全国而言唯一可行的就是按更替生育水平调整出生人口数量,就地区而言还有适度推进人口迁移流动。

调整和改善人口的性别结构必须从改善出生人口性别比开始。浙江出生人口性别比长期偏高,其不良后果已经开始显现。治理出生性别比偏高,应该是浙江计划生育工作的一项重要任务。全面两孩政策实施后,因出生人口数量增多,县域出生性别比波动性也会减弱,也更能反映真实情况。由于历史上存量独女户、双女户男孩偏好的动力强于独男户、双男户女孩偏好的动力,出生性别比可能会在一段时间维持在较高水平。再加上出生人口数量增多,控制出生性别比偏高的任务将会加重。

当人们可以普遍生育两个孩子,也愿意生育两个孩子时,由于追求儿女双全成为可能,非存量人口的出生性别比将有趋于正常的可能性。但如果人们的生育意愿继续减弱,不愿意生育两个孩子,把生孩子的数量压缩至一个时,在儒家文化的影响下可能会通过性别选择技术来生育男孩,出生性别比仍将继续升高。出生性别比能否趋于正常,关键是看人们是否普遍意愿生育两个孩子,而这是很难的。

近期引起出生人口性别偏高的,主要是存量女儿户。从长远看,治理出生性别比偏高的任务并不是阶段性的,历史上由于出生人口性别比偏高所造成的影响,将会长期存在。就全社会来说,缓解其不良后果将是长期的历史任务。

3. 着力提高人口素质

提高人口素质过去是、未来更是全社会的任务。其中与计划生育关系密切的是提高出生人口素质。尽管以前就把提高出生人口素质作为计划生育工作的任务之一,由于一直把人口数量控制作为重中之重,提高出生人口素质实际上效果不够明显。全面两孩政策实施后,计生部门应该切实把工作重点转移到提高出生人口素质上,否则就是重大不作为。

4. 全面实行新家庭计划

原计划生育体制机制是以控制人口数量增长为最高目的,附带做些生育健康服务的体制机制。大人口发展的体制机制则是以人口全面、长期均衡发展,健康指数和幸福指数全面、可持续提高为最高目的。中国特色的新家庭计划是大人口发展体制机制转型的主要载体,也将是推动社会发展领域深层次发展进步的重要抓手。浙江新家庭计划的长期实践和丰富经验。应该在此基础上加强对中国特色新家庭计划的研究,赋予其新的内容、新的特色、新的时代特征,同时赋予其新的体制机制,放到与经济工作同等重要地位,作为政府,而不只是计划生育部门工作的重要内容、重要任务、重要职责加以全面推行。

5. 切实帮扶原计生家庭

帮扶原计生家庭包括帮扶全面两孩前按政策生育的独生子女死亡或伤残家庭和农村独生子女家庭、双女户家庭。本项研究预测表明,2014年全省有50岁及以上的失独父母3万多人。2016年实行全面两孩政策,2040年以后全省超过17万人,2045年达到最大规模18.11万人,到2050年保持在18万人左右;农村失独父母2040年超过5万人,2048年左右最高时达到5.3万人左右;农村60岁及以上独生子女父母人2040年超过300万人,2048年左右最高时超过340万人。关怀历史上形成的失独和独生子女伤残父母、农村独生子女父母将是一项长期的任务。

(二)工作转型

计划生育工作重点的转换,要求各项具体工作实行全面转型,要改"稳定低生育水平"为"稳定更替水平",改"少生为目标"为"数量适度、结构改善和质量提高",改"行政管控"思维为"服务优先"思维,改"重在控制性管理"为"重在人性化服务"。在这个转换中要确保良好的生育秩序,稳定有序地推进各项工作。

五、体制机制

由上可知,计划生育工作重点的转换,涉及内容广泛深入,任务并没有减轻,而是更加繁重。要将原来30多年形成的生育秩序转换成新的生育秩序,需要转变原有的思维定式和工作惯性,建立新的思维和工作秩序;需要从体制机制、政策体系,到工作内容、工作队伍、工作方式发生广泛的转变。

在这个转变中,基层有三个担忧:一是担忧国家层面对社会,特别是媒体炒作、专家质疑、信息误传,国家卫计委遮遮掩掩,没有正面回应,起步前就造成思想混乱。二是担忧卫生、计生合并,没有队伍编制做计生,没有精力做计生,还没有完成转变,自己超前把自己稀释掉了。三是担忧卫计委系统自上而下单打独斗,自己搞自己的,没有部门合力,甚至其他部门转型与计生工作转型相互冲突。

体制机制改革要围绕计划生育本身,不能无限制地扩编。计生管理是最基础的一项社会管理,因此必须有一个网络健全、工作深入、党政主导、部门合力、公众参与,体现社会治理理念的计划生育管理机构。

(一)领导体制

为了有力有序地推进大人口发展的体制机制建设和历史性转变,必须保留原有的行之有效的体制机制,对其内容进行全面改造。在领导体制上,仍需要保留党政主要领导挂帅、部门领导组成的领导(协调)小组、出生性别协调小组这些平台,仍需要坚持"三个不变",其工作内容和衡量标准转向上节所讲的五项重点。

(二)机构改革

计生与卫生是工作内容、工作方式、工作作风、业务技术、运行机制完全不同的两个系统。计生需要政府权力推动,卫生则在政府外独立运作。基层反映,机构改革两个不同的系统合并,弱化了计生,工作很困难。省卫计委要和省人事部门共同搞调研,提一个统一的适合新的工作内容和方式的编制模式。建议从队伍做起,保证乡镇有一个公务员编制做计生服务管理工作;计生协会、服务站、卫生院混岗使用,充分整合。也有人认为计生指导站与卫生院合并,更没有人搞生育技术服务了。在这里关键是力量整合,职责清晰,人员编制落实,业务技术配套。改革一票否决的具体内容,不要轻言废弃。

从促进大人口发展的体制机制看,应该进一步完善和加强政府家庭指导部门的职能和职责,丰富其工作内容,适当增加其编制。要做到层层有专门对口的职能部门。

(三)执法体制

以前实际上是数量执法,执法针对的是数量超生。它保证了家庭生育的公平性。为了有序推进全面两孩政策,确保地区回归并稳定更替水平,仍需要数量的限制,但手段方式要改变。全面两孩政策实施后,虽没有了二孩超生,但仍有少量多孩超生,尽管数量少了,重点更突出了,工作量少了,但难度不减。建议实行多孩递进梯次惩罚,在保证县市不超过更替水平的前提下,对三孩生育通过说服教育、村规民约,实行一般性约束,对四孩及以上生育加倍惩罚。村规民约预防在前,行政执法惩罚在后,形成有宽有严、宽严有序的生育数量约束体系。

执法体系的架构有多种不同意见。意见一:由乡镇执法。有人认为土地执法集中到县后,就乱了。意见二:县市执法,建立计划生育执法大队,统一由县执法大队进行立案、征收、移交法院等。意见三:所有执法权都不要放在乡镇,乡镇没有执法权,执法名不正言不顺,主要做好配合工作。意见四:打好组合拳,做强卫生计生执法监督队伍,将县级卫生计生执法监督队伍延伸到乡镇,充分利用基层卫生、计生资源整合,将乡镇计划生育服务站编制就地转化为乡镇卫生计生执法队伍编制,授予乡镇政府执法权,业务由卫生计生部门主管,执法由政府管,县乡执法统分结合、县乡联动,县统一调动乡镇执法队伍,集中执法力量,解决重点难点。目前的执法体制,责任在乡镇,考核在乡镇,一票否决在乡镇,乡镇却没有执法权,乡镇责权利不对称。乡镇的责权利要对称起来,要有自主权、话语权。

县计生局、执法局、公安局、法院要统一协调,正确行使执法权。现在,公安上户口不考虑社会抚养费是否缴纳;非法胎儿性别鉴定,公安不出面,法院难立案,执行更难。

浙南计生执法难,主要在于违法生育量太大。要用原来控制生育的办法控制多孩。对多孩要严格执法,力度要大。

本研究认为,应该区别不同情况设计不同方案。全面两孩后,不存在超生二孩,如果"三孩软约束、四孩硬约束",真正处罚的只是极少数。对这个极少数下这么大的功夫,执法成本太高。从长远来看,应该或以市地,或以全省是否超更替水平为标准。如若不超,没有必要为极少数超生,投入这么大的力量,应该将更多的资源和成本投入到提高人口素质的服务中去。如果超过,则应按如上意见,仍然需要加大数量执法力度。我们估计,就全省而言,全面两孩政策实施后,即使对超生采取比较宽容的政策,全省也不可能长期超更替水平。预测结果也反映了这种情况。在转型之初,做好多孩超生控制准备是应该的。这样便于使生育更好地进入有序状态。

(四)基层队伍

基层反映:"卫生、计生合并后,编制被占用,队伍支离破碎,人都没有了,怎么干?"有人认为,计生、卫生资源,包括人力资源,共享共用是大趋势。在这一趋势下,关键是明确基层职责,保证队伍不流失。全面两孩放开,队伍转行,将会削弱新任务的执行人力。

(五)非政府组织

计划生育协会可以在失独救助和服务上做更多的工作。协会不能代替政府职能,政策性职责仍放在政府,服务性职能协会可以承担更多。

(六)管理体制

1. 生育秩序
从微观看,如果政策明确稳定,每个家庭都会理性有序地安排自己的生育。混乱可能产生于转型初期。全面两孩政策实施后,一、二孩生育不审批,只备案。不审批是把何时生、间隔多长时间生,甚至生男生女的生育决断权完全交给家庭自主决定。只备案,是为了保证优质服务全时段全覆盖。转型期,需要特别关注控制多孩生育。只要多孩生育不会大量发生,就能保证建立良好的生育秩序。

建立良好的生育秩序,一些针对不同对象的政策条文,要更明确、更人性化。如再婚夫妇往往是多孩生育的对象。如果从更加人性化考虑,应该明确:再婚家庭无论双方再婚前已经生过几个,都要允许他们再婚后生一个共同的子女。

积极消除城乡二元政策,实现生育政策的城乡一体化,在立法层面实现城乡并轨。生育政策的城乡二元体制与城乡统筹的城乡一体化改革相背离。当其他改革已城乡一体时,生育政策、生育管理和生育服务仍然坚守着城乡二元,将造成持续的秩序混乱。

应该继续坚持"三为主"(宣传教育、避孕节育、经常性工作),且重心下移至村,进一步完善村规民约,提高村一级的掌控力。

加强对可能多孩生育的重点人群的关注。如:家乡多生比较普遍的外地购房入户者、已有两个孩子的老板和富裕家庭、侨民、农村双女户、已有一个共同孩子的再婚夫妇等,提高应对多孩生育的主动权。

对特扶家庭和计划生育家庭既要关心,又不能宠爱过度,避免激发怨恨,形成串联抱团。要预防群体性事件。

2. 考核制度

计划生育转型后,工作内容更多了,难度更大了,也更有意义了。考核应该继续坚持,但内容、指标、标准要更新,考核手段也要转型。

(1)必要性。对于考核有多种意见。意见一:只要有一票否决,可以不要考核。意见二:取消一票否决,加大综合考核中计生的权重,减少考核次数。意见三:基层工作就是围绕"考核指标"做的。指标降了,压力就小了;没有指标了,就没有工作做了。考核需要,但要简化,要改革,要突出重点,加大权重;指标要变,内容要少,比如"三查"就太细了,要简化。要强化过程,弱化结果。形式要调,内容要改。边缘化了考核就边缘化了计生。

(2)考核指标体系。加强服务,加强对服务的考核,通过考核,将服务为"虚",转变成服务为"实"。指标设置上,有的主张只考核两项指标:一是数量考核,指标是多胎率;二是结构考核,指标是出生性别比。

从目标出发,考核应该包括以下几个主要方面:

调控人口数量(实施差别化考核:如果当地五年内总和生育率在更替水平或以下,取消对三孩及以上违法生育率及社会抚养费征收立案率的考核;如果当地总和生育率在更替水平以上,则加强对三孩及以上违法生育率及社会抚养费征收立案率的考核);

改善出生人口性别结构(出生人口性别比);

提高出生人口素质(出生缺陷发生率);

计划生育公共服务水平(优质服务覆盖率);

新家庭计划开展和实施情况(新家庭计划普及率、新家庭计划指标实现率);

计生家庭帮扶(法定奖扶政策兑现率、特殊困难家庭随访率);

提高计生管理服务能力(计生管理服务专干和机构落实率)。

(3)考核对象。继续坚持考核各级党委政府。

(4)考核标准。考虑区域差别,实行差别化指标体系和标准。提升依法行政水平(计生、公检法联动)、村级自治水平(村民自治)、优质服务水平(国免、失独、奖扶)。

(七)利益导向机制

重点放在双女户和特扶夫妇上。要严格时间节点。节点前,兑现政府承诺,保证政府公信力;节点后,新政策新规新人新办法。目前,个别县的利益导向政策已存在经费可持续问题,如永嘉县利益导向支出经费在上升,由4000万元到5000万元,又到6000万元,而社会抚养费收取在降低,由1亿元降到8000万元。原本以社会抚养费作为支出经费来源的利益导向,随着社会抚养费征收面的缩小以及利益导向人群的增多,必然出现支出超过收取的问题,经费筹集机制需要改革。

六、政策梳理与衔接

(一)法律契合

与计划生育相关的法律法规需要修订完善,以适应新的人口形势和需求。这主要是"五法"、"五规"、"一条例"。

"五法"：《中华人民共和国人口和计划生育法》、《中华人民共和国妇女权益保障法》、《中华人民共和国教育法》、《中华人民共和国劳动法》、《中华人民共和国社会保障法》。

"五规"：《流动人口计划生育工作管理办法》、《计划生育技术服务条例》、《社会抚养费管理办法》、《国务院关于建立城镇职工基本医疗保险制度的决定》、《女职工劳动保护特别规定》。

"一条例"：《浙江省人口与计划生育条例》。

浙江省应该在实施普遍两孩政策前完成"省条例"的修订工作,以实现与政策实施决定同步公布生效。

(二)改革配套

计生改革与公安改革配套:原来如果不交计生罚款,不准落户口,现在不交,公安也给落户口。治理出生性别比偏高,计生严查"两非",公安如何配套响应。

教育与计生配套:农村学校撤并与全面两孩政策实施后二孩生育增加,生源增加。

户籍一体化与生育二元政策改革:户籍改革取消了居民非居民差别,计划生育却还坚持这种差别,直接影响了计划生育与时俱进,加大了计划生育的社会和行政成本。

(三)政策衔接

主要是利益导向机制和社会抚养费征收。社会抚养费的征收关键在于其法律定位。要处理好未交罚的历史存量。只要是国策,就要征收;只要作出了处罚决定,就要确保执行;前面收了,后面一定要收;前面收多少,后面就收多少。节点分明,标准稳定,不降不弃,拖延处罚。要警惕有人建立社会抚养费征收对象的联谊会,超前预防群体上访。

此外,奖扶、特抚,奖励标准的新旧衔接,关键是划分并掌握时间节点。流动人口工作时间空间、流出地、流入地的信息、工作和服务的衔接,省内省外、地区间政策衔接,信息共享等都需要超前设计。

(四)政策体系完善

许多年轻人不愿生育第二个孩子,主要是没有精力,没有财力。应该适当延长产假,适当提供免费服务;确保女职工生育权、就业权,实施带薪产假、国家补贴;特别是加强0～3岁婴儿的养育机构、养育队伍和相应政策、法规体系建设,以解除育儿的后顾之忧。

七、实施措施

(一)奖罚政策

过渡期,取消一次性奖励和补贴。无论是否按政策生育,全面两孩后一律取消任何奖励和补助。对新增独生子女父母不再给予宅基地分配奖励等。

关爱特扶是重点,关键要建立长效机制,保障失独人员不低于当地平均生活水平。不管哪个部门管,都要把政府的关怀落实到位。要有实质性的关怀,比如,失独父母能否全部享受城镇职工养老保险,能否把失独夫妇"优先"进敬老院,改"保障"进敬老院,等等。

要清理各种证件,该取消的取消,该保留的保留。

取消对一胎早孕的处罚。取消对程序性违法的处罚。多孩社会抚养费,有意见认为要强化征收,有意见认为要取消征收。

(二)服务内容

全面两孩政策实施后,群众的要求会越来越高,优质服务要跟上。应该加强全程代办;孕前随访、孕中情况监测等,不要流于形式;加强特扶家庭服务。

确保失独或二胎领养及再生育服务有资金、技术保障。全面两孩政策施行前采取长效节育措施,全面两孩政策施行后符合政策生二胎的,要无偿免费恢复生育能力。

继续创建优质服务县,标准再研究。

加强孕前随访和服务。服务站与妇幼合并,设立随访专干,提高随访干部的专业水平。

加强对外出人口和外来人口的随访。特别是及时随访外出回乡育龄妇女,加强流入地与流出地服务衔接。因为她们不少是怀着孕回来,准备生孩子的。

（三）信息化

继续完善育龄妇女信息系统和全员人口信息系统，建立诚信系统。建立大数据共享机制，实现部门信息共享，地区信息共享，流入地与流出地信息共享，降低行政成本。保证信息系统维护、数据更新需要的人员和费用。

（四）宣传教育

近来，计划生育宣传教育有弱化趋向，应该加强。过去墙上有标语，电视有节目，用了各种手段进行宣传教育，现在这些都没有了，经常性宣传教育也没有了。

新政策开始实施后，要动员各种工具和媒体，进行广泛的宣传教育。要把调整的理念、政策、任务、目标、意义讲清楚，讲准确。要预防低生育陷阱，预防人口资源陷阱。要宣传按政策生育。

重点加强对交社会抚养费不满的、生育年龄过了的、因计划生育采取节育措施失去生育能力而无法恢复的、对新政策理解有偏差的人群，进行宣传教育。

宣传要准确到位，不超前，不滞后，不浮夸，不遮掩，实事求是，防止从一个极端到另一个极端。要引导群众提高对孩子的预期，改变培养方式，由放养变精养，由追求数量变追求质量。

（五）完善村规民约

温州干部认为，制约多孩有办法，就是通过村民自治，将规章制度放到村规民约中。这一做法在温州效果良好，但需要进一步完善，取得政府支持和认可。

第九章 主要结论与建议

在本项研究中,浙江省统计局按本项研究需要对 2014 年人口变动抽样调查原始数据进行了系统的补充汇总,课题组对常住人口这些抽样调查数据和公安厅汇总的户籍人口数据进行了严格的评估、合理的调整。

结合课题研究需要,课题组在长期研究的基础上创新设计了包括原独生子女政策向单独两孩生育政策、单独两孩生育政策向全面两孩政策的两次调整转换的政策模拟仿真模型;应用课题组研究的多龄婚配概率法,估算了分城乡农业人口和非农业人口分年龄的"双独"、"单独"、"双非"夫妇;创新设计了独特的堆积夫妇生育释放的分年龄分孩次预期生育模型,并应用于实际,测算了堆积夫妇释放生育的孩子数;应用独生子女属性动态调整模型,对独生子女和非独生子女属性不断进行动态调整,保证了基础数据不断动态更新。

课题组结合浙江实际,设计了跟随经济社会和城镇化发展动态变化的死亡模式和死亡概率、动态变化的生育模式、迁移模式和迁移强度,使得各种预测参数能够处于动态变化之中,避免了参数选择的主观性、静态性;提出并应用政策实现比保证生育率参数更加符合实际情况。

课题组系统地评估了单独两孩政策实施效果,测算了全面两孩的目标人群,评估了两次政策调整转换,主要是实施全面两孩政策对出生人口规模、总人口规模、生育水平、年龄结构、人口健康素质发展的影响,评估了普遍两孩政策公共服务需求,提出了风险防范措施,最后对浙江省计划生育体制机制改革提出了建议。

经过如上系统的研究,现将本项课题的主要结论和建议简要归纳如下。

一、堆积待生二孩人群占 1/3 左右

(一)户籍人口目标人群

影响近期和未来一段时间内出生人口规模和生育水平的有两批人群。

第一批是堆积待生二孩人群(以下简称"堆积妇女")。她们是在原政策下已经生了一个孩子,不允许生育第二个孩子,在单独两孩和全面两孩政策下允许生育第二个孩子的一孩有配偶育龄妇女。2016 年户籍人口堆积妇女约 328 万人,占有配偶育龄妇女的 30%。其中单独堆积妇女 57.04 万人,双非堆积妇女 271 万人。这些妇女将是全面两孩政策实施之初就有可能生育第二个孩子的人群。

第二批是全面两孩政策实施之初,还没有生孩子的有配偶育龄妇女中有一批人生育第一个孩子后,按原政策可能不允许生育第二个孩子,而按新政策允许生育第二个孩子的人群。这批人约有 150 万人,其中单独妇女 64 万人,双非妇女 86 万人。两三年后,她们将和堆积妇女一起推动出生人数和生育率回升。这批人加上堆积妇女共有 479 万人,将是影响近期和未来一个时期全省生育水平的主要群体。

另外,在原政策下不允许生育两个孩子,而实际生育了两个或以上孩子的超生户约 212 万人。其中生育了两个孩子的超生户,在实施全面两孩政策后,是符合新政策的。他们中有的人有可能要求按新政策处理他们以前的超生,不交或少交,甚至要求退回已交的社会抚养费。这将是实现政策平稳过渡需要特别关注的人群。

(二)常住人口目标人群

2016 年常住人口的已经有一个孩子的堆积待生二孩人群约 469 万人,占有配偶育龄妇女的 34%,其中单独堆积妇女 59 万人,双非堆积妇女 410 万人。

无孩育龄有配偶妇女生育第一个孩子后,按原政策不允许生育第二个孩子,而按新政策允许生育第二个孩子的人群约有 225 万人,其中单独妇女 84 万人,双非妇女 141 万人。加上堆积待生二孩人群,共 695 万人

将是影响近期和未来一个时期常住人口生育水平的主要群体,比户籍人口多 216 万人。

原政策下超生人群约 289 万人,比户籍人口多 77 万人。其中有部分跨省超生者。

二、常住人口政策二孩夫妇覆盖率扩大幅度大于户籍人口

浙江户籍人口政策二孩夫妇覆盖率[①] 2016 年在原生育政策下约为 36%;在单独两孩政策下为 51%,比原政策扩大 15 个百分点;在全面两孩政策下为 100%,比单独两孩政策扩大了 49 个百分点,比原政策扩大了 64 个百分点。

常住人口政策二孩夫妇覆盖率 2016 年在原生育政策下,约为 29%,比户籍人口低 7 个百分点;在单独两孩政策下为 41%,比原政策扩大 12 个百分点;在全面两孩政策下为 100%,比单独两孩政策扩大了 59 个百分点,比原政策扩大了 71 个百分点。

由此判断:单独两孩政策对户籍人口的影响要大于常住人口;全面两孩政策对常住人口的影响要大于户籍人口。在向全面两孩政策调整转换过程中,常住人口的时期政策生育率[②]回弹的幅度要大于户籍人口;户籍人口的生育率变化可能会更为平稳一些。

三、生育水平和人口数量变动可以实现平稳过渡

(一)全面两孩政策下,"十三五"期间生育率平均接近更替水平,长期看将持续低于更替水平

由于受生育的客观规律,主要是堆积夫妇年龄结构、生育能力、生育意愿和浙江省实际生育水平与政策生育率对比关系决定,2016 年实施全面生育两个孩子的政策,常住人口时期实际可能生育率[③](以下简称"实

---

① 政策二孩夫妇覆盖率:有配偶育龄妇女中政策允许生育两个孩子的比重。

② 时期政策生育率:育龄妇女按政策要求生育时的某年度的总和生育率。

③ 时期可能总和生育率:在多种因素作用下,某一年度育龄妇女实际可能的总和生育率。

际可能生育率")在 2018 年达到最大 2.19 左右(2.06～2.27)[①]。"十三五"期间平均在 2.10 左右,比"十二五"平均水平(1.37 左右)提高 0.73。2035 年后稳定在 1.82 左右(见图 9-1)。

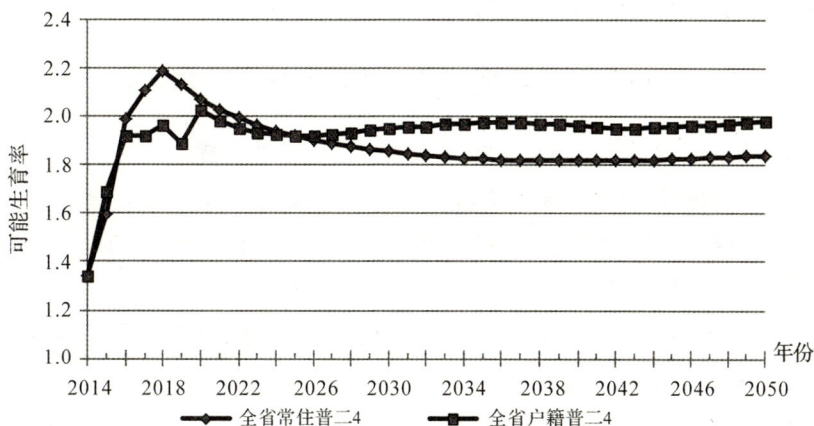

图 9-1 浙江省实际可能总和生育率

户籍人口实际可能生育率回升有两个台阶。第一个台阶是 2018 年达到最高 1.96 左右(1.89～2.03),这是由堆积夫妇释放生育二孩形成的;第二个台阶是在 2020 年达到 2.03 左右(2.01～2.03),这是全面两孩政策实施当年第一批无孩夫妇生育第一个孩子后,开始生育第二个孩子形成的。"十三五"期间平均在 1.95 左右,比"十二五"低 0.58,也低于常住人口,是因为户籍人口政策二孩覆盖率扩大幅度低于常住人口。"十三五"后缓慢下降,2025 年降至 1.92,至 21 世纪中叶将稳定在 1.96 左右[②]。

(二)"十三五"期间常住人口堆积夫妇释放生育年平均规模约 20 万人左右,户籍人口约 12 万人左右

常住人口在 2016 年全面两孩政策实施当年,堆积夫妇释放生育二孩数将达到 20 万人左右(14 万～27 万人)。2017 年达到最大规模 26 万人

---

① 括号内的数字是低方案和高方案,括号前的数字是中方案,不是低方案和高方案的平均值。所有这些数字都应该理解为是一个区间估计值,不是确切值。下同。

② 自 2026 年以后户籍人口总和生育率高于常住人口的原因是:预测中常住人口考虑到了城乡迁移和城市化水平的提高。由于户籍人口没有分城乡的人口资料,就没有考虑城市化进程。所以可以认为这是户籍人口生育率的上限。

左右(18万～32万人)。"十三五"期间年平均释放生育达21万人。

2016年全面两孩政策实施当年,户籍人口释放生育规模约在14万人左右(10万～19万人)。第二年达到最大规模16万人左右(12万～20万人)。"十三五"期间年平均释放生育12万人左右。

(三)出生人口2022—2025年开始降至2014年规模以下

1. 常住人口出生规模2025年后降至2014年规模以下

全面两孩政策实施当年全省出生人口约在83万人左右(76万～90万人),2017—2018达到最大规模87万人左右(81万～92万人);"十三五"时期,年平均出生83万人左右(77万～86万人),比"十二五"时期(57万人)增加25万人。2025年开始将低于2014年58万人的出生规模。

2. 户籍人口出生规模2022年后降至2014年规模以下

户籍人口出生规模在2016年达到最大,约60万人左右(57万～66万人);"十三五"期间平均出生58万人左右(56万～61万人)。2022年降到2014年54万人的出生规模以下。

(四)人口自然增长率:短期轻微回调后进入持续负增长

1. 常住人口2022年降至2014年水平以下

常住人口自然增长率在2017—2018年达到最高水平10‰左右(8.6‰～10.8‰)。"十三五"期间自然增长率平均为8.85‰左右(8‰～9‰),比"十二五"时期(5.02‰)提高3.82个千分点。2022年左右降至2014年水平以下,2040—2045年开始进入负增长,21世纪中叶负增长幅度超过1个千分点。

2. 户籍人口2019年降至2014年水平以下

户籍人口自然增长率2016年达到最高值,为5.11‰左右(4.34‰～6.11‰)。"十三五"期间平均为4.2‰左右(3.75‰～4.69‰);2027年左右进入负增长,21世纪中叶降到－5‰以下。

(五)总人口规模:全面两孩政策实施7～14年后趋于下降

预计"十二五"规划期末常住人口总人口规模可达5562万人左右。全面两孩政策施行后,"十三五"规划期末可达到5777万人左右(5749万

~5795 万人），比"十二五"规划期末净增 215 万人。预计"十二五"规划期末户籍人口总人口规模可达 4962 万人，"十三五"规划期末达到 5100 万人左右（5086 万～5120 万人），比"十二五"规划期末净增 140 万人左右[①]。

常住人口规模在 2023 年达到峰值 5808 万人左右（5783 万～5822 万人）。户籍人口规模在 2029 年达到峰值 5200 万人左右（5184 万～5207 万人）。全面两孩政策实施 7～14 年后，常住人口和户籍人口总规模都将处于下降状态。

（六）生育政策能够平稳过渡是由一系列客观因素决定的

常住人口堆积妇女有 74％分布在生育意愿比较低的城镇，农村仅占 26％；户籍人口堆积妇女有 58％分布在生育意愿比较低的浙北，浙南仅占 26％。

常住人口堆积妇女有 66％是生育能力和生育意愿比较低的 35～49 岁妇女；双非堆积妇女 35 岁及以上的更是高达 70％。户籍人口双非堆积妇女中 35 岁及以上占 75％，40 岁及以上占 55％。

2014 年人口抽样调查结果表明，在 3.9 万对的一孩夫妇中，有 77％的人不想生第二个孩子。不想生第二个孩子的在 35～39 岁占 85％，在 40～44 岁占 95％，超过 44 岁的人有 98％不再想生。明确想在调整之初头四五年突击生，且具有现实可能性的人不足一孩夫妇的 5％。

生育客观规律告诉我们，妇女生育概率随年龄升高而快速下降。假如所有妇女都想再生一个孩子，各年龄妇女成功的最大概率是：30 岁妇女 0.8405，35 岁妇女 0.5106，40 岁妇女则进一步下降到 0.2122。这些生育概率也将分散在多年逐步实现，绝大多数情况下不可能集中在三五年完成。

21 世纪以来，浙江已经形成了低生育的文化氛围。数据表明，在原政策下，浙江实际生育率[②]只有政策允许的 80％～90％。按此估计，即使政策允许普遍生育两个孩子，实际生育的可能只有 1.6～1.8 个孩子。

---

① 总人口数据均含迁移因素在内。

② 此处实际生育率即实际时期总和生育率；政策时期生育率即政策时期总和生育率。

四、年龄结构转变：全面两孩政策红利由隐性到显性

年龄结构受生育和迁移双重因素影响，二者也都受城市化进程的影响。在既定的城市化目标下，城镇生育少了，迁移就要多些；城镇生育多了，迁移就要少些。迁移人口年龄结构轻，迁移人口增加，必然会降低人口的老龄化程度。因此，单独估计全面两孩政策对年龄结构的影响是困难的，时间越长，困难越大，估计越不准确，但时间短了又难以观察实际效果。我们在分析全面两孩政策下年龄结构变动态势时，将其置于全省城镇化持续推进的背景下，并把时间限定在未来50年（2016—2065）。

（一）少年儿童比重在未来50年内最大可回升到18%左右

预计常住人口"十三五"规划期末0～14岁少年儿童比重达到16.42%，比单独两孩政策下"十三五"规划期末（15.18%）提高1.24个百分点；户籍人口"十三五"规划期末达到15.68%，比单独两孩政策下"十三五"期末（13.62%）提高2.06个百分点。

预计未来50年内常住人口少年儿童比重最大值是18.44%（2057年），比单独两孩政策最大值（16.80%，2065年）提高1.64个百分点；户籍人口最大值是15.83%（2021年），比单独两孩政策最大值（14.18%，2016年）提高1.65个百分点。

（二）21世纪上半叶老年人口比重仍将持续升高

常住人口65岁及以上老年人口比重，到"十三五"规划期末将达到13.9%，比"十二五"规划期末（11.23%）增加2.75个百分点；户籍人口老年人口比重"十三五"规划期末达到17.46%，比"十二五"规划期末（13.92%）增加3.54个百分点。老年人口比重的最大值常住人口为32.25%（2047年），户籍人口为31.72%（2051年），即都将达到近1/3。

（三）21世纪下半叶劳动年龄人口比重仍将持续下降

常住人口15～64岁劳动年龄人口比重，在"十三五"规划期末将达到69.60%左右，比"十二五"规划期末（74.41%）减少4.81个百分点；户籍人口到"十三五"规划期末将达到66.86%，比"十二五"规划期末

（71.04％）减少 4.18 个百分点。常住人口劳动年龄人口比重在 2052 年降至最低 50.82％左右；户籍人口劳动年龄人口比重在 2051 年降至最低 53.09％左右。

（四）总抚养比 21 世纪上半叶仍将持续升高，甚至高于原生育政策

由于全面两孩政策实施出生人口增多，同时老年人口规模和比重仍在继续增长，引起 15～64 岁的劳动年龄人口对 0～14 岁少儿人口和 65 岁及以上老年人口的总抚养比增加。

常住人口总抚养比"十三五"规划期末达到 43.69％，比"十二五"规划期末（34.39％）增加 9.30 个百分点，比单独两孩"十三五"规划期末（40.81％）增加 2.88 个百分点。户籍人口总抚养比"十三五"规划期末达到 49.57％，比"十二五"规划期末（40.77％）增加 8.80 个百分点，比单独两孩"十三五"规划期末（46.00％）增加 3.57 个百分点。

常住人口总抚养比在 2052 年达到最大值 96.77％，比单独两孩政策的峰值（95.63％，2052 年）还要高 1.14 个百分点；户籍人口总抚养比在 2051 年达到最大值 88.35％，比单独两孩政策的峰值（87.97％，2050 年）还要高 0.38 个百分点。

（五）21 世纪中叶年龄结构出现显著改善的拐点

年龄结构分析结果表明，全面两孩政策实施，在 21 世纪上半叶并不能减轻劳动年龄人口的抚养负担；不能扭转劳动年龄人口比重持续下降的趋势；也不能扭转老年人口比重持续升高的态势，不能显著带来"因生产性人口比重增加"形成的人口红利。全面两孩政策实施的重要意义在于：21 世纪中叶形成年龄结构显著改善的拐点，在此之前全面两孩政策实施带来的红利都是隐性的。只有到 21 世纪下半叶才能从根本上扭转持续老龄化的态势，全面两孩政策红利由隐性到显性。所以全面两孩政策是一项重大的长期战略措施。而如果全面两孩政策像单独两孩政策一样遇冷，浙江进入低生育率陷阱，这一目标就将落空。所以，一方面，必须努力促使政策全面落实；另一方面，绝不能放松迎战高度老龄化的准备。

五、对出生人口素质和妇女生殖健康有一定影响

(一)对出生人口素质有一定影响

堆积妇女二孩释放生育至 2043 年才能全部完成。40 岁及以上堆积妇女可能释放生育二孩数约 65 万人,是同龄妇女正常生育二孩数的 1.67 倍;占释放生育总数的 45%,是同龄妇女正常生育二孩比率的 8.5 倍。这表明,全面两孩政策实施,高龄堆积产妇出生缺陷发生率和生殖健康风险的发生率将是正常生育二孩的 8 倍。

以 2014 年的全省出生缺陷监测发生率和分年龄出生缺陷监测发生率估计,未来 34 年堆积生育的二孩中,约有 4.2 万例缺陷儿产生;缺陷发生率总体上维持在 23.6‰~23.7‰;34 年累积,堆积妇女释放生育的出生缺陷儿占全省出生缺陷儿的 15.17%。

动态估计结果显示,未来 20 多年,堆积释放生育将使全省总体缺陷发生率稍有抬升,其中 2017 年达到最高 0.7 个千分点,2017—2027 年平均提升 0.5 个千分点以上。

(二)高危孕产妇和带疤痕子宫再生育的妇女增多

因堆积生育妇女年龄因素,未来全省常住人口净增 35 岁及以上高危孕妇 108 万人,占常住堆积生育妇女的 61.65%;户籍人口净增高危孕妇 57 万人,占户籍堆积生育妇女的 57.80%。

以 2014 年全省、城乡剖宫产率为依据估计,随着全面两孩生育政策的实施,未来 34 年再生育的妇女中,将有 77.03 万人是带有疤痕子宫的妇女,其中城镇 57.50 万人,农村 19.56 万人。这将对城乡妇产科医疗技术、管理、服务带来巨大的压力和挑战。

六、存在出生性别比偏高的风险

2014 年人口抽样调查结果显示,只有一个女孩的家庭想生第二个孩子的比例为 34%,比只有一个男孩的家庭想生第二个孩子的比例(16%)高出 1 倍还多。假定所有想生的女孩家庭(4695 人)都能生一个男孩,所

有想生的男孩家庭(4159 人)都能生一个女孩,那么堆积释放生育的第二个孩子的出生性别比将是 113。这表明堆积释放生育具有潜在的维持高出生性别比的因素。

抽样结果还显示,只有一个孩子的家庭中,想生第二个孩子的比例接近或超过 50％的,都是独女户,且都是单独女儿户。单独女儿户是有可能促进出生性别比升高的主要潜在人群。

据 2010 年第六次人口普查数据,2009 年 11 月至 2010 年 10 月全省一孩出生性别比为 109.70,略高于正常水平。而二孩及以上出生性别比皆高于 130,远超过正常水平,多孩生育比一孩生育的男孩偏好更为明显。

韩国的经验表明,即使没有生育政策约束,在人们生育意愿减弱,把生孩子的数量自主压缩至一个时,在儒家文化的影响下可能会通过性别选择技术来生育男孩,出生性别比仍将继续偏高。

我省单独两孩政策实施情况显示,截至 2015 年 5 月,单独堆积夫妇生育的第二个孩子性别比为 113.1。

七、对实施全面两孩政策后人口形势的基本判断

综上所述,实施全面两孩政策后,浙江省人口形势可以用“四不”、“两可”、“两压”、“三风险”概括。

(一)“五不”

——“十三五”期间实际总和生育率总体上不会超过更替水平;

——常住总人口不会超过 6000 万人,户籍总人口不会超过 5500 万人;

——不能改变未来“三个负增长”的前景,即人口自然负增长、总人口负增长、劳动年龄人口负增长;

——人口数量变动不会出现大幅度的回调高峰,不存在出生人口剧烈波动、强力反弹的风险。

——不能改变 21 世纪下半叶进入世界老龄化程度最重地区之列的前景。

(二)“两可”

——全面两孩政策可以实现生育政策的平稳过渡;

——可以立即大胆实施全面生育两个孩子的政策。

(三)"两压"

——人口健康(出生人口健康、高龄产妇健康)压力增大；
——公共服务需求压力增大。

(四)"三风险"

——年龄结构过度老龄化风险。即使在有迁移,全面两孩政策下,人口还将持续快速老化,主要人口指标老龄化指数和综合老龄化指数仍将接近或超过国际最高水平,浙江成为世界老龄化程度最重地区已难以避免。

——低生育水平陷阱的风险。全面两孩政策下浙江难以回归更替水平,浙北生育意愿持续走低,浙南年轻一代生育意愿与浙北有趋同趋势,种种困难和压力下群众对生育第二个孩子的冷淡态度,预示浙江极有可能面临陷入低生育水平陷阱的风险。

——出生人口性别比反弹风险。堆积妇女生育二孩可能会继续维持高出生人口性别比；低生育水平陷阱有可能使出生人口性别比长期维持在较高水平。

八、新时期新态势要求计划生育实现四大转变

新时期新的人口态势要求计划生育在行动目标、政策选择、体制机制和主要任务四个方面实现重大转变。

(一)行动目标转变:三大层次

中国人口规模庞大,资源相对短缺,需要严格控制人口总量。但对人口规模的过于严格控制,却又为未来人口年龄结构畸形老化埋下伏笔,加大性别、年龄结构严重失衡,影响人口和经济、社会、民生长期均衡发展。许多研究表明,在30多年严格的人口控制的基础上,实现和稳定更替水平生育率是能够兼顾"控制人口总量,调整年龄结构"两方面需求的一举两得的选择。回归并稳定更替水平生育率应该是调整和完善生育政策的重要目标。全面两孩政策的实施也应该以是否有利于生育率回归并稳定在更替水平为标准。

要全面计划和促进人和人口的发展,就要在追求数量适度的同时,质量上尽可能优良。提高出生人口素质,实现优生优育应该是计划生育永恒的目标和任务。

实践证明,控制人口数量过快增长并不能自然而然地转化成老百姓的幸福指数,要切实提高全民幸福指数还需要做一系列的工作。在控制人口数量过快增长的阶段性目标实现后,接下来的工作就是要设法把计划生育的成果转化成老百姓的幸福指数。

回归更替水平生育率,切实提高出生人口素质,最终提高人民群众的幸福指数,应该是完善生育政策三个层次的目标。

新时期浙江所有人口和计划生育政策选择、体制机制改革和工作任务、工作方法都应该降低三大风险,服务于这三个层次目标。

(二)政策选择转变:实行有中国特色的新家庭计划

目前有四种政策方案可供选择。第一种,实施控制性全面两孩政策。第二种,实施提倡性全面两孩政策。第三种,模仿其他国家实行家庭计划。第四种,提倡性全面两孩政策与国家指导下的家庭计划相结合的、有中国特色的新家庭计划。

浙江宜实行第四种政策方案,在"提倡性全面两孩政策"指导下,协助家庭制定并实施包括生育数量、生育性别、生育间隔计划,更包括优生优育计划、生育保险计划、家庭健康计划、养老保障计划等内容丰富的家庭计划,将公共服务渗透到每个家庭,政府既为群众提供必要的基本公共服务,又为群众提供个性化的家庭发展服务,切实提高全民的健康水平和幸福指数。

新政策与原有政策相比,不只是生育几个孩子的区别,更要有新的时代内容和形式。以上控制性全面两孩政策仍然坚持"控制"数量为主的本质。提倡性全面两孩政策虽然放松了控制,但仍局限于生育数量上的提倡。实行国外的家庭计划则减弱了政府在家庭服务上的职责,许多职能可能会推给非政府组织,形成国家政策的"断裂"。"实行中国特色的新家庭计划"则是融历史沿革、时代特色、中外经验在内的,既突出家庭自主决策又强调政府服务职责的政策选择。

(三)体制机制转变:向促进大人口发展转换

新时期计划生育体制机制转换应该围绕三大层次目标展开,由数量控制为主的机制体制转向促进大人口发展的机制体制,努力实现政策效果最大化,既要创造条件使人想生、按政策生,又要引导群众建立具有时代特色的、幸福的新家庭,避免出现单独两孩政策遇冷或低于预期的窘境。

(四)主要任务转变:"五句话"

新时期大人口工作的主要任务应该是:努力实现更替生育水平;有效促进人口结构改善;着力提高人口健康素质;全面实行新家庭计划;切实帮扶原计生家庭。

九、全面两孩政策急需的五大公共服务资源需求及建议

全面两孩政策实施将引起公共服务需求的增长。从时间的紧迫性上来说,主要是卫生健康需求和就学需求。由此引起五大公共服务资源需求的增长。

(一)急需的五大公共服务资源需求

1. 卫生医疗物质资源需求

(1)产科床位高峰时(2017年)需要新增近1万张。全面两孩生育政策,在实施的最初10年左右时间,产科床位趋于紧张,需要积极应对。产科床位需求的高峰在2017年,床位需求在2.2万~2.5万张,需要新增0.6万~0.9万张;2020年,需要新增产科床位下降为0.5万~0.7万张;到2026年后,已有的产科床位不仅能满足出生人口的需要,还将出现剩余。

(2)医疗卫生机构床位2020年需要新增1.5万张。根据《全国医疗卫生服务体系规划纲要(2015—2020年)》要求,与2014年比,预计到2020年,累计需要新增床位1.26万~1.50万张。

2. 卫生医疗人力资源需求

(1)执业(助理)医师2020年需要新增3.4万~3.5万人。按全国2013—2020年增长速度,到2020年全省需要执业(助理)医师18.0万~18.1万人,累计需要新增执业(助理)医师3.4万~3.5万人。

（2）注册护士 2020 年需要累计新增 3.6 万～3.7 万人。按全国规划要求，到 2020 年，全省需要注册护士约 18.2 万人，需新增 3.6 万～3.7 万人。按全国增速要求，到 2020 年，全省需要注册护士 21.8 万～22.0 万人，累计需要新增注册护士 7.3 万～7.5 万人。

3. 幼儿教育资源需求

按浙江"十二五"规划要求，到 2021 年累计需要增加专任幼儿教师 4.9 万～7.0 万人。2022 年后，幼儿园专任教师将会有所过剩。

4. 小学教育资源需求

按 2014 年水平计算，到 2026—2028 年累计需要新增小学专任教师 8.2 万～10.4 万人，年新增教师最大值为 1.7 万人。到 2030 年，专任教师总量需求下降为 6.1 万～6.4 万人。

5. 初中教育资源需求

假定未来 15 年初中入学率以及师生比均保持 2014 年水平，预计到 2030—2031 年初中学龄人口达到峰值 237 万～268 万人，需初中教师 20.5 万～23.3 万人，累计需要新增教师 9.2 万人。

（二）加强急需资源供给的建议

1. 卫生资源供给

（1）科学规划，挖潜与新增卫生服务资源并重。开展妇幼卫生保健资源调查，着力挖掘潜力、调整结构，及时扩充服务资源；增加妇幼健康服务人员、产儿科床位，优化服务流程，提高妇产科、儿科和妇幼保健服务能力和效率。

（2）评估风险，实现孕产妇风险控制从孕前开始。增加和配置生育风险评估、优生咨询指导，宣传和强调孕前优生健康检查的重要性，广泛倡导计划怀孕夫妇参加孕前优生健康检查、生育风险评估，实现"预防出生缺陷从孕前开始"。

（3）规范服务，从生殖期人群扩展的到全人群。建立咨询室、开通咨询热线、举办再生育讲座，加强全面两孩政策宣传和相关医疗保健知识宣传，提供从终止现有避孕措施到儿童保健服务的再生育全程医疗保健服务工作。

（4）加强监测，高效实施应急预案。及时、动态了解妇幼健康服务资源利用情况,制定有针对性的风险防控措施和应急预案,加强产科、儿科急救设备配备和储备。

2. 教育资源供给

教育管理部门要未雨绸缪、统筹规划,合理配置城乡幼儿园、中小学教育基础设施,提前培养师资力量,提高办学效率,确保学龄人口就近顺利入学,确保教育质量。

(1)加强幼儿园资源的规划和优化配置。新出生人口,最早自 2017 年开始进入幼儿园,2021—2022 年达到入园高峰;受人口城镇化的影响,城镇学龄前儿童增长量和增长率均高于农村,要合理配置城乡幼儿园,以提高现有幼儿园效率和优化空间布局。

(2)继续推进中小学校布局的合理调整。城镇新增小学教师将持续增长到 2027 年,而农村是剩余与短缺并存。要从实际出发,撤并一批规模小、设施落后、办学效益低的"麻雀学校",全面推进中小学校布局调整,提高办学规模效益,形成一大批具有一定规模的、优质高效的中小学教育网络。

(3)统筹安排教师队伍建设。根据学龄人口的发展规律,预先优化教师队伍,确保教师队伍学科结构、年龄结构合理,防止师资配备的不足或过剩,尤其需要考虑的是农村师资的优化问题,要从根本上打破城乡分隔的局面,从教育发展和人才培养的角度为教育的城乡一体化作出准备。

(4)建立多渠道筹措教育经费的新机制。与人均 GDP 相近的国家相比,浙江各级教育投入偏低。要多渠道筹措资金,制定必要的政策,吸引个人、社会团体和企业各界支持教育建设,建立起以地方政府为主、中央适当补贴、人民群众分担、社会各界支持的多渠道筹措教育经费的新机制。

参考文献

[1] 陈英耀.我国主要出生缺陷的疾病负担和预防措施的经济学评价研究.上海:复旦大学出版社,2007.

[2] 李芬,尹文耀,姚引妹.婚配概率及婚配对数估计方法的探讨——生育政策仿真的关键技术之一.统计研究,2011(7):92—97.

[3] 李唐宁.专家建议尽快出台普遍二胎政策.经济参考报,2015-02-13(2).

[4] 蔡昉.全面放开二胎政策越早越有效果.工人日报,2014-03-09(3).

[5] 乔晓春.实施"全面两孩"政策后生育水平会达到多高——兼与翟振武教授商榷.人口与发展,2014(6).

[6] 十年高剖宫产率后遗症显现.钱江晚报,2015-05-14(A12).

[7] 姚引妹,李芬,尹文耀.单独两孩政策实施中堆积夫妇及其生育释放分析.人口研究,2014(4):3—17.

[8] 姚引妹,李芬,尹文耀.现行政策实施中堆积夫妇及其生育释放分析.人口研究,2014(4).

[9] 尹文耀,姚引妹,李芬.生育水平评估与生育政策调整——基于中国大陆分省生育水平现状的分析.中国社会科学,2013(6).

[10] 曾毅.普遍允许二孩,民众和国家双赢.社会观察,2012-09-05.

[11] 曾毅.应普遍允许城乡居民有计划生育二孩.中国经济时报,2011-08-24(5).

[12] 曾毅.中国应着手"二孩晚育软着陆"试点.中国经济时报,2010-03-31(5).

[13] 翟振武,张现苓,靳永爱.立即全面放开二胎政策的人口学后果分析.人口研究,2014(2).

［14］翟振武,赵梦晗."单独二孩"政策的前因与后果.人口与计划生育,2014(3).

［15］翟振武."单独二孩"与生育政策的继续调整完善.国家行政学院学报,2014(5).

［16］浙江省卫生计生委."优生两免"对提高出生人口素质的绩效评价(调研报告),2015.

［17］郑晓瑛,等.提高中国出生人口素质的理论和实践——出生缺陷综合预防的理论框架研究.北京:北京大学出版社,2006.

附录一:浙江省逐步调整完善生育政策研究基本方法和参数

一、基本思路和技术路线

本次课题预测不同于一般人口预测,它必须基于原独生子女政策向单独两孩生育政策,再向普遍两孩政策的两次调整转换和新时期人口迁移的背景。基本思路和技术路线见图1。

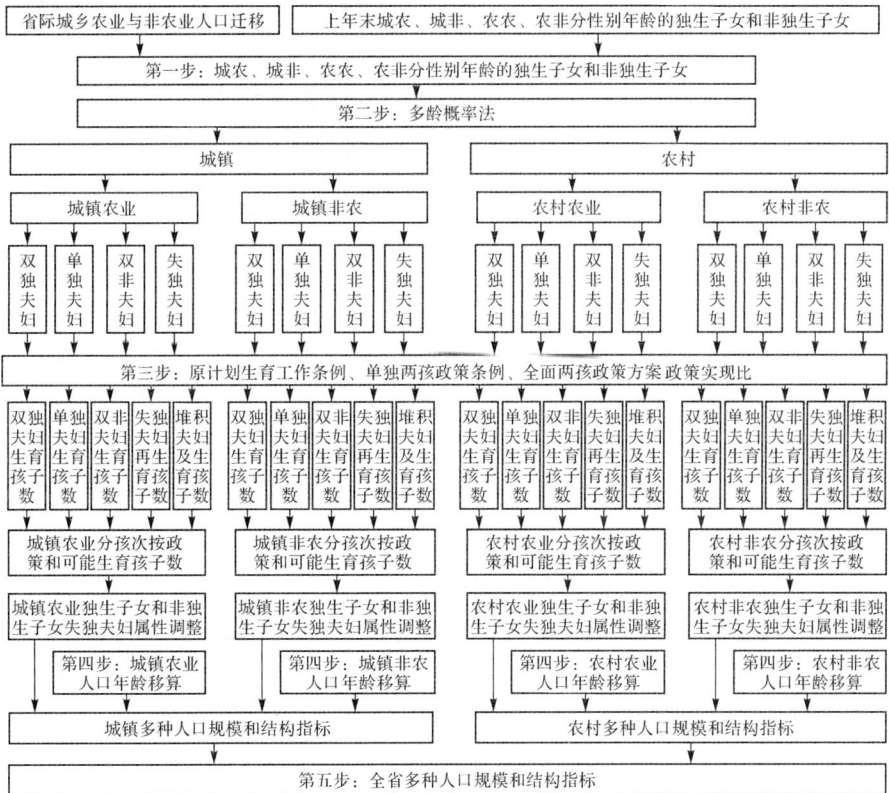

图1 生育政策逐步调整完善模拟预测的基本思路和技术路线

第一步:获取考虑当年迁移的城镇农业人口、城镇非农业人口、农村农业人口、农村非农业人口分性别年龄的独生子女和非独生子女数。

第二步:用多龄概率法估计按妻子年龄分的城镇农业人口、城镇非农业人口、农村农业人口、农村非农业人口的双独夫妇、单独夫妇、双非夫妇人数;对生育政策转换过程中的堆积夫妇进行剥离;用当地分年龄性别的城镇死亡概率估计独生子女死亡人数,进一步估计当年"失独"夫妇数。

第三步:按原计划生育工作条例规定的各类人员终身政策生育率估计独生子女政策下各类人员按政策生育的孩子数,也即出生人数;按单独、普遍两孩政策规定的各类人员终身生育率估计单独两孩政策下各类人员按政策生育的孩子数。以上两项终身政策生育率乘以"政策实现比",分别得到原生育政策下和单独、全面两孩政策下实际可能的生育孩子数(即出生人数);估计堆积夫妇生育释放模式和生育释放量;估计"失独"夫妇再生育模式和再生育数。

第四步:用年龄移算法,估计分性别年龄的各类生存人数。

第五步:整理计算结果,得出生育水平和多种人口规模和年龄结构预测结果。

二、基础数据

基于单独、全面两孩生育政策的人口预测最重要的是需要有分城乡、分农业人口和非农业人口、分性别年龄的独生子女和非独生子女数据。2005 年全国 1‰人口抽样调查中有这些信息,2010 年普查却没有。我们依据 2005 年全国 1‰人口抽样调查数据和 2010 年普查数据,2011—2012 年国家统计局年度人口抽样调查出生率、死亡率、城乡总人口数据,2013 年统计公报及各地计划生育条例规定的终身政策生育率、分性别年龄死亡概率、迁移概率,推算出 2013 年分城乡、分农业人口和非农业人口、分性别年龄的独生子女和非独生子女数据。在此基础上,再综合 2014 年浙江省人口抽样调查提供的信息对所需数据作出推算。具体推算过程见《附录三:2014 年浙江省常住人口抽样调查数据评估与使用》。

基于单独、全面两孩生育政策的人口预测另一个重要基础数据即按妻子年龄分的各地区"双独"夫妇(大妻双方均为独生子女的夫妇)、"单独"夫妇(夫妇双方有一方为独生子女的夫妇)、"双非"夫妇(夫妇均为非独生子女）。本文使用多龄概率法（即某年龄的丈夫与多个年龄妻子婚配，某年龄的妻子与多个年龄的丈夫婚配），估算各类夫妇对数。夫妻年龄分布模式根据国家统计局 2010 年普查抽样光盘数据汇总。多龄概率法的详细介绍见李芬、尹文耀、姚引妹《婚配概率及婚配对数估计方法的探讨——生育政策仿真的关键技之一》一文。①。

具体步骤如下：

第一步：整理 2005 年 1‰人口抽样调查的分城镇农业人口、城镇非农人口、农村农业人口、农村非农人口分性别年龄的独生子女和非独生子女。

第二步：依据 2005 年中国统计年鉴总人口，将 2005 年分省城镇农业人口、城镇非农人口、农村农业人口、农村非农人口分性别年龄的独生子女和非独生子女抽样数据转换成全人口数据。

第三步：在此基础上，依据 2006—2010 年中国统计年鉴出生率数据，迭代估计 2006—2010 年城镇农业人口、城镇非农人口、农村农业人口、农村非农人口分性别分年龄的独生子女和非独生子女。

第四步：在第三步的基础上，按 2010 年普查资料，调整 2010 年分省城镇农业人口、城镇非农人口、农村农业人口、农村非农人口分性别年龄的独生子女和非独生子女迭代结果，获得调整过的 2010 年独生子女和非独生子女数据。

第五步：类似第三步，依据 2011—2012 年中国统计年鉴和 2013 各省统计公报公布的总人口、出生率、死亡率数据，通过迭代，估计 2011—2013 年的城镇农业人口、城镇非农人口、农村农业人口、农村非农人口分性别年龄的独生子女和非独生子女。

第六步：综合 2014 年浙江省人口抽样调查提供的信息对城镇农业人口、城镇非农人口、农村农业人口、农村非农人口分性别年龄的独生子女和非独生子女作出修正。具体修正方法见《附录三：2014 年浙江省常住人口抽样调查数据评估与使用》。

---

① 李芬、尹文耀、姚引妹：《婚配概率及婚配对数估计方法的探讨——生育政策仿真的关键技之一》，《统计研究》2011 年第 7 期，第 92—97 页。

三、研究方法

(一)多龄婚配概率法

利用多龄婚配概率法[1],预测"双独"、"单独"、"双非"夫妇。

(二)堆积夫妇生育释放的分年龄分孩次预期生育模型

用堆积夫妇生育释放的分年龄分孩次预期生育模型预测堆积夫妇生育孩子数。堆积夫妇生育释放的分年龄分孩次预期生育模型由"分年龄分孩次预期生育率"、"分年龄分孩次预期生育比率和生育模式"、"分年龄分孩次预期生育概率"和"预期生育概率曲线"四个子模型组成。这四个子模型的定义、计算公式和具体应用,见李芬、尹文耀、姚引妹《单独两孩政策实施中堆积夫妇及其生育释放分析》一文[2]。

(三)分孩次预测和独生子女属性动态调整模型

用分孩次生育模式、分孩次的终身政策生育率,预测 2014 年实施"单独、全面两孩"政策后,"双独"、"双非"及非堆积的"单独"夫妇分别生育第一个孩子和第二个孩子数。

独生子女和非独生子女属性的调整,是保证生育政策动态模拟的基础一环。我们确认独生子女和非独生子女属性的依据是孩子有没有兄弟姐妹。当孩子没有兄弟姐妹时,我们将其计入独生子女队列,不管其父母是否领取"独生子女光荣证";当孩子的父母又生育了一个后,孩子有了兄弟姐妹,不仅新生的孩子要计入非独生子女队列,原来的第一个孩子也要计入非独生子女队列,我们简称"独转非"。通过这样不断地调整,保证孩子独生子女和非独生子女属性。

---

① 李芬、尹文耀、姚引妹:《婚配概率及婚配对数估计方法的探讨——生育政策仿真的关键技之一》,《统计研究》2011 年第 7 期,第 92—97 页。

② 姚引妹、李分、尹文耀:《单独两孩政策实施中堆积夫妇及其生育释放分析》,《人口研究》2014 年第 4 期,第 3—17 页。

四、基本参数

(一)动态变化的死亡概率

使用动态变化的死亡模式,预测死亡人口。预测仿真所需要的分性别年龄的死亡概率则以 1982 年、1990 年、2000 年、2005 年、2010 年全国人口普查或人口抽样调查所得分性别的预期寿命[①]为基础,用最小二乘法建立对数模型,预期未来分地区分城乡分性别的预期寿命,并用迭代法,将其转化为分性别年龄的死亡概率。

(二)动态变化的生育模式

使用动态变化的生育模式,预测出生人口。城镇化处于不同阶段,城乡有不同的生育模式。本文依据人口普查补充汇总数据,将我国大陆 31 个省区市按人口城镇化水平(2010 年普查),每增加 5 个百分点分成一组;将每组同龄育龄妇女及分孩次生育数加和,得各组分年龄育龄妇女人数及其分孩次生育数,算得各组育龄妇女分孩次生育模式;通过简单插值求出相邻两组间城镇化水平每增加 1 个百分点的分孩次生育模式,作为各地区在不同城镇化水平上的生育模式,使得在预测中各地区生育模式随着城镇化水平的提高处于不断的动态变化之中。

(三)堆积妇女比例及其生育释放模式

单独、全面两孩政策的对象,是单独夫妇、双非夫妇。已经生育一个孩子的单独、双非育龄妇女是在原独生子女政策下不允许生育第二个孩

---

① 1981 年预期寿命:郝虹生等《中国分省死亡率分析》,《人口科学的探索与开拓》北京大学出版社,第 105 页;1990 年、2000 年、2010 年普查预期寿命:《中国统计年鉴》(2012 年)。

子、在全面两孩生育政策下允许生育两个孩子的育龄夫妇[①],我们称之为"堆积夫妇"。这批夫妇在全面两孩政策下生育第二个孩子的行为即"堆积夫妇释放生育"或"堆积释放"。她们是单独、全面两孩政策实施之初,对出生人口规模和生育水平影响最大的人群,这是政策上允许生育第二个孩子由较小范围扩展至较大范围的过程中必然要产生的一种现象。对堆积夫妇规模及其释放生育的估计直接影响到新政策下出生规模和生育水平的估计。本文以国务院人口普查办公室为本团队补充汇总的各地区分城乡、分年龄分存活子女数的妇女人数为基础,通过动态调整,得到2014年初各地区分城乡存活一个孩子的育龄妇女规模与比例,估算"单独"和"双非"育龄夫妇中存活一个孩子的妇女人数;使用分年龄分孩次预期生育率、分年龄分孩次预期生育比率和生育模式、分年龄分孩次预期生育概率估计堆积释放生育的孩子数。具体方法见姚引妹、李芬、尹文耀《单独两孩政策实施中堆积夫妇及其生育释放分析》一文[②]。

(四)"失独"父母再生育估计

"失独"父母的再生育是影响生育水平和生育孩子数的一个因素,"失独"父母的规模也是评估估生育政策的一个重要指标。估计方法是:依据分年龄独生子女死亡数,估计分年龄性别的"失独"父母;按照堆积妇女生育释放模式估计"失独"父母再生育数;将再生育成功的夫妇从"失独"父母中剥离出来,并把新产生的"失独"父母加入"失独"父母队列;将再生育的孩子计入独生子女系列。

[①] 这是一群在调整当年就存在的一个群体。本文在计算中,将这一群体视为一个整体作为计算的基数。只要在调整之初,符合这一定义就纳入这一群体,此后无论其是否在单独两孩政策下生育了第二个孩子,都仍算在调整之初的堆积夫妇之列,除非她们死亡或退出生育年龄(未考虑省际迁移)。之所以这样做,是因为我们假定调整之初这批夫妇为100%,以后每年都按一定比例释放生育第二个孩子,只要不退出生育年龄,最后将有100%的人生完第二个孩子(假如完全按政策生育)。如果每年不断将释放生育了第二个孩子的堆积夫妇剔除,就不能保证每年释放生育第二个孩子的比例之和等于100%。

[②] 姚引妹、李芬、尹义耀:《单独两孩政策实施中堆积夫妇及其生育释放分析》,《人口研究》2014年第4期,第3—17页。

(五)多环节动态调整的迁移参数

1. 动态变化的迁移模式

使用动态变化的迁移模式，预测迁移人口。城镇化处于不同阶段，城乡迁移模式也不同。本文依据人口普查补充汇总数据，将我国大陆 31 个省区市按城镇化水平(2010 年普查)，每增加 10 个百分点分成一组；将每组同性别同龄年初总人口及年内净迁移人口加和，得各组分城乡分性别的分年龄迁移概率；通过简单插值求出相邻两组间城镇化水平每增加 1 个百分点的分城乡分性别的分年龄迁移概率，作为各地区在不同城镇化水平上的迁移模式，使得在预测中各地区迁移模式随着城镇化水平的提高处于不断的动态变化之中。

2. 动态变化的迁移强度

我们模仿总和生育率的计算方法，把年龄别迁移概率之和称作"总和迁移率"。它表明，假定一个人按分年龄迁移率度过一生，可能迁移(总和迁移率<0 为迁出；总和迁移率>0 为迁出)流动(外出或外来)一定时限的人次数。在这里，"一定时限"是指半年以上，或半年至 1 年、1 年至 2 年、2 年至 3 年……依普查或调查时所定义的时限而定。总和迁移率越大，迁出或迁入的强度就越大。城镇人口比重每提高 1 个百分点，总和迁移率(或次数)的增减量即总和迁移弹性。

补充汇总数据，计算分年龄净迁移概率。将分年龄净迁移概率加和得总和迁移率。分年龄净迁移概率除以总和迁移率得总和迁移率的年龄分布。

我们依据 2011—2013 年统计部门年终抽样调查总人口、出生率、死亡率和人口平衡方程式"t 年末总人口＝t 年初总人口－t 年死亡人口＋t 年出生人口＋t 年净迁入人口"，推算出 t 年净迁入人口；在国际迁移规模较小的情况下，对各省迁移进行统一调整，令全国各省净迁出人口之和与净迁入人口之和相等，据此得到全国统一平衡过的各省总的净迁移人数、分年龄净迁移人数、分年龄净迁移概率和总和迁移弹性。

依据 2000—2013 年各省城镇人口比重建立逻辑斯蒂曲线模型，预测未来城镇化水平。进而用总和迁移弹性预测总和迁移率、分年龄净迁移概率。这样就形成了随城镇化水平提高而动态变动的分年龄净迁移概率。

(六)政策实现比和生育率参数

为了观察新生育政策效果,我们需要对原独生子女政策与单独两孩、全面两孩政策进行比较分析。原独生子女政策的终身政策生育率,取 2014 年前各地区人口和计划生育条例对不同对象规定的不同终身政策生育率。"单独两孩"的终身政策生育率,则将"单独"夫妇设定为 2,其他夫妇同原独生子女政策。"全面两孩"下所有夫妇的终身政策生育平均为 2。

生育政策实现程度可以分两种。一种是所有群众完全按政策规定生育,称作"政策生育率"。现实生活中,在政策的、经济社会的、人的意愿的多种因素作用下,在现实中已经实现的生育率,称作"实际生育率",未来可能实现的生育率,称作"可能生育率"。

"政策实现比"是由政策生育转化为实际可能生育所需要的一个重要参数。"政策实现比"即实际生育率与政策生育率的比值,它反映了实际生育率偏离政策生育的程度,也即政策实现的程度。终身政策生育率,乘以政策实现比,就是"实际可能终身生育率"。

本文与其他文献预测方法的一个重要区别是:各类妇女生育水平不是主观设定、固定不变的输入变量,而是一个因生育政策规定的终身政策生育率和群众的生育意愿、地区的城市化水平、独生子女及非独生子女家庭年龄分布及所占比重变化而变化的一个输出变量。其思路是:用"政策实现比"来反映实际生育率偏离政策生育的程度,也即政策实现的程度。本文使用依据 2010 年普查补充汇总数据计算出各地区分城乡分农业和非农业人口的政策实现比。"单独两孩"政策下各类妇女的终身政策生育率乘以各类妇女的政策实现比,得到可能的生育率,据此计算出各类妇女可能生育的一孩数、二孩数,再通过独生子女属性的调整得到用于下一年预测的独生子女和非独生子女数。各地区分城乡分农业和非农业人口的政策实现比估算情况,见尹文耀、姚引妹、李芬《生育水平评估与生育政策调整——基于中国大陆分省生育水平现状的分析》一文[1]。

---

① 尹文耀、姚引妹、李芬:《生育水平评估与生育政策调整——基于中国大陆分省生育水平现状的分析》,《中国社会科学》2013 年第 6 期,第 109—128 页。

附录二:2014 年浙江省户籍人口基础数据评估与调整

一、基础数据

(一)百岁表

1. 低年龄组(0~6 岁组)人口是否偏低

根据省公安厅汇总的百岁表 0~6 岁年龄组的人口,与对应年份的出生人口相比,即使考虑分年龄的生存概率和年龄移算,0~6 岁组人口还是偏低的。根据以往的经验,有许多家庭在孩子上学前不报户口,使低年龄组人口偏低(见表 1)。

表 1   2014 年浙江 0~6 岁人口与不同年份出生人口比较

年龄	汇总数(万人)	对应出生年份	出生人口(万人)	差(万人)
0	36.73	2014	55.85	−19.12
1	38.48	2013	50.39	−11.91
2	46.31	2012	53.82	−7.51
3	44.27	2011	49.79	−5.52
4	42.12	2010	53.62	−11.50
5	43.47	2009	46.51	−3.04
6	44.56	2008	45.85	−1.29

资料来源:分年龄人口汇总数由省公安厅提供(2014 年),出生人口根据省公安厅编印的 2008—2014 年《浙江省人口统计资料》(内部资料)整理。

2. 60 岁及以上老年人口数是否偏高

省公安厅百岁表汇总数略高于省老龄委公布数 4.5 万人。根据省公安厅提供的百岁表资料,2014 年底,60 岁及以上户籍老年人口为 949.61 万人,另据省公安厅浙江省 2014 年人口统计资料,2014 年底,60 岁及以上户籍老年人口为 949.32 万人,二者相差 0.29 万人,基本吻合。

而据浙江省老龄委 2014 年老年人口公报资料,2014 年底,浙江省 60 岁及以上老年人口为 945.08 万人,比省公安厅提供的百岁表老年人口少 4.53 万人;80 岁及以上高龄老人,省老龄委公报数为 146.66 万人,比省公安厅提供的高龄表 148.53 万少 1.87 万人;公安厅百岁老人达 2858 人,比省老龄委的 1977 人多 881 人(见表 2)。

表 2　2014 年浙江 60 岁及以上老年人口规模

年龄组	省公安厅百岁表		省老年人口公报数	
	60 岁及以上人口	占总人口比重(%)	60 岁及以上人口	占总人口比重(%)
60+(万人)	949.61	19.60	945.08	19.44
80+(万人)	148.53	3.06	146.66	3.02
100+(人)	2858	0.01	1977	0.00

注:2014 年全省总人口公安统计数为 4859.18 万人,而户籍百岁表汇总数为 4846.06 万人。

资料来源:省公安厅百岁表资料由省公安厅提供;省老年人口公报数来自浙江省老龄办,《浙江省 2014 年老年人口和老龄事业统计公报》,2015 年 4 月 20 日。

(二)死亡水平和死亡模式

1. 0~1 岁组死亡率是否偏低

根据省公安厅提供的分年龄人口死亡率,0~5 岁户籍少儿人口死亡率水平与 2014 年调整后的常住人口同年龄死亡率相比,户籍人口的死亡水平显著低于常住人口,尤其是 0~2 岁婴幼儿死亡率差异较大,3 岁及以上少儿人口死亡水平曲线与 2014 年调整后的人口死亡率基本吻合,说明死亡水平比较接近(见图 1)。

根据国家卫计委资料,2010 年我国的婴儿死亡率为 13.1‰,到 2013 年下降为 9.5‰,年均下降 10.16%;5 岁以下儿童死亡率从 2010 年的 16.4‰下降为 12.0‰,年均下降 9.89%。假设浙江 0 岁婴儿死亡率和 5 岁以下儿童死亡率的下降速度同全国平均水平,得到 2014 年调整后的常住人口死亡率资料(见表 3)。

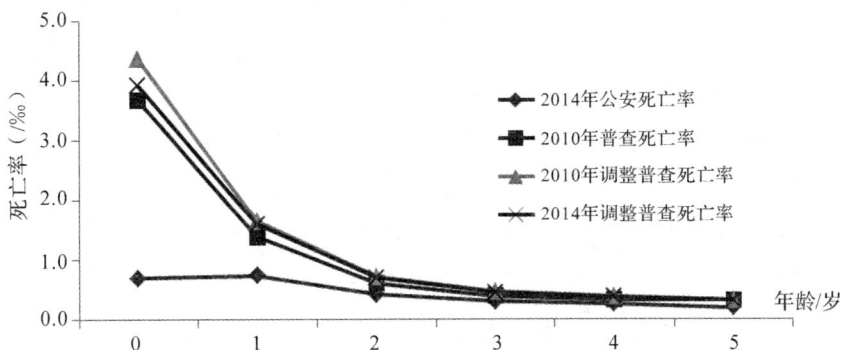

图 1　全省户籍与常住 0～5 岁儿童死亡率比较

资料来源：户籍人口死亡率由省公安厅提供；2010 年常住人口死亡率根据浙江省人口普查办公室编《浙江省 2010 年第六次人口普查资料（光盘）》表 6-4，结合国家公布的 0 岁组预期寿命，通过迭代获得 2010 年调整后的分年龄死亡率资料。

表 3　2010—2014 年浙江低年龄组人口死亡率

年龄	2014 年户籍	2010 年常住	2010 年调整	2014 年调整	2014 年差
0	0.7026	3.6724	4.3628	3.9201	−3.2175
1	0.7416	1.3865	1.6472	1.6020	−0.8604
2	0.4196	0.6061	0.7200	0.7002	−0.2806
3	0.3077	0.3931	0.4670	0.4542	−0.1465
4	0.2640	0.3296	0.3916	0.3808	−0.1168
0～4	0.4739	1.2847	1.5177	1.4761	−1.0022

注：2010 年常住死亡率为 2009 年 11 月 1 日至 2010 年 10 月 31 日人口死亡状况与平均人口之比，起始时间略有不同，但时间长度相同，均包括 12 个月。

资料来源：同图 1。

据省公安厅提供的资料，我省 2014 年户籍人口 0 岁组死亡率为 0.7026‰，而据第六次人口普查资料，2010 年，我省常住人口 0 岁组死亡率为 3.6724‰[①]。根据国家统计局公布的 2010 年预期寿命，通过迭代得到的 2010 年调整后的常住人口死亡率为 4.3628‰，到 2014 年下降为 3.9201‰，但仍比户籍人口高 3.22 个千分点。户籍人口 1 岁组死亡率为 0.7416‰，常住人口 1

---

① 户籍与常住人口 0 岁组人口死亡率起始点时间不同，但人口死亡统计持续时间相同，且考虑到死亡水平的变化是一个渐变过程，因而直接进行了比较

岁组死亡率为 1.6020‰,户籍 0 岁和 1 岁死亡率水平与常住人口相差较大。是户籍人口死亡率偏低,还是常住人口死亡率偏高?哪个死亡水平更与浙江的实际相吻合?这是人口预测需要搞清楚的第二个问题。

我们认为,省公安厅提供的 0～1 岁死亡率是偏低的。低年龄组死亡率尤其是婴幼儿死亡率是一个综合反映一个国家或地区经济发展水平、社会进步、医疗卫生水平、文化特色的指标。0 岁组死亡率与婴儿死亡率是不同的概念。0 岁组死亡率是 0 岁组死亡人口与 0 岁组平均人口之比,婴儿死亡率是指婴儿出生后不满周岁死亡人数同活产数之比,用图表示如下(见图 2)。

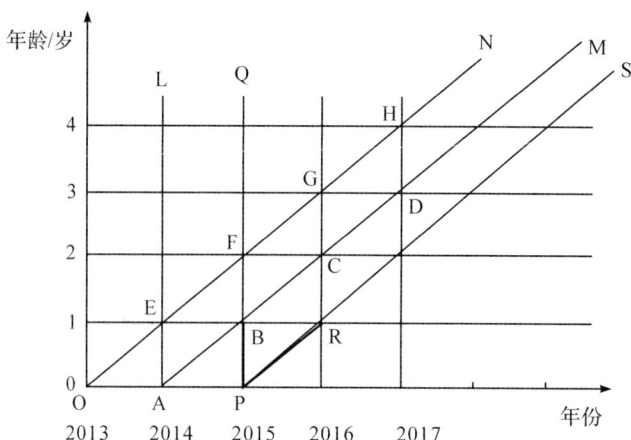

图 2　浙江婴儿死亡率与 0 岁组死亡率的差异

由图 2 可知,2014 年婴儿死亡率是死亡人口 APRB 与出生人口 AP 之比,而 2014 年 0 岁组死亡率是死亡人口 APBE 与 2011 年平均人口之比。其中△APB 是同一的,△ABE 与△PRB 死亡人口不同,但是代表的含义是相近的,△ABE 是 2013 年出生 2014 年死亡的不到 1 岁组的人口,△PRB 是 2014 年出生 2015 年死亡的不到 1 岁组的人口。如果卫生技术没有大的突破,且假设死亡模式没有大的变化,死亡率变化差异较小。因而,在理论上二者值的差异不会太大。

根据美国咨询局 2014 年世界人口年表资料,2014 年世界发达地区的婴儿死亡率平均水平为 5.0‰,主要发达国家和地区的婴儿死亡率最低的如德国和中国香港分别为 1.3‰和 1.6‰,而欧洲一些国家如法国、瑞典分别为 3.6‰和 2.3‰,亚洲的日本和韩国分别为 1.9‰和 2.9‰,美国和加拿大分别为 5.4‰ 和 4.8‰;从 5 岁以下儿童死亡率看,所列国家(地区)均大于婴儿死亡率(见表 4)。所有这些发达国家(或地区)的婴儿死亡率和 5 岁以下儿童死亡率水平均大于高于省公安厅提供的 0 岁组死亡率和 5 岁以下儿童死亡率水平。

另外,浙江省卫生厅公布的 2013 年我省婴儿死亡率为 4.68‰,5 岁以下儿童死亡率为 5.87‰(省卫生厅,2014),也明显高于省公安厅提供的 0 岁组死亡率 0.7026‰ 和 5 岁以下儿童死亡率 0.4739‰ 的水平。但由于省卫计委没有低龄儿童分年龄的死亡率资料,我们暂以普查调整获得的 0~4 岁组儿童死亡率进行修正。

表 4　世界主要国家(地区)婴儿死亡率及相关指标

国家(地区)	婴儿死亡率 (‰,2013 年)	5 岁以下儿童死亡率(‰,2012 年)	城市化水平 (%,2013 年)	人均 GNI(购买力平价,美元,2013 年)
发达地区	5	—	77	37470
不发达地区(不含中国)	42	—	46	8060
最不发达地区	64	—	28	1970
美国	5.4	7	81	42590
加拿大	4.8	5	80	53960
日本	1.9	3	86	37630
中国香港	1.6	—	100	54260
瑞典	2.3	3	84	44660
法国	3.6	4	78	37580
德国	1.3	4	73	44540
韩国	2.9	4	82	33440
中国	15(9.5)	14(12.0)	47	11850
浙江*	4.68	5.87	64	—

注:世界各国 5 岁以下儿童死亡率来自联合国开发计划署(UNDP)2014 年人类发展报告,表 7,http://hdr.undp.org。
中国括号内婴儿死亡率和 5 岁以下死亡率为 2013 年数据,资料来自卫计委"2013 年我国卫生和计划生育事业发展统计公报"。
浙江省婴儿死亡率、5 岁以下儿童死亡率数据来自浙江省卫生厅《浙江卫生年鉴 2014》第 126 页,http://www.zjwst.gov.cn/art/2015/4/1/art_3302_438011.html. 其余资料来自:Population Reference Bureau. 2014 WORLD POPULATION DATA SHEET,www.prb.org。

2. 死亡模式是否需要调整

根据省公安厅汇总的 2014 年全省分年龄组户籍人口死亡率,与第六次人口普查提供的全省分年龄组常住人口死亡水平调整到 2014 年进行比较,除了 0～2 岁组死亡率(见图 1)外,其余各年龄组人口死亡率水平基本相近(见图 3),包括 60 岁及以上老年人口死亡率也没有较大的差别(见图 4)。因此,全省死亡模式采用户籍人口的死亡模式。

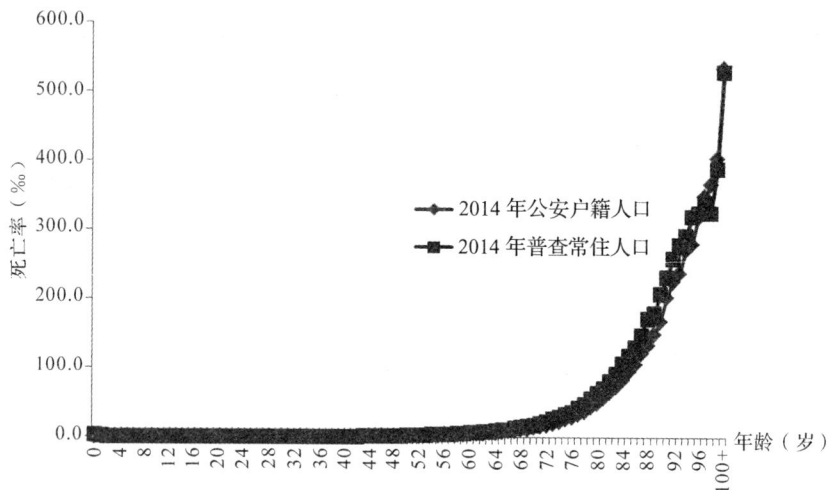

图 3　浙江户籍人口与常住人口死亡模式比较

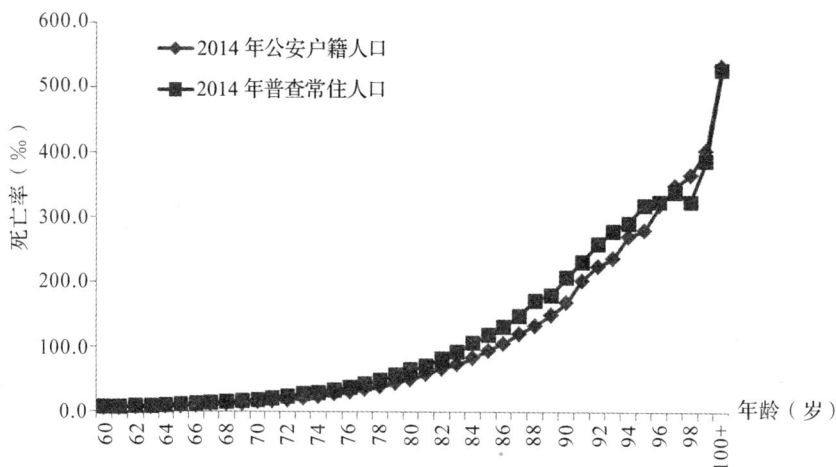

图 4　浙江 60 岁及以上户籍人口与常住人口死亡模式比较

(三)统计局、公安厅、卫计委统计的出生人口数比较

目前,统计局、公安厅和卫计委均有关于出生的统计数据,其中统计部门统计的是常住人口出生,公安、计生部门主要统计户籍人口出生。2008—2014 年三部门统计的出生人口见表 5 和图 5。

表 5　2005—2014 年浙江省统计局、公安厅、卫计委统计的出生人口数

单位:万人

年份	统计局	公安厅	卫计委	统计—公安	公安—卫计	统计—卫计
2005	54.37	47.13	46.66	7.24	0.46	7.71
2006	50.78	44.88	44.10	5.91	0.78	6.68
2007	52.11	46.42	45.16	5.69	1.26	6.95
2008	51.92	44.56	42.97	7.36	1.59	8.95
2009	52.63	46.51	43.05	6.12	3.46	9.58
2010	55.08	53.62	42.11	1.46	11.50	12.97
2011	51.66	49.79	45.58	1.87	4.20	6.08
2012	55.36	53.82	48.25	1.54	5.57	7.11
2013	54.93	50.39	41.16	4.54	9.23	13.77
2014	57.80	55.85	51.92	1.95	3.93	5.88
10 年平均	53.20	47.56	44.23	6.10	3.32	9.43

资料来源:统计局 2005—2013 年数据来自各年的统计年鉴,2014 年数据来自省统计局、国家统计局浙江调查总队"2014 年浙江省国民经济和社会发展统计公报";公安局数据根据省公安厅编《浙江省人口统计资料》(内部资料)整理;卫计委数据由卫计委提供。

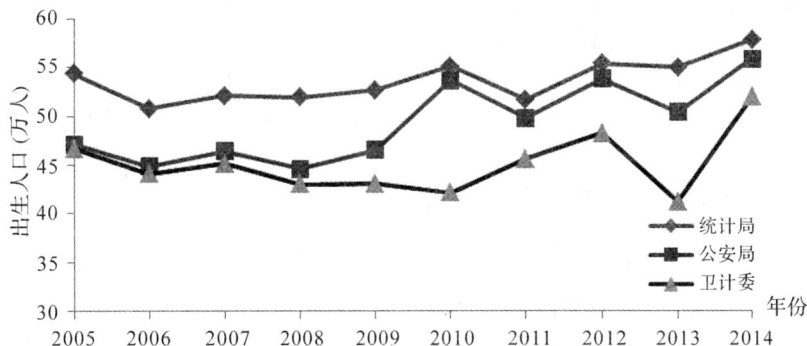

图 5　2005—2014 年浙江省统计局、公安厅、卫计委统计的出生人口变化

通过比较可得,统计局因常住人口中的口径,出生人口始终大于户籍出生人口。就户籍人口而言,卫计委的出生数普遍比公安厅小。从表 5 还可看到,除 2010 年外,公安厅与卫计委统计的出生人口变动趋势是一

致的,而且,在 2010 年前,公安厅与卫计委统计的差异较小,公安厅与统计局的差异较大。2010 年后,公安厅与卫计委的差异呈扩大趋势,而与统计局的差异缩小。

从各年的差值看,公安厅与卫计委除 2010 年和 2013 年外,各年的差值比较一致,均值在 7.4 万人左右,而统计局与公安厅的差值,由大趋小,呈明显的下降。2010 人口普查年差值达到 11.50 万人,表明公安厅的出生人口统计也还是存在一定程度的漏报或迟报现象。2013 年,虽然三部门统计的出生人口数都出现了下降,但卫计委汇总的出生人口下降幅度最大,统计局与卫计委的差值达到 13.77 万人,超过 2010 年的水平,公安厅与卫计委统计的差异值也达到 9.23 万人,原因有待进一步分析。

鉴于公安厅较卫计委少一些政绩考核等方面因素的干扰,且与卫计委、统计局出生人口比较可以看到,相对于 2010 年特殊的年份来讲,公安厅出生统计数是比较可信的。因此,我们拟采用公安厅的出生数作为浙江省生育水平的基础数据。

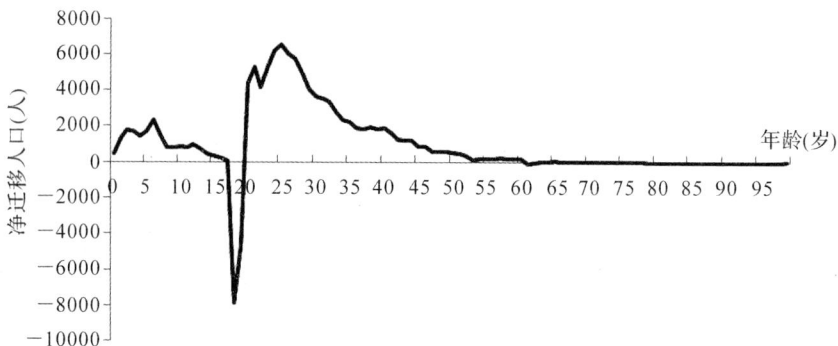

图 6　2014 年全省分年龄净迁移人口变化

(四)人口迁移规模与迁移模式

根据公安厅百岁表数据,2014 年全省省外迁入人口为 18.07 万人,迁出 8.41 万人,公安厅汇总资料分别为 18.53 万人、8.96 万人。其中,18～19 岁年龄组的人口为净迁出,主要是受高等教育年龄外出求学的影响,合计有 12.5 万人迁出,随后的 20～29 岁年龄组,每年有 4000～5000 人净迁入,外出学子返回或省外人口迁入浙江学习或工作。这与浙江高等教育的发展有关,与现状较符合。因此,户籍迁移规模两者比较吻合,分年龄迁移模式使用公安厅的净迁入模式。

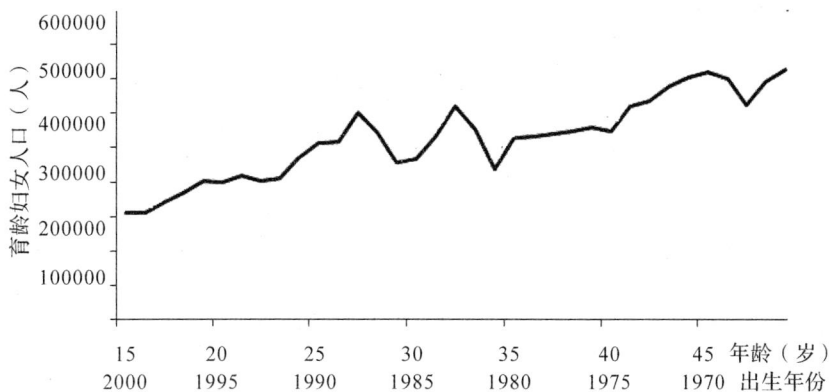

图 7　2014 年全省育龄妇女人口变化

(五)育龄妇女年龄构成①

2014 年底,公安厅百岁表中相应的育龄妇女人数为 1230.88 万人。从年龄结构来看,随着年龄的升高,人数增加,即 40 岁及以上育龄妇女人数最高,30～39 岁次之,29 岁及以下再次之。随着 20 世纪 60—70 年代出生的一代人陆续退出生育年龄,生育旺盛期育龄妇女人数在下降(见图 7)。

二、如何调整

根据上述分析表明,需要调整的数据有:百岁表 0～4 岁年龄组死亡水平和 0～6 岁年龄组人口,60 岁及以上老年人口数,而前二者是相互关联的。

(一)利用普查和卫生监测资料,调整 0～4 岁的死亡率

如前分析,相对于公安厅提供的户籍 0～4 岁死亡率而言,2010 年人口普查得到的 0～4 岁年龄常住人口死亡率水平更具可信性。

第一,根据 2010 年人口普查资料,浙江 0 岁组死亡率为 3.6724‰,0～4 岁儿童死亡率为 1.2847‰,如果直接根据普查的死亡率水平和死亡

──────────

① 由于缺少卫计委统计资料,不作比较分析。

模式,浙江0岁预期寿命高于国家统计局公布数,通过迭代,我们得到0～4岁浙江调整的分年龄人口死亡率(见表3),0岁死亡率为4.3628‰,5岁以下儿童死亡率为1.5177‰,仍低于省卫生厅公布的2010年浙江5岁以下儿童死亡率为6.07‰(省卫生年鉴,2010)。

根据国家卫计委公布的资料,2010年全国0岁婴儿死亡率为13.1‰,到2013年下降为9.5‰,年均下降10.16%。考虑到浙江婴儿死亡率低于全国平均水平,且死亡率越低,可下降空间越小(见表4)。由于缺乏比普查更有说服力的数据,我们用0～4岁普查死亡水平,假设浙江0岁死亡率和5岁以下儿童死亡率按比例下降,取浙江2010年0岁死亡率与全国的比,得到2014年修正后的浙江低龄人口死亡率资料(见表3)。

(二)利用出生人口和生存概率回推0～6岁低龄人口

利用2008—2014年公安厅提供的出生人口数,根据前面的0～4岁修正死亡率和5～6岁组未修正的死亡率,推算2014年全省户籍0～6岁人口数,以修正不报户口带来的0～6岁人口偏少(见表6)。

表6 2014年全省户籍0～6岁分性别人口估算

年份	出生人口(人)	年龄(岁)	死亡率(‰)	生存概率	估算人口(人)	男(人)	女(人)
2014	558520	0	3.9201	0.9961	556331	291197	265134
2013	503869	1	1.602	0.9984	501090	263494	237596
2012	538160	2	0.7002	0.9993	534817	281181	253636
2011	497853	3	0.4542	0.9995	494536	259914	234622
2010	536150	4	0.3808	0.9996	532375	280244	252131
2009	465074	5	0.3237	0.9997	461650	242993	218657
2008	458503	6	0.2622	0.9997	454990	239467	215523

我们将表6估算得到的0～6岁人口与公安厅公布的出生人口数及0～6岁人口数(见表1)进行比较(见表7)。

表 7　全省估算人口与相应年份的出生人口及公安汇总人口数比较

年龄 （岁）	估算人口 （人）	公安厅 汇总数（人）	年份	出生人口 （人）	估算人口减 公安汇总（人）	估算人口减 出生人口（人）
0	556331	367313	2014	558520	189018	−2189
1	501090	384804	2013	503869	116286	−2779
2	534817	463118	2012	538160	71699	−3343
3	494536	442747	2011	497853	51789	−3317
4	532375	421197	2010	536150	111178	−3775
5	461650	434650	2009	465074	27000	−3424
6	454990	445587	2008	458503	9403	−3513

从表 7 可看到，估算得出的 0～6 岁人口，与相应出生年份的出生人口相比，0 岁组减少 2189 人，即 2014 年出生人口有 2189 人存活不到 1 周岁就死亡，且随着出生年份的前移，估算的差值在扩大。如 2008 年出生的 458503 人，到 2014 年存活的人数为 454990 人，累计死亡人数 3513 人。

与公安厅百岁表 0～6 岁人口相比，0 岁组人口差值达 18.90 万人，1 岁组相差 11.63 万人，随着时间推移，孩子到了 6 岁上小学的年龄，不报或漏报的孩子为了上学，该报户口的人口基本上报，所以人口差值缩小到 9403 人。

(三)60 岁及以上老年人口

如前所述，关于 60 岁及以上老年人口，不同的资料来源有不同的数值。公安厅汇总的 60 岁及以上老年人口数，比省老龄委公布的老年人口多 4.53 万人。从百岁老人的人数看，公安厅汇总百岁老人是省老龄委公布数的 1.4 倍。因为，根据省里的有关规定，百岁以上的老年人，省里统一发放高龄补贴，我们有理由认为省老龄委的百岁以上老年数据更可信。因此，根据省老龄委的老年人口规模及年龄分布，对 60 岁及以上老年人口进行修正。

(四)修正后的人口百岁表

根据前面所述，0～6 岁人口根据出生人口及调整后的死亡概率和生存概率进行修正；7～59 岁人口，按公安厅百岁表该年龄段人口不变，60 岁及以上老年人口,即按省老龄委公布的老年人口数,根据户籍分年龄比例进行修正,对于 100 岁及以上老年人口数,直接用老龄委的数据。结果见附表 1。

三、调整可能出现的问题

(一)修正后的人口总量误差

根据修正后的户籍人口百岁表,2014 年底浙江户籍总人口为 4898.88 万人,比公安厅汇总的 4859.18 万人多 39.70 万人(见表 8),误差率为 8.2‰,对人口总量不会有太大的影响。

表 8　修正后的浙江总人口及年龄构成比较

年龄（岁）	总量(万人)		比重(%)	
	本项研究修正人口	公安厅公布人口	本项研究修正人口	公安厅公布人口
0~17	850.91	806.23	17.37	16.59
18~59	3102.89	3103.63	63.34	63.87
60+	945.08	949.32	19.29	19.54
合计	4898.88	4859.18	100.00	100.00

资料来源:公安厅公布人口根据省公安厅编印的《浙江省 2014 人口统计资料》(内部资料)整理。

(二)人口年龄结构比例误差

由于低年龄组人口和 60 岁及以上老年人口进行修正,修正后的总人口与公安厅公布的户籍总人口误差只有 39.70 万人,那么各年龄组人口构成有多大误差?

公安厅公布的人口年龄结构与通常人口学的年龄分类有些不同,公安厅一般分四类:18 岁以下、18~35 岁、35~60 岁、60 岁以上。本报告把它们归为三类:0~17 岁、18~59 岁、60 岁及以上。修正的 0~17 岁人口为 850.91 万人,比公安厅公布的 806.23 万人多 44.68 万人,比重提高 0.78 个百分点;60 岁及以上老年人口为 945.08 万人,比公安厅公布数减少 4.24 万人,比重下降 0.25 个百分点;18~59 岁劳动年龄人口比公安厅公布数减少 0.74 万人,比重下降 0.53 个百分点。我们认为在可接受范围内。

单位：人

附表1　2014年浙江省户籍人口分年龄、性别百岁表

年龄	合计	男	女	年龄	合计	男	女	年龄	合计	男	女	年龄	合计	男	女
0	556331	291197	265134	17	480648	253222	227426	34	580238	287486	292752	51	1106641	560765	545876
1	501090	263494	237596	18	511448	265109	246339	35	703489	350098	353391	52	956881	485966	470915
2	534817	281181	253636	19	552777	284036	268741	36	708982	353138	355844	53	476368	239459	236909
3	494536	259914	234622	20	555318	288766	266552	37	714356	354591	359765	54	610380	313019	297361
4	532375	280244	252131	21	576272	298233	278039	38	726031	359733	366298	55	586476	302582	283894
5	461650	242993	218657	22	557533	288063	269470	39	739577	365013	374564	56	670700	347086	323614
6	454990	239467	215523	23	568100	293959	274141	40	720251	354108	366143	57	800047	411836	388211
7	464152	245301	218851	24	651044	335370	315674	41	822091	406691	415400	58	747741	380412	367329
8	448794	236945	211849	25	698802	356809	341993	42	841937	417008	424929	59	698614	354684	343930
9	471255	247592	223663	26	701208	354932	346276	43	902026	450197	451829	60	739879	375525	364355
10	499003	261954	237049	27	806556	404831	401725	44	935281	465800	469481	61	660618	332738	327879
11	406838	213030	193808	28	720928	353698	362230	45	963302	483147	480155	62	641195	322739	318456
12	439858	229581	210277	29	602672	293443	304229	46	935619	467627	467992	63	575143	286943	288200
13	432632	226434	206198	30	614487	303136	311351	47	838757	421292	417465	64	532907	269671	263235
14	456268	239067	217201	31	705227	350399	354828	48	930712	467814	462898	65	537274	273233	264041
15	436714	229335	207379	32	819066	405957	413109	49	979837	494085	485752	66	516450	261530	254920
16	437172	229528	207644	33	728515	361513	367002	50	962584	486425	476159	67	465542	235235	230306

续表

年龄	合计	男	女	年龄	合计	男	女	年龄	合计	男	女	年龄	合计	男	女
68	412402	206871	205531	77	256509	127886	128623	86	107934	46792	61142	95	8725	3016	5709
69	347427	175911	171516	78	232569	115023	117546	87	84086	35480	48606	96	5685	1821	3864
70	330254	168461	161792	79	229108	110587	118522	88	66128	27786	38342	97	3822	1265	2557
71	290312	147578	142733	80	217090	103907	113182	89	55191	22323	32868	98	2495	786	1708
72	248808	127622	121186	81	209918	98122	111796	90	43501	17010	26490	99	1709	535	1174
73	254763	129812	124950	82	184543	84793	99750	91	33254	12545	20709	100+	1977	573	1404
74	231752	118462	113290	83	150414	68900	81514	92	23812	8627	15185	合计	48988826	24777743	24211083
75	223465	113051	110414	84	125639	56624	69015	93	17079	6007	11072				
76	257796	129935	127861	85	111587	49030	62557	94	12075	4192	7883				

附录三:2014年浙江省常住人口抽样调查数据评估与使用

可以用于常住人口全面两孩模拟的基础数据有 2010 年普查数据和 2010 年以来分年度的人口抽样调查。特别是 2014 年人口变动抽样还调查了分农业和非户口的双独、单独、双非夫妇活产、存活孩子数等信息。这使得常住人口全面两孩系统模拟成为可能。浙江省统计局按本项研究需要对 2014 年人口变动抽样调查原始数据进行了补充汇总(以下简称"抽样数")。本章将对该补充汇总数据进行评估,并研究如何合理地使用这些数据。

一、2014 年人口抽样调查汇总数据结构指标评估

有两种数据可用于对补充汇总数据的结构进行评估。一个是《2014 年浙江省人口变动抽样调查主要数据公报》(以下简称"公报数")。另一个是 2010 年普查数据,结合历年人口抽样调查,经过推演迭代至 2014 年的常住人口数据(以下简称"迭代数")。后者继承了 2010 年普查时的结构,可以认为是 2010 年普查数据的延伸。

(一)城乡构成

人口城镇化率,公报数是 64.87%,迭代数也是 64.87%,抽样数是 63.61%。抽样数比公报数低 1.26 个百分点。因此,按抽样数推算的城镇人口比公报数少了 94.71 万人,农村人口则多了 94.67 万人。这样必然会降低目标人群的估计。因为同样数量的人口,在农村已经有两个孩子的夫妇和允许生育两个孩子夫妇所占比例会高于城镇,堆积夫妇的比例则会低于城镇。

(二)性别构成

男性人口比例,公报数是 51.3%,迭代数是 51.35%,抽样数是

51.99%。抽样数比公报数高 0.69 个百分点,比迭代数高 0.64 个百分点。男性人口的高估,必然导致女性人口的低估,从而低估堆积夫妇的规模。

(三)年龄构成

0～14 岁人口所占比例,公报数是 13.30%,迭代数是 14.00%,抽样数是 12.34%。抽样数比公报数低 0.96 个百分点,比迭代数低 1.66 个百分点。抽样数对 0～14 岁人口比例的低估,必然会低估二孩比例,高估一孩比例,从而高估堆积夫妇规模。

15～64 岁人口所占比例,公报数是 75.97%,迭代数是 75.17%,抽样数是 78.33%。抽样数比公报数高 2.36 个百分点,比迭代数高 3.16 个百分点。这很可能会高估育龄人群,从而高估堆积规模。

65 岁及以上人口所占比例,公报数是 10.73%,迭代数是 10.83%,抽样数是 9.33%。抽样数比公报数低 1.40 个百分点,比迭代数低 1.5 个百分点。

低估少儿人口和老年人口比例,必然会高估劳动年龄人口和育龄人群比例,从而高估堆积规模。

(四)城乡农业人口和非农业人口构成

公报没有公布农业人口和非农业人口的比重。我们依据 2010 年农业人口和非农业人口数据迭代的结果显示,总人口中城镇农业人口占 47.48%,城镇非农业人口占 22.35%,农村农业人口占 28.76%,农村非农业人口占 1.41。抽样数分别是:47.66%、18.88%、32.32%、1.14%。与迭代数相比,城镇农业人口(以下简称"城农")高 0.19 个百分点,城镇非农业人口(以下简称"城非")低 3.47 个百分点,农村农业人口(以下简称"农农")高 3.56 个百分点,农村非农业人口(以下简称"农非")低 0.27 个百分点。城镇农业人口和农村非农业人口相差不大。城镇非农业人口偏高和农村农业人口偏低,都在 3.5 个百分点左右。

生育政策城乡差别,实际上是非农业人口和农业人口的政策差别。作为城镇人口主体的城镇非农业人口偏高和作为农村人口主体的农村农业人口偏低,由此导致农业人口低估 185.64 万人,非农业人口高估 185.69 万人。这都将高估堆积夫妇的规模,因为非农业人口中一孩的比例会更高些。

由此看来，抽样数据有的结构性偏差可能低估目标人群，特别是堆积妇女，有的则可能高估。抽样数据虽然蕴含着大量有用的信息，但不能简单用抽样比推算，抽样数据进行结构调整后才能使用。

二、2014年抽样汇总数据调整

对抽样数据进行结构性调整的基本思路是：按迭代总人口中城农、城非、农农、农非的比例调整抽样总人口结构，使用抽样时的年龄结构和孩次结构，推算各类妇女分年龄人口数。具体步骤如下：

第一步：先计算迭代城农、城非、农农、农非占总人口比重。设迭代总人口为ZRK，迭代城农、城非、农农、农非人口各自占总人口比重为城农B、城非B、农农B、农非B，则有：

城农B＝城农/ZRK，城非B＝城非/ZRK

农农B＝农农/ZRK，农非B＝农非/ZRK

这就是用于调整抽样的城农、城非、农农、农非人口的权数。

第二步：计算抽样总人口和抽样城农、城非、农农、农非人口总数，分别用CZRK、C城农、C城非、C农农、C农非表示。

第三步：对抽样城农、城非、农农、农非人口数加权。设加权后的抽样城农、城非、农农、农非人口数分别是：J城农、J城非、J农农、J农非，则有：

J城农＝CZRK×城农B

J城非＝CZRK×城非B

J农农＝CZRK×农农B

J农非＝CZRK×农非B

第四步：将加权后的各类抽样人口数，按抽样时各类人口年龄分布，分配给各个年龄组。设抽样的城农、城非、农农、农非分年龄人口数分别是：城农x、城非x、农农x、农非x，式中x为年龄，$x>=0$，$x<=110$。加权后的分年龄的抽样各类人口数是：J城农x、J城非x、J农农x、J农非x：

J城农x＝J城农×城农x/C城农

J城非x＝J城非×城非x/C城非

J农农x＝J农农×农农x/C农农

J 农非 $x=$ J 农非×农非 $x/$C 农非

第五步:计算各类人口的分年龄抽样比。

城农抽样比＝J 城农 $x/$城农

城非抽样比＝J 城非 $x/$城非

农农抽样比＝J 农农 $x/$农农

农非抽样比＝J 农非 $x/$农非

第六步:按各类人口分年龄抽样比,计算各类人口及其细分的分存活孩次的分年龄的各类妇女人数。

设女方为独生子女的单独妇女为 DF,男方为独生子女的单独妇女为 DM,夫妇都是独生子女的妇女为 DD,夫妇都是非独生子女的妇女为 NN,存活一个女孩为 F1,存活一个男孩为 M1,存活两个孩子为 B2,无子女为 B0,C 为抽样数。分年龄的城镇农业人口中女方为独生子女、存活一个女孩的单独妇女,则为:

城农 DFF1＝C 城农 DFF1/城农抽样比

其他类推。

第七步:计算各类堆积妇女。

$$单独堆积 = \sum_{x=15}^{49}(非农 DFM1_x + 非农 DFF1_x + 非农 DMM1^1_{x,t}$$
$$+ 非农 DMF1_x + 农业 DFM1_x + 农业 DMM1_x)$$

$$双独堆积 = \sum_{x=15}^{49}(非 DFM1_x + 非农 DFF1_x + 农业 NNM1_x)$$

用这种方法推算的 2014 年单独堆积妇女为 59.62 万人,双非堆积妇女为 431.82 万人,堆积夫妇总规模为 491.44 万人。其中单独堆积妇女比省卫计委 2014 年摸底的户籍人口单独堆积妇女(55.33 万人)多 4 万多人。这是比较合理的。而简单地使用 0.005 的抽样比推算的单独堆积妇女为 84.36 万人,双非堆积妇女为 626.42 万人,堆积夫妇总规模为 710.78 万人。显然是高估了。

用同样的方法,推算出分城镇农业人口、城镇非农业人口、农村农业人口、农村非农业人口的分性别年龄的独生子女和非独生子女,用于预测模拟。

三、2016 年各类目标人群推算

以上推算结果，只是反映了 2014 年抽样时的情况。从 2014 年到 2016 年，各类目标人群将受死亡、年龄组替补（即高年龄组退出生育年龄，低年龄组新进入生育年龄）、迁移、孩次结构变动、离婚、再婚的等因素的影响。我们暂不考虑离婚、再婚等因素。对前四大因素考虑的方法是：

死亡：各类别人口分别用城镇、农村的死亡概率估计。

年龄组替补：通过年龄移算，剔除超过 49 岁的各类妇女，加进新进入育龄年龄的人群。

迁移：用各类人口迁移概率，推算迁移人口。迁入增加，迁出减少。

孩次结构：比较复杂的是存活的孩次结构调整。先要计算各类妇女生育第一个、第二个孩子的人数。

然后对分存活孩次①的各类妇女人数进行调整：

存活一孩的妇女＝上年存 1 孩的妇女

　　　　　　　　－一孩妇女死亡人数

　　　　　　　　－一孩妇女迁出人数

　　　　　　　　－超过 49 岁的一孩妇女人数

　　　　　　　　－失独妇女人数

　　　　　　　　－一孩妇女生育第二个孩子的人数

　　　　　　　　＋新生一孩的妇女人数

　　　　　　　　＋一孩妇女迁入人数

　　　　　　　　＋失独妇女再生育人数。

其中涉及一系列计算技术和算法，此处从略。

按这种方法推算的单独堆积妇女为 58.79 万人，双非堆积妇女为 410.32 万人，合计堆积妇女是 469.11 万人，均比 2014 年有所减少。

堆积妇女的详细分析从略。

---

① 抽样数据补充汇总结果显示：按活产孩次数分的妇女人数与按存活孩次分的妇女人数，差别很小。此处只用存活孩次计算。

附录四:生育政策完善调查访谈个案

一、浙南地区

(一)仙居埠头镇调查(2015 年 9 月 22 日)

1. 放弃二孩生育夫妇

受访人:女 45 岁,初中文化,本地农村户口。家庭状况:丈夫 46 岁;一个女儿,今年 16 岁;收入水平中等。

放弃二孩生育的主要原因:(1)经济上再养个孩子负担重。(2)自己希望轻松地生活。(3)培养女儿花费大。(4)希望培养一个高质量的孩子。(5)老人给自己家庭的压力小,放弃二孩是自我决定的。(6)即使政策放开也不会再生。

受访人:女 35 岁,初中文化,本地农村户口。家庭状况:丈夫 39 岁;一个儿子,今年 12 岁,但听力不好,属于残疾,每年去杭州治疗,费用 1 万~2 万元,可生育二孩但放弃;收入水平中等偏下。

放弃二孩生育的主要原因:(1)孩子治疗费用大,经济上以及精力上都不允许再养一个。(2)家里老人身体不好。(3)家里长辈近亲结婚,恐有不良基因遗传,不敢再生。

受访人:女 43 岁,文盲,本地农村户口。家庭状况:丈夫 47 岁;一个女儿,今年 18 岁;收入水平中等偏下。

放弃二孩生育的主要原因:(1)再生育一个孩子经济负担重。(2)老公要生,但本人坚决不生,认为养孩子太累。(3)以后想招婿,以应对养老。

2. 超生夫妇

受访人:女 40 岁,初中文化,本地农村户口。家庭状况:丈夫 43 岁;两个女儿,老大今年 17 岁,老二 7 岁,超生一个儿子,今年 4 岁;收入水平中等偏上。

超生原因:(1)长辈支持。(2)延续家族香火,也被周围邻居看得起。(3)家庭的理想生育数是一儿一女。(4)如果政策放开不会再多生,3 个足矣。

受访人:女 32 岁,初中文化,本地农村户口。家庭状况:丈夫 31 岁;早育一个儿子,今年 12 岁,被罚 7000 元,超生一个女儿,今年 8 岁,被罚 4.8 万元;收入水平中等偏上。

超生二胎原因:(1)长辈要求。(2)理想生育数两个孩子,如果政策放开也不会再生,因为负担太重。(3)如果没有儿子会被歧视,所以有儿子最多生两个。

受访人:女 36 岁,初中文化,本地农村户口。家庭状况:丈夫 40 岁;一个儿子,今年 12 岁,超生一个女儿,今年 7 岁;收入水平中等。

超生二胎原因:(1)理想生育数两个孩子,如果政策放开也不会再生第三个;(2)二孩被罚 4.8 万元,再生经济上负担不起。(3)意外怀孕,不想错过。

受访人:女 50 岁,初中文化,本地农村户口。家庭状况:丈夫 51 岁;一个儿子,今年 27 岁,超生一个女儿,今年 17 岁,被罚 4.3 万元;做生意,收入水平上等。

超生二胎原因:(1)理想生育数两个孩子,如果政策放开也不会再生第三个。(2)理想子女性别最好要有儿子。(3)对自己儿子也有两个孩子的要求。(4)希望孩子能为自己养老出点力。(5)意外怀孕,不想错过。

(二)缙云县壶镇镇(2015 年 9 月 21 日)

1. 放弃二孩生育夫妇

受访人:男 46 岁,初中文化,本地农村户口。家庭状况:妻子 45 岁;一个女儿,今年 19 岁,就读于浙江大学竺可桢学院。

放弃生育原因:(1)一个孩子可接受更好的教育。(2)培养孩子成本高,女儿一直请人带。(3)没有照顾的时间,也没有人帮带孩子。(4)一个孩子的想法比较坚定,不会因为政策变动而改变。

受访人:女 44 岁,小学文化,本地农村户口。农村理发员。家庭状况:丈夫 46 岁;一个女儿,今年 10 岁,读小学;收入水平中等偏下。

放弃生育原因:在女儿 3 岁时,丈夫患了重病(癌症),每年需要花费医疗费,家庭经济比较困难,仅靠妻子理发维持生计,经常居住在娘家(在同一村里),这是其一;其二,因为癌症化疗,担心生育影响孩子质量,故放弃二孩生育。但表示,如果没有患病因素,肯定想生第二孩。

受访人:男47岁,小学文化,本地农村户口。农业劳动者。家庭状况:妻子46岁;一个女儿,今年15岁,读初中;收入水平中等偏下。

放弃生育原因:自己小时候,兄弟姐妹较多,家庭经济较困难,父母很辛苦。所以,当自己生育一孩后,决定不再生育第二孩,把第一孩养好就行了,不想重蹈父母的生活。父辈的辛劳,自己兄弟姐妹过多,过去不愉快的经历,促进生育观念的转变。

2. 超生夫妇

受访人:男46岁,初中文化,本地居民户口,顶职后下岗。家庭状况:妻子40岁,大专,购房入户,居民户口;儿子,今年15岁,超生一个女儿,今年半岁,被罚12万～14万元;收入水平中等偏下。

超生二胎原因:(1)长辈要求,延续香火;(2)理想生育数二个孩子,有男有女;(3)一个孩子太孤单,希望给孩子找个伴。(4)希望孩子在自己老了后能够有所照料。

受访人:男40岁,初中文化,本地农村户口。家庭状况:夫妻都再婚,妻子34岁,男带一个女儿,今年10岁,女带一个儿子,今年5岁,生育一个共同的儿子,今年2岁;收入水平下等。

超生二胎原因:(1)家庭有一个共同的孩子,保障家庭的稳定性;(2)如果政策放开,不会再生了,3个孩子已经很多,经济压力大,不可能再生育。

受访人:男44岁,初中文化,本地农村户口。家庭状况:妻子40岁,是准独生子女,其母再婚有同母异父的弟妹;一个儿子,今年14岁,超生一个女孩,现8个月,被罚10多万元;收入水平中等偏下。

超生二胎原因:(1)一个孩子太孤单,希望能多个孩子。(2)两个孩子养老更有保障。(3)经济上两个孩子能负担得起。(4)意外怀孕,不想错过。(5)长辈支持,周围人也支持。

受访人:女,39岁,初中文化,本地农村户口,农业劳动者(哺乳期)。家庭状况,丈夫兄弟二人,过继给大伯家;有两个男孩,第一男孩,18岁,第二男孩,6个月,被罚4.7万元。收入水平中等偏下。

超生二胎原因:这个涉及两代人,第一代有兄弟二人,大哥哥无儿无女,弟弟有两个儿子,为了传承香火,弟弟(党员,年轻时为村干部)将自己的大儿子过继给哥哥当儿子，娶妻（妻子即为调查对象）生子。第三代第一个为儿子，年龄 18 岁。可是，弟弟的小儿子身患重病，卧床已 10 多年，为了传承香火，要求哥哥家的儿子媳妇（即弟弟自己的大儿子夫妇）再生育一个孩子，过继给自己当儿子，所以超生夫妇生育第二个孩子（男，现 6 个月）。

受访人：男 42 岁，初中文化，本地农村户口。家庭状况：妻子 40 岁；一个儿子，今年 12 岁，超生一个女孩，现 6 个月，被罚 7.0 万元；收入水平中等偏下。

超生二胎原因：主要原因是生育观念，认为孩子多，尤其是男孩多更好。他父辈只有一个儿子，他自己虽有姐妹，但只有他一个男孩，总感觉在村里势力较弱。如果政策放宽，还想再生一个儿子（他妻子接话说，不想再生了），但考虑到社会抚养费征收，决定不再生育。说明社会抚养费的征收，对一般家庭收入而言，有一定的抑制生育的作用。

二、浙北地区

（一）余杭塘栖镇（2015 年 9 月 14 日）

1. 放弃二孩生育夫妇

受访人：女 43 岁，初中文化，本地农村户口。家庭状况：夫妻育有一个女儿，放弃二孩生育；家庭收入中等。

放弃生育原因：（1）只要孩子健康即可，不必要太多孩子。（2）对传宗接代的思想没有过多考虑。（3）周围大家都是一个孩子。（4）一个孩子的想法比较坚定，不会因为政策变动而改变。

受访人：女 35 岁，初中文化，本地农村户口。家庭状况：夫妻育有一个女儿，放弃二孩生育，家庭收入中等。

放弃生育原因：（1）男孩女孩无所谓，只要孩子健康就好。（2）忙于工作，再生育一个孩子太耗时间和精力。（3）计生干部也支持生育一个孩子。（4）年轻时候是不准生，万一有了会考虑生，目前不想生。

受访人：女 44 岁，初中文化，本地农村户口。家庭状况：入赘家庭，夫妻育有一个儿子，放弃二孩生育，家庭收入中等偏下。

放弃生育原因：（1）只要孩子健康即可，不必要太多孩子。（2）周围大家都是一个孩子。(3)再生育影响工作,而且家庭负担重。(4)夫妻都有养老保障,不需要孩子负担。(5)如果周围人都生,可能会再生一个。

2. 超生夫妇

受访人:男 33 岁,大专文化,本地居民户口。家庭状况:双非家庭;夫妻育有一个男孩,2012 年生育第二个男孩,被罚款 20 多万元;家庭收入上等。

超生原因:(1)两个孩子是理想孩子数,一个孩子太孤单。(2)经济上也负担得起。(3)家里长辈支持再生一个孩子。(4)生两个孩子愿望强烈,但如果政策放开也不会再生第三个,生太多精力顾不过来。

(二)德清武康(2015 年 9 月 14 日)

1. 放弃二孩生育夫妇

受访人:女 42 岁,大专及以上,本地城镇户口,事业单位。家庭状况:夫妻育有一个女儿,放弃二孩生育,家庭收入中等。

放弃生育原因:(1)经济因素是第一位的。(2)只要孩子健康即可,不必要太多孩子。(3)对传宗接代的思想没有过多考虑。(4)年龄大了,一个孩子的想法比较坚定,不会因为政策变动而改变。

受访人:男 38 岁,初中,少数民族(畲族),本地农村户口,个体经商(五金商店)。家庭状况:夫妻育有一个女儿 12 岁,放弃二孩生育,家庭收入中等。

放弃生育原因:(1)经济因素是第一位的。(2)观念转变,孩子好最重要。(3)家庭因素。(4)对传宗接代的思想没有过多考虑。(5)一个孩子的想法比较坚定,不会因为政策变动而改变。

受访人:女 38 岁,高中文化程度,本地农转居人口,经商。家庭状况:夫妻育有一个女儿 12 岁,放弃二孩生育,家庭收入中等。

放弃生育原因:(1)观念转变是第一位的。(2)文化因素。(3)家庭因素,没有人帮带孩子。(4)与计划生育政策无关,就是不想生了,一个够了,养好就行了。一个孩子的想法比较坚定,不会因为政策变动而改变。

2. 超生夫妇

受访人:男 33 岁,大专文化,自由职业。家庭状况:双非家庭,夫妻育有一个男孩,第二个女孩,家庭收入中等偏下。

超生原因:(1)家庭因素是第一位的。(2)生两个孩子愿望强烈,但如果政策放开也不会再生第三个,生太多精力顾不过来。

受访人:男 51 岁,大专及以上文化,技术人员。户口在外地(男户口在深圳,女户口在陕西)。家庭状况:夫妻育有一个男孩 4 岁,第二个男孩 1 岁,家庭收入中等偏下。

超生原因:家庭因素是第一位的。受访者反映,年轻时到处游历,到了一定年龄后,想成家稳定,他相信有能力把孩子教育好,所以就想生二孩,即使再穷,一定要生二孩。考虑到是外地人,只有一个孩子太孤单,教育也会有问题。

三、仙居埠头镇埠头村村委会座谈内容

1. 全面两孩放开群众普遍欢迎,且越快越好。

2. 超生的主要原因,养老问题,尤其是老年人照护问题,养老防老的思想比较流行。区域性二孩生育文化比较普遍,且至少生一个男孩的要求比较强烈,双女户超生想生一男孩的现象存在。

3. 80 后人群的生育观念已发生明显变化。

4. 希望建议:

(1)公安不经过计划生育部门直接落户,严重影响社会抚养费征收,存在老实人吃亏现象,农村无有效措施抑制超生。

(2)单独二孩实施后,有 3000 人符合条件,其中审批 1500 人,真正生孩子的有 1000 人,其中怀孕后再审批的人数占 30% 左右。

(3)全面两孩后二孩审批手续要简化,应逐步放开生育政策。

(4)应该取消一票否决。

附录五：浙江省全面两孩政策下人口变动预测数据表

附表1 分城乡常住人口和区域户籍人口的堆积夫妇对数

单位：万对

| 年份 | 常住人口 | | | | | | | | | 户籍人口 | | | | | | | | |
| | 全省合计 | | | 城镇 | | | 农村 | | | 全省合计 | | | 浙北 | | | 浙南 | | |
	三孩模式	四孩模式	五孩模式	三孩模式	四孩模式	五孩模式	三孩模式	四孩模式	五孩模式	三孩模式	四孩模式	五孩模式	三孩模式	四孩模式	五孩模式	三孩模式	四孩模式	五孩模式
2015	59	59	59	48	48	48	12	12	12	57	57	57	38	38	38	19	19	19
2016	469	469	469	346	346	346	123	123	123	325	327	328	189	190	190	136	137	137
2017	447	447	447	331	331	331	116	116	116	310	312	313	179	180	181	131	132	132
2018	427	427	427	317	317	317	109	109	109	295	296	298	169	170	171	126	126	127
2019	404	404	404	302	302	302	103	103	103	277	279	280	158	159	160	119	120	120
2020	381	381	381	285	285	285	96	96	96	260	261	262	148	149	149	112	113	113
2021	356	356	356	267	267	267	90	90	90	243	245	246	138	139	140	105	106	106
2022	333	333	333	250	250	250	83	83	83	227	229	230	129	130	131	98	99	99
2023	311	311	311	233	233	233	78	78	78	214	215	216	121	122	123	92	93	93
2024	289	289	289	217	217	217	72	72	72	199	201	202	114	115	115	86	87	87
2025	269	269	269	203	203	203	67	67	67	187	188	189	107	108	108	80	81	81
2026	251	251	251	190	190	190	62	62	62	174	175	176	100	101	101	74	75	75
2027	233	233	233	175	175	175	58	58	58	161	162	163	92	93	94	68	69	69
2028	213	213	213	160	160	160	53	53	53	147	148	149	84	85	86	63	63	64
2029	194	194	194	145	145	145	49	49	49	135	137	138	77	78	79	58	59	59
2030	174	174	174	130	130	130	44	44	44	121	122	124	68	69	70	53	53	54
2031	158	158	158	117	117	117	41	41	41	109	110	111	60	61	62	48	49	49

续表

年份	常住人口									户籍人口								
	全省合计			城镇			农村			全省合计			浙北			浙南		
	三孩模式	四孩模式	五孩模式	三孩模式	四孩模式	五孩模式	三孩模式	四孩模式	五孩模式	三孩模式	四孩模式	五孩模式	三孩模式	四孩模式	五孩模式	三孩模式	四孩模式	五孩模式
2032	140	140	140	103	103	103	36	36	36	95	96	97	52	53	53	43	43	44
2033	120	120	120	89	89	89	31	31	31	82	83	84	45	46	46	37	38	38
2034	103	103	103	76	76	76	27	27	27	70	71	72	38	38	39	32	33	33
2035	87	87	87	64	64	64	23	23	23	58	59	59	31	31	32	27	27	28
2036	70	70	70	51	51	51	19	19	19	47	48	48	25	25	25	22	23	23
2037	54	54	54	40	40	40	15	15	15	36	36	36	18	18	19	17	18	18
2038	40	40	40	29	29	29	11	11	11	25	25	26	12	12	12	13	13	13
2039	28	28	28	20	20	20	8	8	8	17	17	17	7	8	8	9	9	9
2040	18	18	18	13	13	13	5	5	5	10	10	10	4	4	4	6	6	6
2041	11	11	11	8	8	8	3	3	3	6	6	6	2	2	2	4	4	4
2042	7	7	7	5	5	5	2	2	2	4	4	4	1	1	1	3	3	3
2043	4	4	4	2	2	2	1	1	1	2	2	2	1	1	1	2	2	2
2044	2	2	2	1	1	1	1	1	1	1	1	1	0	0	0	1	1	1
2045	1	1	1	1	1	1	0	0	0	1	1	1	0	0	0	0	0	0
2046	1	1	1	0	0	0	0	0	0	0	0	0	0	0	0	0	0	0
2047	0	0	0	0	0	0	0	0	0	0	0	0	0	0	0	0	0	0
2048	0	0	0	0	0	0	0	0	0	0	0	0	0	0	0	0	0	0
2049	0	0	0	0	0	0	0	0	0	0	0	0	0	0	0	0	0	0
2050	0	0	0	0	0	0	0	0	0	0	0	0	0	0	0	0	0	0

附表 2　分城乡常住人口和区域户籍人口的单独堆积夫妇

单位：万对

年份	常住人口									户籍人口								
	全省合计			城镇			农村			全省合计			浙北			浙南		
	三孩模式	四孩模式	五孩模式	三孩模式	四孩模式	五孩模式	三孩模式	四孩模式	五孩模式	三孩模式	四孩模式	五孩模式	三孩模式	四孩模式	五孩模式	三孩模式	四孩模式	五孩模式
2015	59	59	59	48	48	48	12	12	12	57	57	57	38	38	38	19	19	19
2016	59	59	59	47	47	47	12	12	12	57	57	57	38	38	38	19	19	19
2017	58	58	58	47	47	47	11	11	11	57	57	57	38	38	38	19	19	19
2018	57	57	57	46	46	46	11	11	11	57	57	57	38	38	38	19	19	19
2019	57	57	57	46	46	46	11	11	11	57	57	57	38	38	38	19	19	19
2020	56	56	56	45	45	45	11	11	11	57	57	57	38	38	38	19	19	19
2021	55	55	55	45	45	45	11	11	11	57	57	57	38	38	38	19	19	19
2022	54	54	54	44	44	44	10	10	10	57	57	57	38	38	38	19	19	19
2023	53	53	53	43	43	43	10	10	10	57	57	57	38	38	38	19	19	19
2024	52	52	52	42	42	42	10	10	10	57	57	57	38	38	38	19	19	19
2025	50	50	50	41	41	41	10	10	10	56	56	56	38	38	38	18	18	18
2026	49	49	49	39	39	39	10	10	10	56	56	56	37	37	37	18	18	18
2027	47	47	47	37	37	37	9	9	9	54	54	54	36	36	36	18	18	18
2028	44	44	44	35	35	35	9	9	9	53	53	53	35	35	35	18	18	18
2029	41	41	41	33	33	33	8	8	8	51	51	51	34	34	34	17	17	17
2030	38	38	38	30	30	30	8	8	8	48	48	48	31	31	31	17	17	17
2031	34	34	34	27	27	27	8	8	8	45	45	45	29	29	29	16	16	16
2032	30	30	30	23	23	23	7	7	7	40	40	40	25	25	25	15	15	15

续表

年份	常住人口									户籍人口								
	全省合计			城镇			农村			全省合计			浙北			浙南		
	三孩模式	四孩模式	五孩模式	三孩模式	四孩模式	五孩模式	三孩模式	四孩模式	五孩模式	三孩模式	四孩模式	五孩模式	三孩模式	四孩模式	五孩模式	三孩模式	四孩模式	五孩模式
2033	25	25	25	19	19	19	5	6	6	36	36	36	23	23	23	13	13	13
2034	22	22	22	16	16	16	5	6	6	31	31	31	19	19	19	12	12	12
2035	18	18	18	13	13	13	5	5	5	26	26	26	16	16	16	10	10	10
2036	13	13	13	9	9	9	4	4	4	22	22	22	13	13	13	8	8	8
2037	9	9	9	6	6	6	3	3	3	16	16	16	10	10	10	6	6	6
2038	6	6	6	4	4	4	2	2	2	11	11	11	6	6	6	4	4	4
2039	4	4	4	2	2	2	1	1	1	7	7	7	4	4	4	3	3	3
2040	2	2	2	1	1	1	1	1	1	3	3	3	2	2	2	2	2	2
2041	1	1	1	1	1	1	0	0	0	1	1	1	1	1	1	1	1	1
2042	0	0	0	0	0	0	0	0	0	1	0	1	0	0	0	0	0	0
2043	0	0	0	0	0	0	0	0	0	0	0	0	0	0	0	0	0	0
2044	0	0	0	0	0	0	0	0	0	0	0	0	0	0	0	0	0	0
2045	0	0	0	0	0	0	0	0	0	0	0	0	0	0	0	0	0	0
2046	0	0	0	0	0	0	0	0	0	0	0	0	0	0	0	0	0	0
2047	0	0	0	0	0	0	0	0	0	0	0	0	0	0	0	0	0	0
2048	0	0	0	0	0	0	0	0	0	0	0	0	0	0	0	0	0	0
2049	0	0	0	0	0	0	0	0	0	0	0	0	0	0	0	0	0	0
2050	0	0	0	0	0	0	0	0	0	0	0	0	0	0	0	0	0	0

附表 3　分城乡常住人口和区域户籍人口的双非堆积夫妇

单位：万对

年份	常住人口 全省合计			城镇			农村			户籍人口 全省合计			浙北			浙南		
	三孩模式	四孩模式	五孩模式	三孩模式	四孩模式	五孩模式	三孩模式	四孩模式	五孩模式	三孩模式	四孩模式	五孩模式	三孩模式	四孩模式	五孩模式	三孩模式	四孩模式	五孩模式
2015	0	0	0	0	0	0	0	0	0	0	0	0	0	0	0	0	0	0
2016	410	410	410	299	299	299	111	111	111	268	269	270	150	151	152	117	118	119
2017	389	389	389	285	285	285	104	104	104	253	255	256	141	142	142	112	113	113
2018	369	369	369	271	271	271	98	98	98	238	239	241	131	132	133	107	108	108
2019	347	347	347	256	256	256	92	92	92	220	222	223	120	121	122	100	101	101
2020	325	325	325	240	240	240	86	86	86	203	204	205	109	110	111	93	94	94
2021	301	301	301	222	222	222	79	79	79	186	188	189	100	101	101	86	87	87
2022	279	279	279	206	206	206	73	73	73	170	172	173	91	92	92	80	80	81
2023	258	258	258	191	191	191	68	68	68	157	158	159	83	84	85	74	74	75
2024	237	237	237	175	175	175	62	62	62	143	144	145	75	76	77	67	68	68
2025	219	219	219	162	162	162	57	57	57	130	132	133	69	70	71	62	62	63
2026	203	203	203	150	150	150	52	52	52	118	120	121	62	63	64	56	56	57
2027	186	186	186	138	138	138	48	48	48	106	108	109	56	57	58	50	51	51
2028	169	169	169	125	125	125	44	44	44	94	95	96	49	50	51	45	45	46
2029	153	153	153	112	112	112	41	41	41	84	86	87	44	45	45	41	41	42
2030	136	136	136	100	100	100	36	36	36	73	75	76	37	38	39	36	37	37
2031	123	123	123	90	90	90	33	33	33	64	65	66	32	32	33	32	33	33
2032	110	110	110	80	80	80	29	29	29	54	56	57	26	27	28	28	28	29

续表

年份	常住人口 全省合计 三孩模式	四孩模式	五孩模式	城镇 三孩模式	四孩模式	五孩模式	农村 三孩模式	四孩模式	五孩模式	户籍人口 全省合计 三孩模式	四孩模式	五孩模式	浙北 三孩模式	四孩模式	五孩模式	浙南 三孩模式	四孩模式	五孩模式
2033	94	94	94	69	69	69	25	25	25	46	47	48	22	23	24	24	24	25
2034	81	81	81	60	60	60	22	22	22	39	40	41	18	19	19	21	21	21
2035	69	69	69	51	51	51	18	18	18	32	32	33	15	15	15	17	17	18
2036	57	57	57	42	42	42	15	15	15	25	26	27	11	12	12	14	14	15
2037	45	45	45	33	33	33	12	12	12	19	20	20	8	8	9	11	11	12
2038	34	34	34	25	25	25	9	9	9	14	14	15	6	6	6	8	9	9
2039	24	24	24	17	17	17	7	7	7	10	10	10	4	4	4	6	6	6
2040	16	16	16	12	12	12	5	5	5	7	7	7	2	2	2	4	4	5
2041	10	10	10	7	7	7	3	3	3	5	5	5	2	2	2	3	3	3
2042	6	6	6	4	4	4	2	2	2	3	3	3	1	1	1	2	2	2
2043	4	4	4	2	2	2	1	1	1	2	2	2	1	1	1	1	1	1
2044	2	2	2	1	1	1	1	1	1	1	1	1	0	0	0	1	1	1
2045	1	1	1	1	1	1	0	0	0	0	1	1	0	0	0	1	0	0
2046	1	1	1	0	0	0	0	0	0	1	0	0	0	0	0	0	0	0
2047	0	0	0	0	0	0	0	0	0	0	0	0	0	0	0	0	0	0
2048	0	0	0	0	0	0	0	0	0	0	0	0	0	0	0	0	0	0
2049	0	0	0	0	0	0	0	0	0	0	0	0	0	0	0	0	0	0
2050	0	0	0	0	0	0	0	0	0	0	0	0	0	0	0	0	0	0

附表 4　分城乡常住人口和区域户籍人口的 15～49 岁育龄妇女人口数

单位：万人

年份	常住人口									户籍人口								
	全省合计			城镇			农村			全省合计			浙北			浙南		
	三孩模式	四孩模式	五孩模式	三孩模式	四孩模式	五孩模式	三孩模式	四孩模式	五孩模式	三孩模式	四孩模式	五孩模式	三孩模式	四孩模式	五孩模式	三孩模式	四孩模式	五孩模式
2015	1456	1456	1456	1019	1019	1019	437	437	437	1176	1176	1176	585	585	585	591	591	591
2016	1428	1428	1428	1003	1003	1003	426	426	426	1158	1158	1158	575	575	575	583	583	583
2017	1400	1400	1401	986	986	986	414	414	414	1134	1134	1134	562	562	562	572	572	572
2018	1368	1368	1368	966	966	966	403	403	403	1111	1111	1111	549	549	549	562	562	562
2019	1336	1336	1336	943	943	943	393	393	393	1088	1088	1088	536	536	536	552	552	552
2020	1298	1298	1298	916	916	916	382	382	382	1067	1067	1067	524	524	524	543	543	543
2021	1262	1262	1263	891	891	891	371	372	372	1048	1048	1049	514	514	515	534	534	534
2022	1227	1227	1227	865	865	865	362	362	362	1032	1032	1032	506	507	507	525	525	526
2023	1190	1190	1190	838	838	838	352	352	352	1022	1022	1022	503	503	503	519	519	520
2024	1157	1157	1158	814	814	814	343	343	343	1016	1016	1016	500	500	500	516	516	516
2025	1135	1134	1134	798	797	797	337	337	337	1010	1010	1010	498	498	497	513	513	513
2026	1112	1111	1109	781	779	778	332	332	332	999	999	998	492	492	492	507	507	507
2027	1090	1089	1087	765	763	761	326	326	326	987	986	985	485	485	485	501	501	501
2028	1068	1066	1063	749	747	744	319	319	319	975	974	974	479	479	478	496	496	495
2029	1047	1045	1041	734	732	728	313	313	312	974	972	970	478	477	476	496	495	495
2030	1038	1035	1030	728	726	720	309	309	309	961	959	956	471	469	468	491	490	489
2031	1037	1031	1022	729	724	716	308	307	306	950	945	941	465	461	459	486	484	482
2032	1034	1026	1012	729	722	711	305	303	302	944	937	931	462	457	454	482	479	477

续表

年份	常住人口									户籍人口								
	全省合计			城镇			农村			全省合计			浙北			浙南		
	三孩模式	四孩模式	五孩模式	三孩模式	四孩模式	五孩模式	三孩模式	四孩模式	五孩模式	三孩模式	四孩模式	五孩模式	三孩模式	四孩模式	五孩模式	三孩模式	四孩模式	五孩模式
2033	1034	1024	1008	731	723	710	303	301	299	940	932	925	460	455	452	479	476	473
2034	1033	1022	1005	732	723	709	301	299	296	934	925	918	457	452	448	477	473	470
2035	1030	1019	1001	731	723	707	299	297	294	924	915	908	450	445	441	474	470	467
2036	1022	1012	994	728	720	704	294	292	289	909	901	894	440	435	431	469	466	463
2037	1007	998	980	718	711	696	289	287	284	900	892	885	434	429	425	466	462	459
2038	995	988	971	711	705	690	285	283	280	890	882	876	428	423	419	462	459	456
2039	985	979	963	704	699	686	281	280	277	882	875	868	422	418	414	460	457	454
2040	975	969	955	697	692	680	278	277	275	877	870	864	417	413	410	459	456	454
2041	975	971	958	698	694	684	277	277	274	872	865	859	414	410	406	458	455	453
2042	976	972	961	700	696	687	276	276	274	866	860	854	410	406	403	456	454	451
2043	976	973	964	701	698	690	276	275	274	863	857	851	407	404	400	455	453	451
2044	981	979	971	706	704	697	275	275	274	859	854	848	404	401	398	455	453	450
2045	991	989	982	716	715	709	274	274	273	858	852	847	402	399	395	456	454	451
2046	1001	1000	995	727	726	722	274	274	273	858	852	847	401	397	394	457	455	453
2047	1012	1011	1007	738	738	734	274	274	273	860	854	848	400	396	393	460	457	455
2048	1023	1022	1019	749	748	745	274	274	273	862	856	850	400	396	393	462	460	457
2049	1034	1033	1030	760	760	757	274	274	273	864	858	852	399	396	392	464	462	460
2050	1044	1044	1040	770	770	767	274	274	273	867	860	854	399	396	392	467	465	462

附表 5　分城乡常住人口和区域户籍人口的堆积夫妇释放生育二孩数

单位：万人

年份	常住人口									户籍人口								
	全省合计			城镇			农村			全省合计			浙北			浙南		
	三孩模式	四孩模式	五孩模式	三孩模式	四孩模式	五孩模式	三孩模式	四孩模式	五孩模式	三孩模式	四孩模式	五孩模式	三孩模式	四孩模式	五孩模式	三孩模式	四孩模式	五孩模式
2015	6	4	3	5	4	2	1	1	0	7	4	3	5	3	2	2	1	1
2016	27	20	14	20	15	10	7	5	3	19	14	10	11	8	6	8	6	4
2017	32	26	18	24	19	14	8	7	5	20	16	12	11	9	7	9	7	5
2018	26	22	17	19	17	13	7	6	4	15	13	10	8	7	6	7	6	4
2019	21	19	16	15	14	12	5	5	4	11	10	9	6	6	5	5	4	4
2020	16	17	15	12	12	11	4	4	4	8	8	7	5	4	4	4	4	3
2021	13	14	14	10	10	10	3	4	3	6	6	6	3	3	3	3	3	3
2022	10	12	12	7	9	9	2	3	3	4	5	5	2	3	3	2	2	2
2023	8	10	11	6	7	8	2	2	3	3	4	4	2	2	2	1	2	2
2024	6	8	10	4	6	8	1	2	3	2	3	3	1	1	2	1	1	2
2025	4	6	9	3	5	7	1	2	2	2	2	3	1	1	2	1	1	1
2026	3	5	8	2	4	6	1	1	2	1	2	2	1	1	1	1	1	1
2027	2	4	7	2	3	5	1	1	2	1	2	2	0	0	1	0	1	1
2028	2	3	6	1	2	4	0	1	1	1	1	1	0	0	1	0	0	1
2029	1	2	5	1	2	4	0	1	1	1	1	1	0	0	0	0	0	1
2030	1	2	4	1	1	3	0	0	1	0	1	1	0	0	0	0	0	1
2031	1	1	3	0	1	2	0	0	1	0	0	1	0	0	0	0	0	0
2032	0	1	3	0	1	2	0	0	1	0	0	0	0	0	0	0	0	0

续表

年份	常住人口									户籍人口								
	全省合计			城镇			农村			全省合计			浙北			浙南		
	三孩模式	四孩模式	五孩模式	三孩模式	四孩模式	五孩模式	三孩模式	四孩模式	五孩模式	三孩模式	四孩模式	五孩模式	三孩模式	四孩模式	五孩模式	三孩模式	四孩模式	五孩模式
2033	0	1	2	0	1	2	0	0	1	0	0	0	0	0	0	0	0	0
2034	0	1	2	0	0	1	0	0	0	0	0	0	0	0	0	0	0	0
2035	0	0	1	0	0	1	0	0	0	0	0	0	0	0	0	0	0	0
2036	0	0	1	0	0	1	0	0	0	0	0	0	0	0	0	0	0	0
2037	0	0	1	0	0	0	0	0	0	0	0	0	0	0	0	0	0	0
2038	0	0	0	0	0	0	0	0	0	0	0	0	0	0	0	0	0	0
2039	0	0	0	0	0	0	0	0	0	0	0	0	0	0	0	0	0	0
2040	0	0	0	0	0	0	0	0	0	0	0	0	0	0	0	0	0	0
2041	0	0	0	0	0	0	0	0	0	0	0	0	0	0	0	0	0	0
2042	0	0	0	0	0	0	0	0	0	0	0	0	0	0	0	0	0	0
2043	0	0	0	0	0	0	0	0	0	0	0	0	0	0	0	0	0	0
2044	0	0	0	0	0	0	0	0	0	0	0	0	0	0	0	0	0	0
2045	0	0	0	0	0	0	0	0	0	0	0	0	0	0	0	0	0	0
2046	0	0	0	0	0	0	0	0	0	0	0	0	0	0	0	0	0	0
2047	0	0	0	0	0	0	0	0	0	0	0	0	0	0	0	0	0	0
2048	0	0	0	0	0	0	0	0	0	0	0	0	0	0	0	0	0	0
2049	0	0	0	0	0	0	0	0	0	0	0	0	0	0	0	0	0	0
2050	0	0	0	0	0	0	0	0	0	0	0	0	0	0	0	0	0	0

附表 6 分城乡常住人口和区域户籍人口的出生人口数

单位：万人

年份	常住人口									户籍人口								
	全省合计			城镇			农村			全省合计			浙北			浙南		
	三孩模式	四孩模式	五孩模式	三孩模式	四孩模式	五孩模式	三孩模式	四孩模式	五孩模式	三孩模式	四孩模式	五孩模式	三孩模式	四孩模式	五孩模式	三孩模式	四孩模式	五孩模式
2015	69	68	66	50	49	47	19	19	19	55	53	51	25	24	23	30	29	29
2016	90	83	76	65	60	55	25	23	21	66	60	57	31	28	26	35	32	31
2017	92	86	78	67	62	57	25	24	21	64	59	56	30	28	26	33	31	30
2018	90	87	81	66	63	59	24	24	22	61	59	56	29	28	27	32	31	30
2019	82	81	78	60	59	56	23	22	21	56	55	53	26	26	25	29	29	28
2020	75	76	74	55	55	53	21	21	20	57	57	57	26	26	26	31	31	31
2021	70	71	71	50	51	51	20	20	20	54	54	54	25	25	25	29	29	29
2022	65	67	68	46	47	48	19	19	19	51	52	52	23	23	24	28	28	28
2023	61	63	65	43	44	46	18	19	19	49	50	50	22	22	23	27	28	28
2024	58	60	62	40	42	43	18	18	19	48	49	49	21	22	22	27	27	27
2025	55	57	60	38	40	41	17	18	19	47	47	48	20	21	21	26	27	27
2026	53	55	58	36	38	40	17	17	18	46	47	47	20	20	21	26	26	27
2027	52	54	57	35	37	39	17	17	18	46	46	47	19	20	20	26	26	27
2028	51	53	55	35	36	38	17	17	18	46	46	47	19	20	20	27	27	27
2029	51	52	54	34	35	37	16	16	17	46	47	47	19	19	20	27	27	27
2030	51	52	54	35	35	37	16	16	17	46	47	47	19	19	20	27	28	28
2031	51	51	53	35	35	36	16	16	17	47	47	47	19	19	20	28	28	28
2032	51	52	53	35	36	36	16	16	16	48	48	48	19	19	20	28	28	28

续表

年份	常住人口 全省合计 三孩模式	四孩模式	五孩模式	城镇 三孩模式	四孩模式	五孩模式	农村 三孩模式	四孩模式	五孩模式	户籍人口 全省合计 三孩模式	四孩模式	五孩模式	浙北 三孩模式	四孩模式	五孩模式	浙南 三孩模式	四孩模式	五孩模式
2033	52	52	53	36	36	37	15	16	16	48	48	48	20	20	20	29	29	29
2034	52	52	53	37	37	37	16	16	16	49	49	49	20	20	20	29	29	29
2035	53	53	53	38	38	38	16	16	16	49	49	49	20	20	20	29	29	29
2036	55	54	53	39	39	38	16	16	16	50	50	49	20	20	20	30	29	29
2037	56	56	54	40	40	39	16	16	16	50	50	50	21	21	20	30	30	29
2038	58	57	55	42	41	41	16	16	16	51	51	50	21	21	20	30	30	29
2039	60	59	56	43	43	42	16	16	16	51	51	50	21	21	20	30	30	30
2040	61	61	58	45	44	43	17	17	16	52	51	50	21	21	20	30	30	30
2041	63	62	59	46	46	44	17	17	16	52	51	50	21	21	20	30	30	29
2042	65	64	61	48	47	46	17	17	16	52	51	50	21	21	20	30	30	29
2043	66	65	62	49	48	47	17	17	16	52	51	50	22	21	21	30	30	29
2044	67	66	63	50	49	48	17	17	16	52	51	50	22	21	21	30	30	29
2045	67	66	64	50	50	49	17	17	16	52	51	50	22	21	20	30	30	29
2046	67	67	65	51	50	49	17	16	16	51	50	50	21	21	20	30	29	29
2047	67	67	66	51	50	50	16	16	16	51	50	49	21	21	20	30	29	29
2048	67	67	66	51	50	50	16	16	16	50	50	49	21	21	20	29	29	29
2049	66	66	66	50	50	50	16	16	16	50	49	49	21	20	20	29	29	29
2050	66	66	66	50	50	50	16	16	16	49	49	49	20	20	20	29	29	29

附表 7 分城乡常住人口和区域户籍人口的人口出生率

单位：‰

| 年份 | 常住人口 | | | | | | | | | 户籍人口 | | | | | | | | |
| | 全省合计 | | | 城镇 | | | 农村 | | | 全省合计 | | | 浙北 | | | 浙南 | | |
	三孩模式	四孩模式	五孩模式	三孩模式	四孩模式	五孩模式	三孩模式	四孩模式	五孩模式	三孩模式	四孩模式	五孩模式	三孩模式	四孩模式	五孩模式	三孩模式	四孩模式	五孩模式
2015	12.47	12.20	11.86	13.81	13.48	13.08	9.98	9.81	9.59	11.20	10.74	10.37	10.21	9.60	9.12	12.21	11.89	11.63
2016	16.04	14.91	13.66	17.75	16.47	15.10	12.83	11.98	10.96	13.16	12.16	11.39	12.36	11.27	10.44	13.98	13.07	12.36
2017	16.35	15.25	13.88	18.11	16.86	15.36	13.01	12.18	11.05	12.72	11.87	11.16	12.01	11.09	10.35	13.45	12.66	11.98
2018	15.78	15.22	14.29	17.47	16.83	15.83	12.52	12.10	11.33	12.05	11.64	11.22	11.48	11.03	10.61	12.64	12.26	11.85
2019	14.35	14.16	13.61	15.77	15.56	14.97	11.58	11.44	10.97	10.93	10.79	10.58	10.30	10.15	9.94	11.57	11.44	11.23
2020	13.05	13.12	12.88	14.21	14.29	14.05	10.75	10.80	10.58	11.22	11.24	11.17	10.26	10.29	10.21	12.20	12.21	12.13
2021	12.03	12.27	12.28	12.96	13.23	13.26	10.16	10.34	10.33	10.47	10.59	10.61	9.48	9.61	9.64	11.47	11.58	11.60
2022	11.16	11.50	11.71	11.89	12.27	12.51	9.70	9.95	10.10	9.91	10.08	10.17	8.89	9.08	9.17	10.95	11.09	11.18
2023	10.47	10.85	11.21	11.01	11.44	11.83	9.39	9.68	9.95	9.51	9.70	9.82	8.45	8.66	8.78	10.59	10.76	10.87
2024	9.93	10.32	10.77	10.30	10.73	11.23	9.18	9.48	9.83	9.20	9.39	9.52	8.08	8.29	8.42	10.34	10.50	10.63
2025	9.52	9.89	10.38	9.75	10.16	10.69	9.05	9.34	9.74	8.97	9.15	9.29	7.79	7.99	8.13	10.17	10.32	10.45
2026	9.22	9.56	10.06	9.35	9.73	10.27	8.96	9.22	9.64	8.84	9.00	9.13	7.60	7.79	7.92	10.08	10.23	10.35
2027	9.03	9.34	9.84	9.09	9.43	9.97	8.91	9.13	9.56	8.77	8.91	9.03	7.47	7.63	7.75	10.08	10.21	10.31
2028	8.90	9.15	9.62	8.91	9.19	9.69	8.87	9.07	9.46	8.78	8.91	9.02	7.40	7.54	7.65	10.17	10.29	10.39
2029	8.83	9.05	9.47	8.83	9.07	9.51	8.84	9.02	9.38	8.85	8.96	9.06	7.38	7.50	7.60	10.32	10.42	10.51
2030	8.85	9.02	9.38	8.85	9.04	9.42	8.85	8.97	9.29	8.93	9.02	9.10	7.39	7.48	7.57	10.46	10.54	10.62
2031	8.87	9.00	9.32	8.90	9.04	9.38	8.82	8.92	9.19	9.02	9.09	9.16	7.42	7.50	7.57	10.60	10.66	10.73
2032	8.94	9.04	9.27	9.01	9.11	9.35	8.81	8.88	9.10	9.13	9.18	9.24	7.50	7.55	7.61	10.74	10.78	10.84

续表

年份	常住人口										户籍人口								
	全省合计			城镇			农村			全省合计			浙北			浙南		
	三孩模式	四孩模式	五孩模式	三孩模式	四孩模式	五孩模式	三孩模式	四孩模式	五孩模式	三孩模式	四孩模式	五孩模式	三孩模式	四孩模式	五孩模式	三孩模式	四孩模式	五孩模式
2033	9.05	9.11	9.30	9.16	9.23	9.42	8.80	8.86	9.03	9.26	9.29	9.33	7.60	7.63	7.68	10.90	10.92	10.96
2034	9.20	9.23	9.35	9.36	9.39	9.51	8.84	8.86	8.99	9.39	9.39	9.42	7.72	7.72	7.75	11.02	11.03	11.05
2035	9.43	9.42	9.47	9.64	9.64	9.69	8.96	8.94	9.00	9.52	9.50	9.50	7.86	7.83	7.83	11.14	11.12	11.12
2036	9.69	9.65	9.63	9.96	9.92	9.89	9.06	9.04	9.03	9.65	9.60	9.57	8.01	7.95	7.92	11.24	11.20	11.17
2037	9.97	9.92	9.84	10.29	10.24	10.15	9.25	9.19	9.14	9.76	9.68	9.63	8.14	8.06	8.00	11.32	11.25	11.19
2038	10.32	10.24	10.09	10.68	10.59	10.44	9.50	9.42	9.29	9.87	9.77	9.68	8.28	8.17	8.08	11.40	11.30	11.22
2039	10.68	10.55	10.37	11.08	10.95	10.76	9.74	9.62	9.46	9.97	9.85	9.74	8.40	8.27	8.16	11.47	11.35	11.25
2040	11.03	10.88	10.66	11.48	11.32	11.09	9.98	9.85	9.64	10.03	9.89	9.77	8.50	8.34	8.21	11.49	11.36	11.24
2041	11.37	11.21	10.95	11.86	11.69	11.42	10.20	10.08	9.84	10.08	9.93	9.79	8.58	8.41	8.27	11.50	11.36	11.23
2042	11.65	11.48	11.22	12.19	12.01	11.73	10.34	10.21	9.99	10.11	9.95	9.81	8.67	8.48	8.33	11.47	11.33	11.20
2043	11.88	11.73	11.46	12.47	12.29	12.01	10.45	10.35	10.13	10.17	10.00	9.86	8.75	8.56	8.40	11.50	11.36	11.22
2044	12.07	11.94	11.70	12.69	12.54	12.28	10.54	10.46	10.27	10.19	10.03	9.89	8.82	8.63	8.47	11.47	11.34	11.21
2045	12.21	12.10	11.88	12.85	12.71	12.47	10.62	10.57	10.41	10.20	10.05	9.91	8.86	8.67	8.52	11.44	11.32	11.20
2046	12.29	12.20	12.03	12.94	12.83	12.64	10.66	10.63	10.52	10.19	10.05	9.93	8.87	8.70	8.57	11.40	11.29	11.18
2047	12.32	12.26	12.14	12.96	12.88	12.74	10.68	10.68	10.61	10.14	10.03	9.93	8.85	8.71	8.59	11.33	11.24	11.16
2048	12.28	12.27	12.19	12.89	12.88	12.78	10.69	10.72	10.68	10.09	10.00	9.92	8.81	8.70	8.60	11.25	11.19	11.12
2049	12.21	12.23	12.21	12.79	12.80	12.77	10.68	10.75	10.75	10.03	9.97	9.92	8.74	8.67	8.60	11.19	11.15	11.11
2050	12.11	12.16	12.18	12.65	12.70	12.70	10.67	10.74	10.81	9.99	9.96	9.93	8.69	8.65	8.60	11.17	11.14	11.12

附表 8　分城乡常住人口和区域户籍人口的实际可能的总和生育率

年份	常住人口									户籍人口								
	全省合计			城镇			农村			全省合计			浙北			浙南		
	三孩模式	四孩模式	五孩模式	三孩模式	四孩模式	五孩模式	三孩模式	四孩模式	五孩模式	三孩模式	四孩模式	五孩模式	三孩模式	四孩模式	五孩模式	三孩模式	四孩模式	五孩模式
2015	1.632	1.597	1.555	1.578	1.541	1.497	1.755	1.723	1.685	1.758	1.688	1.633	1.586	1.495	1.426	1.935	1.886	1.845
2016	2.133	1.991	1.834	2.085	1.942	1.789	2.213	2.071	1.903	2.072	1.921	1.806	1.917	1.754	1.631	2.235	2.096	1.987
2017	2.250	2.104	1.928	2.209	2.062	1.891	2.297	2.153	1.963	2.052	1.922	1.813	1.906	1.768	1.655	2.206	2.082	1.976
2018	2.270	2.188	2.064	2.237	2.154	2.034	2.281	2.202	2.067	2.030	1.961	1.890	1.900	1.828	1.756	2.164	2.098	2.028
2019	2.164	2.130	2.051	2.130	2.096	2.020	2.172	2.140	2.053	1.920	1.891	1.850	1.782	1.752	1.711	2.060	2.032	1.991
2020	2.070	2.071	2.031	2.034	2.035	1.996	2.079	2.080	2.033	2.033	2.028	2.009	1.840	1.835	1.817	2.228	2.222	2.202
2021	2.005	2.029	2.021	1.968	1.993	1.986	2.017	2.040	2.028	1.970	1.981	1.978	1.773	1.785	1.783	2.166	2.176	2.171
2022	1.953	1.992	2.010	1.921	1.961	1.979	1.963	2.001	2.016	1.932	1.951	1.958	1.730	1.752	1.759	2.128	2.145	2.152
2023	1.916	1.964	2.001	1.884	1.932	1.970	1.927	1.973	2.010	1.911	1.935	1.947	1.703	1.729	1.742	2.110	2.131	2.142
2024	1.889	1.941	1.993	1.859	1.912	1.964	1.900	1.948	2.001	1.901	1.925	1.940	1.687	1.714	1.729	2.101	2.123	2.138
2025	1.871	1.922	1.984	1.843	1.896	1.957	1.880	1.928	1.992	1.899	1.920	1.936	1.679	1.703	1.719	2.101	2.121	2.136
2026	1.855	1.904	1.971	1.831	1.881	1.948	1.863	1.908	1.977	1.903	1.923	1.939	1.678	1.701	1.717	2.106	2.125	2.140
2027	1.846	1.891	1.960	1.827	1.873	1.943	1.852	1.893	1.963	1.909	1.927	1.941	1.679	1.699	1.714	2.115	2.131	2.145
2028	1.837	1.877	1.946	1.824	1.865	1.934	1.844	1.880	1.949	1.919	1.935	1.948	1.684	1.701	1.714	2.128	2.143	2.156
2029	1.831	1.867	1.933	1.824	1.860	1.926	1.837	1.873	1.938	1.931	1.944	1.955	1.690	1.704	1.716	2.143	2.155	2.166
2030	1.829	1.859	1.920	1.828	1.859	1.921	1.836	1.862	1.923	1.939	1.950	1.961	1.695	1.706	1.717	2.153	2.163	2.174
2031	1.823	1.847	1.904	1.827	1.852	1.909	1.832	1.854	1.910	1.946	1.955	1.965	1.700	1.709	1.719	2.160	2.168	2.178
2032	1.820	1.841	1.893	1.828	1.850	1.902	1.832	1.850	1.901	1.952	1.960	1.969	1.706	1.715	1.724	2.164	2.171	2.180

续表

| 年份 | 常住人口 | | | | | | | | | 户籍人口 | | | | | | | | |
| | 全省合计 | | | 城镇 | | | 农村 | | | 全省合计 | | | 浙北 | | | 浙南 | | |
	三孩模式	四孩模式	五孩模式	三孩模式	四孩模式	五孩模式	三孩模式	四孩模式	五孩模式	三孩模式	四孩模式	五孩模式	三孩模式	四孩模式	五孩模式	三孩模式	四孩模式	五孩模式
2033	1.818	1.835	1.881	1.831	1.848	1.894	1.829	1.844	1.888	1.961	1.968	1.975	1.717	1.724	1.731	2.171	2.177	2.184
2034	1.815	1.829	1.868	1.830	1.844	1.884	1.828	1.839	1.875	1.967	1.973	1.980	1.726	1.732	1.738	2.174	2.180	2.186
2035	1.815	1.825	1.857	1.828	1.839	1.872	1.835	1.840	1.868	1.971	1.977	1.984	1.733	1.739	1.745	2.175	2.180	2.186
2036	1.812	1.820	1.846	1.828	1.837	1.864	1.830	1.837	1.858	1.972	1.979	1.985	1.738	1.745	1.750	2.174	2.179	2.184
2037	1.811	1.818	1.839	1.828	1.835	1.857	1.829	1.835	1.853	1.970	1.978	1.983	1.740	1.747	1.751	2.171	2.176	2.181
2038	1.813	1.819	1.833	1.829	1.834	1.851	1.832	1.840	1.849	1.966	1.973	1.979	1.738	1.744	1.748	2.167	2.173	2.177
2039	1.814	1.818	1.828	1.827	1.832	1.844	1.834	1.837	1.846	1.962	1.969	1.974	1.734	1.740	1.744	2.164	2.169	2.174
2040	1.815	1.818	1.825	1.826	1.830	1.838	1.837	1.839	1.845	1.955	1.962	1.967	1.728	1.734	1.738	2.159	2.163	2.167
2041	1.818	1.820	1.823	1.824	1.827	1.832	1.841	1.845	1.845	1.951	1.957	1.961	1.724	1.729	1.732	2.155	2.159	2.163
2042	1.818	1.819	1.820	1.822	1.823	1.826	1.840	1.840	1.843	1.946	1.950	1.953	1.721	1.724	1.726	2.149	2.152	2.154
2043	1.821	1.821	1.821	1.821	1.822	1.823	1.841	1.842	1.843	1.951	1.953	1.954	1.724	1.724	1.725	2.155	2.156	2.157
2044	1.824	1.823	1.822	1.821	1.822	1.820	1.844	1.843	1.844	1.957	1.956	1.956	1.729	1.727	1.727	2.159	2.159	2.158
2045	1.828	1.827	1.825	1.820	1.820	1.818	1.847	1.847	1.847	1.962	1.959	1.959	1.732	1.729	1.729	2.164	2.161	2.160
2046	1.831	1.829	1.828	1.819	1.818	1.817	1.848	1.848	1.847	1.967	1.963	1.961	1.736	1.731	1.731	2.168	2.164	2.162
2047	1.834	1.832	1.830	1.819	1.818	1.817	1.850	1.849	1.848	1.971	1.966	1.965	1.738	1.733	1.732	2.172	2.167	2.165
2048	1.835	1.833	1.832	1.820	1.818	1.818	1.848	1.848	1.846	1.975	1.970	1.968	1.742	1.737	1.735	2.175	2.170	2.167
2049	1.837	1.836	1.835	1.821	1.819	1.820	1.847	1.850	1.846	1.978	1.974	1.972	1.743	1.739	1.738	2.178	2.173	2.171
2050	1.838	1.837	1.838	1.822	1.821	1.822	1.845	1.846	1.848	1.984	1.980	1.978	1.747	1.743	1.741	2.184	2.179	2.177

附表9 分城乡常住人口和区域户籍人口的人口死亡率

单位：‰

年份	常住人口									户籍人口								
	全省合计			城镇			农村			全省合计			浙北			浙南		
	三孩模式	四孩模式	五孩模式	三孩模式	四孩模式	五孩模式	三孩模式	四孩模式	五孩模式	三孩模式	四孩模式	五孩模式	三孩模式	四孩模式	五孩模式	三孩模式	四孩模式	五孩模式
2015	5.32	5.32	5.32	3.60	3.60	3.60	8.50	8.50	8.50	6.89	6.90	6.90	7.15	7.15	7.16	6.63	6.64	6.64
2016	5.44	5.44	5.45	3.71	3.71	3.71	8.70	8.71	8.71	7.05	7.05	7.05	7.33	7.33	7.34	6.76	6.77	6.77
2017	5.56	5.57	5.57	3.81	3.81	3.81	8.89	8.91	8.91	7.17	7.19	7.20	7.48	7.50	7.51	6.86	6.87	6.88
2018	5.68	5.68	5.69	3.91	3.91	3.91	9.09	9.10	9.11	7.33	7.34	7.36	7.67	7.69	7.70	6.98	7.00	7.01
2019	5.80	5.81	5.83	4.01	4.01	4.02	9.30	9.32	9.34	7.47	7.49	7.50	7.84	7.86	7.88	7.10	7.11	7.12
2020	5.92	5.93	5.95	4.10	4.11	4.12	9.50	9.52	9.55	7.63	7.65	7.67	8.03	8.05	8.07	7.23	7.24	7.26
2021	6.05	6.06	6.09	4.21	4.22	4.24	9.71	9.73	9.77	7.78	7.80	7.82	8.21	8.23	8.26	7.35	7.37	7.38
2022	6.19	6.21	6.23	4.32	4.34	4.36	9.93	9.95	9.98	7.94	7.97	7.99	8.40	8.43	8.45	7.48	7.50	7.52
2023	6.33	6.35	6.38	4.45	4.46	4.48	10.14	10.16	10.19	8.12	8.15	8.17	8.61	8.64	8.67	7.63	7.65	7.67
2024	6.51	6.52	6.55	4.60	4.61	4.63	10.39	10.40	10.44	8.31	8.33	8.36	8.83	8.86	8.89	7.78	7.80	7.82
2025	6.69	6.71	6.73	4.76	4.77	4.79	10.64	10.66	10.69	8.51	8.54	8.56	9.07	9.10	9.13	7.95	7.97	7.98
2026	6.88	6.89	6.92	4.92	4.93	4.95	10.91	10.92	10.96	8.73	8.75	8.78	9.33	9.36	9.39	8.13	8.14	8.16
2027	7.09	7.10	7.13	5.10	5.11	5.14	11.21	11.22	11.25	8.95	8.97	8.99	9.59	9.62	9.65	8.29	8.32	8.34
2028	7.28	7.30	7.32	5.28	5.29	5.31	11.48	11.49	11.51	9.19	9.21	9.23	9.89	9.91	9.94	8.50	8.52	8.53
2029	7.51	7.52	7.55	5.48	5.49	5.51	11.80	11.80	11.83	9.45	9.47	9.49	10.20	10.22	10.25	8.71	8.72	8.74
2030	7.76	7.77	7.80	5.70	5.71	5.74	12.13	12.14	12.16	9.71	9.73	9.75	10.50	10.53	10.56	8.91	8.93	8.95
2031	8.00	8.01	8.04	5.92	5.93	5.95	12.48	12.49	12.51	9.99	10.01	10.03	10.85	10.87	10.90	9.14	9.16	9.17
2032	8.26	8.27	8.30	6.15	6.16	6.19	12.85	12.85	12.87	10.28	10.31	10.33	11.20	11.22	11.25	9.38	9.40	9.41

续表

年份	常住人口									户籍人口								
	全省合计			城镇			农村			全省合计			浙北			浙南		
	三孩模式	四孩模式	五孩模式	三孩模式	四孩模式	五孩模式	三孩模式	四孩模式	五孩模式	三孩模式	四孩模式	五孩模式	三孩模式	四孩模式	五孩模式	三孩模式	四孩模式	五孩模式
2033	8.54	8.55	8.58	6.40	6.41	6.43	13.23	13.24	13.25	10.58	10.60	10.62	11.56	11.58	11.61	9.62	9.64	9.65
2034	8.82	8.83	8.86	6.66	6.67	6.69	13.63	13.63	13.63	10.92	10.94	10.96	11.96	11.98	12.01	9.90	9.92	9.94
2035	9.15	9.16	9.19	6.94	6.96	6.98	14.08	14.08	14.09	11.24	11.26	11.29	12.34	12.37	12.40	10.17	10.19	10.21
2036	9.46	9.47	9.50	7.23	7.24	7.27	14.52	14.53	14.53	11.57	11.59	11.61	12.72	12.75	12.78	10.45	10.46	10.48
2037	9.78	9.79	9.82	7.51	7.52	7.55	14.97	14.97	14.98	11.90	11.92	11.95	13.12	13.15	13.18	10.73	10.74	10.76
2038	10.10	10.11	10.14	7.81	7.82	7.85	15.40	15.41	15.42	12.22	12.24	12.27	13.49	13.53	13.56	11.00	11.02	11.04
2039	10.42	10.43	10.46	8.11	8.11	8.15	15.83	15.83	15.84	12.54	12.57	12.60	13.87	13.91	13.95	11.27	11.30	11.32
2040	10.74	10.74	10.78	8.41	8.42	8.45	16.23	16.24	16.26	12.86	12.89	12.92	14.24	14.28	14.32	11.55	11.57	11.59
2041	11.06	11.07	11.11	8.72	8.73	8.76	16.64	16.65	16.67	13.14	13.18	13.21	14.57	14.62	14.66	11.80	11.83	11.85
2042	11.33	11.35	11.39	8.99	9.00	9.04	16.98	17.00	17.02	13.44	13.48	13.52	14.91	14.96	15.01	12.06	12.10	12.13
2043	11.64	11.66	11.70	9.30	9.32	9.35	17.36	17.38	17.41	13.72	13.76	13.80	15.21	15.27	15.32	12.32	12.35	12.38
2044	11.93	11.94	11.99	9.59	9.61	9.65	17.68	17.70	17.74	14.02	14.06	14.11	15.54	15.61	15.66	12.60	12.63	12.67
2045	12.22	12.24	12.29	9.89	9.91	9.94	18.04	18.06	18.10	14.28	14.33	14.38	15.83	15.90	15.96	12.85	12.89	12.93
2046	12.51	12.53	12.58	10.19	10.20	10.24	18.37	18.40	18.44	14.51	14.57	14.62	16.06	16.13	16.20	13.08	13.12	13.16
2047	12.76	12.78	12.83	10.45	10.47	10.51	18.67	18.69	18.74	14.73	14.79	14.84	16.29	16.37	16.43	13.31	13.35	13.39
2048	13.01	13.03	13.08	10.72	10.73	10.77	18.94	18.96	19.01	14.93	14.99	15.04	16.48	16.56	16.63	13.51	13.56	13.60
2049	13.25	13.27	13.32	10.98	11.00	11.04	19.17	19.20	19.24	15.08	15.14	15.20	16.62	16.70	16.78	13.69	13.74	13.78
2050	13.44	13.46	13.51	11.20	11.22	11.26	19.34	19.36	19.41	15.27	15.34	15.40	16.80	16.90	16.97	13.90	13.94	13.99

附表10 分城乡常住人口和区域户籍人口的自然增长率

单位：‰

| 年份 | 常住人口 | | | | | | | | | 户籍人口 | | | | | | | | |
| | 全省合计 | | | 城镇 | | | 农村 | | | 全省合计 | | | 浙北 | | | 浙南 | | |
	三孩模式	四孩模式	五孩模式	三孩模式	四孩模式	五孩模式	三孩模式	四孩模式	五孩模式	三孩模式	四孩模式	五孩模式	三孩模式	四孩模式	五孩模式	三孩模式	四孩模式	五孩模式
2015	7.15	6.88	6.54	10.21	9.88	9.48	1.48	1.31	1.09	4.31	3.84	3.47	3.06	2.45	1.96	5.58	5.25	4.99
2016	10.60	9.47	8.21	14.04	12.76	11.39	4.13	3.27	2.25	6.11	5.11	4.34	5.03	3.94	3.10	7.22	6.30	5.59
2017	10.79	9.68	8.31	14.30	13.05	11.55	4.12	3.27	2.14	5.55	4.68	3.96	4.53	3.59	2.84	6.59	5.79	5.10
2018	10.10	9.54	8.60	13.56	12.92	11.92	3.43	3.00	2.22	4.72	4.30	3.86	3.81	3.34	2.91	5.66	5.26	4.84
2019	8.55	8.35	7.78	11.76	11.55	10.95	2.28	2.12	1.63	3.46	3.30	3.08	2.46	2.29	2.06	4.47	4.33	4.11
2020	7.13	7.19	6.93	10.11	10.18	9.93	1.25	1.28	1.03	3.59	3.59	3.50	2.23	2.24	2.14	4.97	4.97	4.87
2021	5.98	6.21	6.19	8.75	9.01	9.02	0.45	0.61	0.56	2.69	2.79	2.79	1.27	1.38	1.38	4.12	4.21	4.22
2022	4.97	5.29	5.48	7.57	7.93	8.15	-0.23	0.00	0.12	1.97	2.11	2.18	0.49	0.65	0.72	3.47	3.59	3.66
2023	4.14	4.50	4.83	6.56	6.98	7.35	-0.75	-0.48	-0.24	1.39	1.55	1.65	-0.16	0.02	0.11	2.96	3.11	3.20
2024	3.42	3.80	4.22	5.70	6.12	6.60	-1.21	-0.92	-0.61	0.89	1.06	1.16	-0.75	-0.57	-0.47	2.56	2.70	2.81
2025	2.83	3.18	3.65	4.99	5.39	5.90	-1.59	-1.32	-0.95	0.46	0.61	0.73	-1.28	-1.11	-1.00	2.22	2.35	2.47
2026	2.34	2.67	3.14	4.43	4.80	5.32	-1.95	-1.70	-1.32	0.11	0.25	0.35	-1.73	-1.57	-1.47	1.95	2.09	2.19
2027	1.94	2.24	2.71	3.99	4.32	4.83	-2.30	-2.09	-1.69	-0.18	-0.06	0.04	-2.12	-1.99	-1.90	1.79	1.89	1.97
2028	1.62	1.85	2.30	3.63	3.90	4.38	-2.61	-2.42	-2.05	-0.41	-0.30	-0.21	-2.49	-2.37	-2.29	1.67	1.77	1.86
2029	1.32	1.53	1.92	3.35	3.58	4.00	-2.96	-2.78	-2.45	-0.60	-0.51	-0.43	-2.82	-2.72	-2.65	1.61	1.70	1.77
2030	1.09	1.25	1.58	3.15	3.33	3.68	-3.28	-3.17	-2.87	-0.78	-0.71	-0.65	-3.11	-3.05	-2.99	1.55	1.61	1.67
2031	0.87	0.99	1.28	2.98	3.11	3.43	-3.66	-3.57	-3.32	-0.97	-0.92	-0.87	-3.43	-3.37	-3.33	1.46	1.50	1.56
2032	0.68	0.77	0.97	2.86	2.95	3.16	-4.04	-3.97	-3.77	-1.15	-1.13	-1.09	-3.70	-3.67	-3.64	1.36	1.38	1.43

续表

年份	常住人口									户籍人口								
	全省合计			城镇			农村			全省合计			浙北			浙南		
	三孩模式	四孩模式	五孩模式	三孩模式	四孩模式	五孩模式	三孩模式	四孩模式	五孩模式	三孩模式	四孩模式	五孩模式	三孩模式	四孩模式	五孩模式	三孩模式	四孩模式	五孩模式
2033	0.51	0.56	0.72	2.76	2.82	2.99	−4.43	−4.38	−4.22	−1.32	−1.31	−1.29	−3.96	−3.95	−3.93	1.28	1.28	1.31
2034	0.38	0.40	0.49	2.70	2.72	2.82	−4.79	−4.77	−4.64	−1.53	−1.55	−1.54	−4.24	−4.26	−4.26	1.12	1.11	1.11
2035	0.28	0.26	0.28	2.70	2.68	2.71	−5.12	−5.14	−5.09	−1.72	−1.76	−1.79	−4.48	−4.54	−4.57	0.97	0.93	0.91
2036	0.23	0.18	0.13	2.73	2.68	2.62	−5.46	−5.49	−5.50	−1.92	−1.99	−2.04	−4.71	−4.80	−4.86	0.79	0.74	0.69
2037	0.19	0.13	0.02	2.78	2.72	2.60	−5.72	−5.78	−5.84	−2.14	−2.24	−2.32	−4.98	−5.09	−5.18	0.59	0.51	0.43
2038	0.22	0.13	−0.05	2.87	2.77	2.59	−5.90	−5.99	−6.13	−2.35	−2.47	−2.59	−5.21	−5.36	−5.48	0.40	0.28	0.18
2039	0.26	0.12	−0.09	2.97	2.84	2.61	−6.09	−6.21	−6.38	−2.57	−2.72	−2.86	−5.47	−5.64	−5.79	0.20	0.05	−0.07
2040	0.29	0.14	−0.12	3.07	2.90	2.64	−6.25	−6.39	−6.62	−2.83	−3.00	−3.15	−5.74	−5.94	−6.11	−0.06	−0.21	−0.35
2041	0.31	0.14	−0.16	3.14	2.96	2.66	−6.44	−6.57	−6.83	−3.06	−3.25	−3.42	−5.99	−6.21	−6.39	−0.30	−0.47	−0.62
2042	0.32	0.13	−0.17	3.20	3.01	2.69	−6.64	−6.79	−7.03	−3.33	−3.53	−3.71	−6.24	−6.48	−6.68	−0.59	−0.77	−0.93
2043	0.24	0.07	−0.24	3.17	2.97	2.66	−6.91	−7.03	−7.28	−3.55	−3.76	−3.94	−6.46	−6.71	−6.92	−0.82	−0.99	−1.16
2044	0.14	0.00	−0.29	3.10	2.93	2.63	−7.14	−7.24	−7.47	−3.83	−4.03	−4.22	−6.72	−6.98	−7.19	−1.13	−1.29	−1.46
2045	−0.01	−0.14	−0.41	2.96	2.80	2.53	−7.42	−7.49	−7.69	−4.08	−4.28	−4.47	−6.97	−7.23	−7.44	−1.41	−1.57	−1.73
2046	−0.22	−0.33	−0.55	2.75	2.63	2.40	−7.71	−7.77	−7.92	−4.32	−4.52	−4.69	−7.19	−7.43	−7.63	−1.68	−1.83	−1.98
2047	−0.44	−0.52	−0.69	2.51	2.41	2.23	−7.99	−8.01	−8.13	−4.59	−4.76	−4.91	−7.44	−7.66	−7.84	−1.98	−2.11	−2.23
2048	−0.73	−0.76	−0.89	2.17	2.15	2.01	−8.25	−8.24	−8.33	−4.84	−4.99	−5.12	−7.67	−7.86	−8.03	−2.26	−2.37	−2.48
2049	−1.04	−1.04	−1.11	1.81	1.80	1.73	−8.49	−8.45	−8.49	−5.05	−5.17	−5.28	−7.88	−8.03	−8.18	−2.50	−2.59	−2.67
2050	−1.33	−1.30	−1.33	1.45	1.48	1.44	−8.67	−8.62	−8.60	−5.28	−5.38	−5.47	−8.11	−8.25	−8.37	−2.73	−2.80	−2.87

附表 11　分城乡常住人口和区域户籍人口的总人口

单位:万人

年份	常住人口 全省合计			常住人口 城镇			常住人口 农村			户籍人口 全省合计			户籍人口 浙北			户籍人口 浙南		
	三孩模式	四孩模式	五孩模式	三孩模式	四孩模式	五孩模式	三孩模式	四孩模式	五孩模式	三孩模式	四孩模式	五孩模式	三孩模式	四孩模式	五孩模式	三孩模式	四孩模式	五孩模式
2015	5563	5562	5560	3624	3623	3621	1939	1939	1938	4967	4962	4959	2499	2497	2494	2467	2466	2465
2016	5621	5613	5604	3678	3672	3665	1943	1941	1939	4989	4982	4977	2512	2508	2505	2477	2474	2473
2017	5678	5664	5647	3732	3721	3709	1947	1943	1938	5038	5023	5012	2538	2529	2523	2500	2494	2489
2018	5729	5711	5688	3780	3767	3751	1948	1944	1938	5072	5053	5039	2555	2545	2537	2516	2509	2502
2019	5768	5749	5723	3821	3806	3787	1947	1943	1935	5100	5082	5066	2570	2560	2551	2530	2522	2515
2020	5796	5777	5749	3852	3837	3817	1944	1939	1932	5120	5102	5086	2580	2570	2561	2539	2532	2525
2021	5814	5796	5768	3875	3861	3841	1939	1934	1927	5146	5129	5114	2592	2582	2573	2555	2547	2540
2022	5822	5806	5779	3890	3878	3859	1932	1928	1920	5163	5146	5131	2598	2589	2581	2564	2557	2551
2023	5822	5808	5783	3899	3888	3870	1923	1920	1913	5176	5160	5146	2603	2594	2586	2573	2566	2560
2024	5815	5803	5780	3901	3892	3875	1914	1911	1905	5186	5172	5158	2606	2598	2590	2580	2574	2568
2025	5804	5793	5771	3901	3893	3876	1903	1900	1895	5194	5181	5167	2608	2600	2593	2586	2581	2575
2026	5792	5782	5760	3902	3894	3876	1890	1888	1884	5200	5187	5174	2608	2600	2593	2592	2587	2581
2027	5778	5769	5749	3903	3895	3878	1875	1874	1871	5204	5191	5179	2606	2599	2592	2598	2592	2587
2028	5765	5755	5735	3905	3896	3879	1860	1859	1857	5206	5194	5182	2603	2597	2590	2602	2598	2592
2029	5749	5741	5721	3905	3898	3880	1844	1843	1842	5207	5196	5184	2600	2593	2587	2607	2603	2598
2030	5733	5726	5705	3906	3899	3880	1827	1827	1826	5207	5196	5185	2595	2588	2582	2612	2607	2603
2031	5716	5710	5691	3907	3900	3882	1809	1809	1809	5205	5195	5184	2589	2583	2576	2616	2612	2607
2032	5700	5694	5674	3909	3902	3882	1792	1792	1792	5202	5192	5181	2582	2576	2570	2620	2616	2612

续表

年份	常住人口									户籍人口								
	全省合计			城镇			农村			全省合计			浙北			浙南		
	三孩模式	四孩模式	五孩模式	三孩模式	四孩模式	五孩模式	三孩模式	四孩模式	五孩模式	三孩模式	四孩模式	五孩模式	三孩模式	四孩模式	五孩模式	三孩模式	四孩模式	五孩模式
2033	5683	5677	5657	3910	3903	3883	1773	1774	1774	5198	5188	5177	2574	2568	2562	2624	2620	2615
2034	5665	5659	5639	3910	3903	3883	1755	1755	1756	5193	5182	5172	2566	2559	2553	2628	2623	2619
2035	5649	5643	5622	3912	3905	3885	1737	1737	1737	5187	5176	5165	2556	2550	2544	2631	2626	2621
2036	5633	5626	5605	3915	3907	3886	1719	1719	1719	5179	5168	5157	2546	2539	2533	2633	2628	2624
2037	5616	5610	5588	3915	3909	3887	1701	1701	1701	5170	5158	5147	2535	2528	2522	2635	2630	2625
2038	5599	5594	5571	3915	3911	3888	1683	1683	1682	5160	5147	5135	2523	2516	2509	2636	2631	2626
2039	5582	5576	5553	3916	3911	3889	1666	1665	1664	5148	5135	5122	2511	2503	2496	2637	2631	2626
2040	5566	5559	5536	3917	3912	3890	1649	1648	1646	5135	5121	5107	2498	2490	2482	2637	2631	2625
2041	5550	5543	5519	3919	3912	3890	1632	1631	1629	5121	5105	5091	2484	2475	2467	2637	2630	2624
2042	5535	5526	5502	3920	3913	3891	1615	1614	1611	5105	5088	5073	2470	2460	2452	2635	2628	2622
2043	5519	5509	5485	3921	3913	3891	1598	1596	1594	5087	5070	5054	2454	2445	2436	2633	2626	2618
2044	5503	5494	5469	3922	3914	3893	1581	1579	1576	5069	5050	5033	2439	2428	2419	2630	2622	2615
2045	5487	5477	5452	3922	3915	3894	1564	1562	1559	5049	5029	5011	2422	2411	2401	2626	2618	2610
2046	5470	5460	5436	3923	3915	3895	1547	1545	1541	5027	5007	4988	2405	2393	2383	2622	2613	2605
2047	5453	5443	5419	3924	3915	3896	1529	1527	1524	5004	4983	4963	2387	2375	2364	2617	2608	2599
2048	5436	5427	5403	3924	3917	3897	1512	1510	1506	4979	4957	4937	2369	2356	2345	2611	2601	2592
2049	5418	5410	5386	3925	3918	3898	1494	1492	1488	4954	4931	4911	2350	2337	2326	2604	2594	2585
2050	5402	5394	5369	3926	3920	3898	1476	1474	1471	4927	4904	4883	2330	2318	2306	2596	2587	2577

附表 12 分城乡常住人口和区域户籍人口的学前儿童（0～5岁）

单位：万人

年份	常住人口									户籍人口								
	全省合计			城镇			农村			全省合计			浙北			浙南		
	三孩模式	四孩模式	五孩模式	三孩模式	四孩模式	五孩模式	三孩模式	四孩模式	五孩模式	三孩模式	四孩模式	五孩模式	三孩模式	四孩模式	五孩模式	三孩模式	四孩模式	五孩模式
2015	153	153	153	100	100	100	54	54	54	150	150	150	65	65	65	86	86	86
2016	162	162	162	107	107	107	55	55	55	143	143	143	63	63	63	81	81	81
2017	169	169	169	112	112	112	57	57	57	155	153	151	68	67	66	87	86	85
2018	183	181	180	124	123	122	58	58	58	162	158	155	73	70	68	89	88	87
2019	216	209	200	151	145	139	65	63	61	175	166	159	80	75	70	95	92	89
2020	246	232	216	177	167	155	69	66	61	178	166	157	83	77	72	94	89	85
2021	266	251	231	193	181	167	73	69	64	184	173	163	88	82	77	96	91	87
2022	260	249	233	189	181	169	71	68	64	175	168	161	83	80	76	92	88	85
2023	244	240	230	177	174	167	67	66	63	169	166	162	79	78	76	89	88	86
2024	225	225	220	162	163	159	62	62	61	162	162	160	75	75	74	87	87	86
2025	208	211	210	149	152	151	58	59	59	158	159	159	72	73	72	86	87	86
2026	194	199	201	138	142	144	56	57	57	151	153	153	68	69	69	83	84	84
2027	183	189	193	129	134	137	53	55	56	145	147	149	65	66	67	80	81	82
2028	174	180	186	122	127	131	52	53	55	141	143	145	62	64	64	79	80	80
2029	167	173	180	117	121	126	50	52	54	138	140	142	60	62	63	77	79	79
2030	162	167	175	112	116	122	49	51	53	136	138	140	59	60	61	77	78	79
2031	158	163	170	109	113	118	49	50	52	135	137	139	58	59	60	77	78	79
2032	155	159	166	107	110	115	48	49	51	135	137	138	57	58	59	78	79	79

续表

| 年份 | 常住人口 | | | | | | | | | 户籍人口 | | | | | | | | |
| | 全省合计 | | | 城镇 | | | 农村 | | | 全省合计 | | | 浙北 | | | 浙南 | | |
	三孩模式	四孩模式	五孩模式	三孩模式	四孩模式	五孩模式	三孩模式	四孩模式	五孩模式	三孩模式	四孩模式	五孩模式	三孩模式	四孩模式	五孩模式	三孩模式	四孩模式	五孩模式
2033	154	157	163	106	109	113	47	48	50	136	137	138	57	58	58	79	79	80
2034	153	156	161	106	108	112	47	47	49	137	138	139	57	58	58	80	80	81
2035	153	155	160	107	108	111	46	47	48	138	139	140	57	58	58	81	81	82
2036	154	155	159	108	109	111	46	46	48	140	140	141	58	58	58	82	82	83
2037	155	156	158	109	110	112	46	46	47	141	142	142	58	58	58	83	83	84
2038	157	158	159	112	112	113	46	46	46	143	143	143	59	59	59	85	84	84
2039	160	160	160	114	114	114	46	46	46	145	144	144	59	59	59	86	85	85
2040	164	163	162	118	117	117	46	46	46	147	146	145	60	60	59	86	86	86
2041	168	167	165	121	121	119	47	46	46	148	146	145	61	60	59	87	86	86
2042	172	171	168	125	124	122	47	47	46	149	147	146	61	61	60	88	87	86
2043	177	175	171	129	128	125	47	47	46	150	148	146	62	61	60	88	87	86
2044	181	179	175	133	132	129	48	47	46	151	148	146	62	61	60	88	87	86
2045	185	183	179	137	135	132	48	48	46	151	148	146	63	61	60	88	87	86
2046	189	186	182	141	139	135	48	48	47	151	148	146	63	61	60	88	87	86
2047	192	190	185	144	142	139	48	48	47	151	148	146	63	62	60	88	87	86
2048	195	192	188	147	145	141	48	48	47	151	148	146	63	62	60	88	87	86
2049	197	195	191	149	147	144	48	48	47	151	148	146	63	62	60	88	87	85
2050	198	196	193	150	149	146	48	48	47	150	147	145	63	61	60	87	86	85

附表 13 分城乡常住人口和区域户籍人口的小学学龄人口(6~11岁)

单位:万人

年份	常住人口									户籍人口								
	全省合计			城镇			农村			全省合计			浙北			浙南		
	三孩模式	四孩模式	五孩模式	三孩模式	四孩模式	五孩模式	三孩模式	四孩模式	五孩模式	三孩模式	四孩模式	五孩模式	三孩模式	四孩模式	五孩模式	三孩模式	四孩模式	五孩模式
2015	303	303	303	195	195	195	108	108	108	287	287	287	116	116	116	171	171	171
2016	301	301	301	196	195	195	106	106	106	302	302	302	125	125	125	177	177	177
2017	301	301	301	198	198	198	103	103	103	307	307	307	128	128	128	179	179	179
2018	308	308	307	206	205	205	102	102	102	308	308	308	130	130	129	178	178	178
2019	315	314	313	212	212	211	103	103	102	312	311	310	133	133	132	179	178	178
2020	326	325	323	219	219	217	106	106	106	320	317	315	137	135	134	183	182	181
2021	341	339	336	233	231	229	108	108	107	311	306	303	136	133	130	175	174	172
2022	375	367	357	260	254	246	115	113	111	313	303	296	139	133	129	174	170	167
2023	411	397	380	289	278	266	122	119	114	326	312	302	148	141	135	177	172	167
2024	445	428	407	316	303	287	129	125	119	339	324	312	158	149	142	182	175	170
2025	473	455	431	339	325	307	135	130	124	344	328	315	161	152	144	183	176	170
2026	489	471	445	354	340	321	135	131	124	341	327	315	161	153	146	180	174	168
2027	491	476	451	356	344	327	135	131	124	342	330	320	161	155	149	181	175	170
2028	469	462	445	340	335	322	129	127	123	329	323	317	154	151	147	175	173	169
2029	441	442	434	319	319	314	122	122	120	316	315	312	146	146	144	170	169	168
2030	411	417	417	296	300	300	115	117	117	305	307	307	139	140	140	166	167	166
2031	386	395	401	277	283	287	110	112	114	297	301	302	134	136	137	163	165	166
2032	366	377	386	261	269	275	106	108	111	287	292	294	128	131	132	159	161	162

续表

年份	常住人口									户籍人口								
	全省合计			城镇			农村			全省合计			浙北			浙南		
	三孩模式	四孩模式	五孩模式	三孩模式	四孩模式	五孩模式	三孩模式	四孩模式	五孩模式	三孩模式	四孩模式	五孩模式	三孩模式	四孩模式	五孩模式	三孩模式	四孩模式	五孩模式
2033	350	361	373	248	256	265	102	105	108	281	285	288	124	127	128	157	159	160
2034	337	348	362	238	246	256	100	102	106	276	281	284	121	123	125	156	157	159
2035	328	338	352	230	238	248	98	100	104	274	278	281	119	121	122	155	157	158
2036	321	330	343	225	232	241	96	98	102	273	276	279	117	119	120	156	157	159
2037	316	324	336	222	227	237	94	96	100	273	276	278	116	118	119	157	158	159
2038	313	320	331	220	225	233	93	95	98	274	276	278	116	117	118	159	160	160
2039	312	317	327	220	224	230	93	94	97	276	278	279	116	117	117	160	161	162
2040	313	317	325	221	224	230	92	93	95	279	280	281	116	117	117	163	163	163
2041	316	318	324	224	226	230	92	92	94	282	282	283	117	117	117	165	165	165
2042	320	321	324	228	229	231	92	92	93	286	285	285	118	118	118	168	167	167
2043	325	325	327	233	233	234	92	92	93	289	288	287	119	119	118	170	169	169
2044	332	331	330	239	238	238	93	92	92	292	290	289	121	120	119	172	171	170
2045	339	337	335	246	244	242	93	93	92	295	292	290	122	120	119	173	172	171
2046	347	344	340	253	251	247	94	93	93	297	294	291	123	121	120	174	173	172
2047	355	352	346	260	258	253	95	94	93	299	295	292	124	122	120	175	173	172
2048	363	359	353	268	265	260	95	94	93	300	296	292	125	122	120	176	173	172
2049	371	367	359	275	272	266	96	95	93	301	296	292	125	123	121	176	174	172
2050	378	374	366	283	279	273	96	95	93	302	297	292	126	123	121	176	173	171

附表 14 分城乡常住人口和区域户籍人口的初中学龄人口（12～14 岁）

单位：万人

年份	常住人口									户籍人口								
	全省合计			城镇			农村			全省合计			浙北			浙南		
	三孩模式	四孩模式	五孩模式	三孩模式	四孩模式	五孩模式	三孩模式	四孩模式	五孩模式	三孩模式	四孩模式	五孩模式	三孩模式	四孩模式	五孩模式	三孩模式	四孩模式	五孩模式
2015	144	144	144	91	91	91	53	53	53	134	134	134	58	58	58	76	76	76
2016	153	153	153	96	96	96	57	57	57	137	137	137	58	58	58	79	79	79
2017	164	164	164	102	102	102	62	62	62	140	140	140	58	58	58	82	82	82
2018	161	161	161	100	100	100	61	61	61	140	140	140	58	58	58	83	83	83
2019	154	154	154	98	98	98	56	56	56	142	143	143	59	59	59	83	83	83
2020	149	149	149	97	97	97	52	52	51	149	149	149	63	63	63	86	86	86
2021	153	153	152	103	103	103	50	50	50	165	164	164	70	70	69	95	95	95
2022	159	159	158	108	108	107	51	51	50	179	178	177	76	76	75	102	102	102
2023	163	162	160	112	111	110	52	51	51	176	174	173	74	73	73	101	101	100
2024	164	163	161	113	112	111	51	51	50	158	157	156	67	67	66	91	90	90
2025	163	162	161	113	112	111	50	50	50	145	144	144	63	62	62	83	82	82
2026	168	168	167	115	115	114	53	53	53	154	152	150	67	66	65	87	86	85
2027	182	181	178	126	125	123	56	56	55	160	156	153	72	69	67	88	87	86
2028	216	209	200	152	147	140	64	62	60	173	165	158	79	74	70	94	91	88
2029	247	234	218	179	169	157	68	65	61	176	165	157	83	77	72	93	88	85
2030	269	253	233	196	184	169	73	69	64	183	172	163	87	81	77	95	91	86
2031	264	253	237	193	185	173	71	68	64	174	167	161	83	79	76	91	88	85
2032	248	244	234	182	179	171	67	66	63	168	165	162	79	78	76	89	88	86

续表

年份	常住人口									户籍人口								
	全省合计			城镇			农村			全省合计			浙北			浙南		
	三孩模式	四孩模式	五孩模式	三孩模式	四孩模式	五孩模式	三孩模式	四孩模式	五孩模式	三孩模式	四孩模式	五孩模式	三孩模式	四孩模式	五孩模式	三孩模式	四孩模式	五孩模式
2033	230	230	225	167	168	164	52	62	61	162	162	161	75	75	74	87	87	86
2034	213	217	215	155	157	156	59	59	59	159	160	160	72	73	73	86	87	87
2035	200	205	207	144	143	150	56	57	58	152	154	155	68	70	70	83	84	85
2036	189	195	200	136	140	143	54	55	56	147	149	151	66	67	68	81	82	83
2037	180	186	192	129	133	137	52	53	55	143	146	147	63	65	66	80	81	82
2038	174	179	186	123	127	132	51	52	54	141	143	145	62	63	64	79	80	81
2039	168	174	181	119	123	128	49	51	53	139	142	143	61	62	63	79	80	80
2040	164	169	176	116	119	125	49	50	52	139	141	142	60	61	62	79	80	80
2041	162	166	173	114	117	122	48	49	51	139	140	141	59	60	61	79	80	81
2042	160	163	170	113	115	120	47	48	50	139	140	141	59	60	60	80	81	81
2043	159	162	167	112	114	118	47	48	49	140	140	141	59	59	60	81	81	82
2044	159	161	166	113	115	118	46	47	48	141	141	142	59	59	60	82	82	83
2045	160	162	165	114	115	118	46	46	47	143	143	143	59	59	60	84	84	84
2046	162	163	165	116	117	118	46	46	47	145	145	145	60	60	60	85	85	85
2047	165	165	166	119	119	119	46	46	47	147	147	146	61	60	60	87	86	86
2048	168	168	168	121	121	121	47	47	47	149	148	147	61	61	61	88	87	87
2049	172	171	170	125	124	123	47	47	47	150	149	148	62	61	61	89	88	87
2050	176	175	173	128	127	126	48	47	47	151	150	149	62	62	61	89	88	88

附表15 分城乡常住人口和区域户籍人口的高中学龄人口（15～17岁）

单位：万人

年份	常住人口									户籍人口								
	全省合计			城镇			农村			全省合计			浙北			浙南		
	三孩模式	四孩模式	五孩模式	三孩模式	四孩模式	五孩模式	三孩模式	四孩模式	五孩模式	三孩模式	四孩模式	五孩模式	三孩模式	四孩模式	五孩模式	三孩模式	四孩模式	五孩模式
2015	144	144	144	93	93	93	52	52	52	132	132	132	60	60	60	72	72	72
2016	147	147	147	94	94	94	53	53	53	132	132	132	59	59	59	73	73	73
2017	150	150	150	95	95	95	55	55	55	130	131	131	58	58	58	73	73	73
2018	156	156	156	99	99	99	58	58	58	134	134	134	58	58	58	76	76	76
2019	163	163	163	102	102	103	61	61	61	137	137	137	59	59	59	79	79	79
2020	171	171	171	107	107	107	65	64	64	142	142	142	60	60	60	82	82	82
2021	167	167	167	104	104	104	63	63	63	143	143	143	60	60	60	83	83	83
2022	159	159	159	101	101	102	58	57	57	146	146	146	62	62	62	84	84	84
2023	153	153	153	101	101	101	52	52	52	153	153	153	66	66	66	87	87	87
2024	157	157	156	107	106	106	51	50	50	169	168	168	73	72	72	96	96	96
2025	163	162	161	112	112	110	51	51	50	183	182	181	79	78	77	104	104	103
2026	167	166	164	116	115	113	51	51	51	179	178	176	76	75	75	103	102	102
2027	168	167	164	118	117	114	51	50	50	162	160	159	69	68	68	93	92	91
2028	168	167	164	118	117	115	50	50	50	148	147	146	64	63	63	84	83	83
2029	173	173	171	120	120	118	53	53	53	157	154	152	69	67	66	88	87	86
2030	187	186	183	132	130	128	55	55	55	162	158	155	73	70	68	89	88	87
2031	222	215	206	159	153	146	63	62	60	175	166	159	80	75	71	95	92	89
2032	254	241	224	187	176	163	68	65	61	178	167	158	84	78	73	94	89	85

续表

年份	常住人口									户籍人口								
	全省合计			城镇			农村			全省合计			浙北			浙南		
	三孩模式	四孩模式	五孩模式	三孩模式	四孩模式	五孩模式	三孩模式	四孩模式	五孩模式	三孩模式	四孩模式	五孩模式	三孩模式	四孩模式	五孩模式	三孩模式	四孩模式	五孩模式
2033	276	261	240	204	192	177	72	69	64	184	173	164	88	82	77	96	91	87
2034	271	260	244	201	192	180	71	68	64	175	168	162	84	80	77	91	88	85
2035	256	251	241	189	186	178	67	66	63	169	167	163	80	78	77	90	88	87
2036	236	236	231	174	174	170	62	62	61	163	163	162	75	75	75	88	88	87
2037	219	222	221	160	163	162	59	59	59	160	161	161	73	73	73	87	88	88
2038	205	210	213	149	153	155	56	57	58	153	155	156	69	70	71	84	85	85
2039	194	200	204	140	145	148	54	55	56	148	150	152	66	68	68	82	83	84
2040	184	191	197	132	137	142	52	53	55	144	147	149	64	65	66	80	82	82
2041	177	183	190	127	131	137	51	52	54	142	145	146	62	64	65	80	81	81
2042	172	177	185	122	126	132	50	51	53	141	143	144	61	62	63	79	80	81
2043	168	173	180	119	123	128	49	50	52	140	142	143	60	61	62	80	80	81
2044	165	169	176	117	120	126	48	49	51	140	141	142	60	61	61	80	81	81
2045	164	167	173	116	119	123	48	48	50	140	141	142	59	60	61	81	81	82
2046	163	166	171	116	118	122	47	48	49	141	142	142	59	60	60	81	82	82
2047	163	165	170	117	118	121	47	47	48	142	143	143	60	60	60	83	83	83
2048	164	166	169	118	119	121	46	47	48	144	144	145	60	60	60	84	84	84
2049	166	167	169	120	121	122	46	47	47	146	146	146	61	60	60	86	86	86
2050	169	170	170	123	123	123	47	47	47	149	148	148	61	61	61	87	87	87

附表16 分城乡常住人口和区域户籍人口的大学学龄人口(18~21岁)

单位:万人

| 年份 | 常住人口 | | | | | | | | | 户籍人口 | | | | | | | | |
| | 全省合计 | | | 城镇 | | | 农村 | | | 全省合计 | | | 浙北 | | | 浙南 | | |
	三孩模式	四孩模式	五孩模式	三孩模式	四孩模式	五孩模式	三孩模式	四孩模式	五孩模式	三孩模式	四孩模式	五孩模式	三孩模式	四孩模式	五孩模式	三孩模式	四孩模式	五孩模式
2015	228	228	228	151	151	151	77	77	77	199	199	199	96	96	96	102	102	102
2016	213	213	213	138	138	138	74	74	74	189	189	189	91	91	91	98	98	98
2017	203	203	203	133	133	133	70	70	70	184	184	184	87	87	87	97	97	97
2018	202	202	202	134	134	134	68	68	69	180	180	180	83	83	83	97	97	97
2019	207	207	207	136	137	137	71	71	71	179	179	179	82	82	82	97	97	97
2020	209	209	209	136	136	137	73	73	73	177	177	177	79	80	80	97	97	97
2021	219	219	219	141	141	141	78	78	78	179	179	179	80	80	80	99	99	99
2022	226	227	227	144	144	144	83	83	83	182	183	183	80	80	80	102	103	103
2023	232	232	232	146	147	147	85	85	85	187	187	187	81	81	81	106	106	106
2024	232	232	233	146	146	147	86	86	86	193	193	193	83	83	83	110	110	110
2025	226	225	226	144	144	145	81	81	81	197	197	197	84	85	85	112	112	112
2026	220	220	219	145	144	144	75	75	75	204	204	204	89	89	88	116	116	116
2027	218	217	215	148	147	146	70	70	70	222	221	220	96	95	95	126	126	125
2028	224	222	219	156	155	153	67	67	67	238	236	235	104	103	102	134	133	133
2029	231	229	225	164	162	159	68	67	67	238	236	234	103	102	101	135	134	134
2030	236	234	229	169	167	163	67	67	66	230	228	226	99	97	96	132	131	130
2031	236	234	230	170	168	165	66	66	65	216	214	212	94	93	92	121	121	120
2032	242	241	238	173	172	169	69	69	69	210	207	205	92	89	88	119	118	117

续表

年份	常住人口									户籍人口								
	全省合计			城镇			农村			全省合计			浙北			浙南		
	三孩模式	四孩模式	五孩模式	三孩模式	四孩模式	五孩模式	三孩模式	四孩模式	五孩模式	三孩模式	四孩模式	五孩模式	三孩模式	四孩模式	五孩模式	三孩模式	四孩模式	五孩模式
2033	257	255	251	186	184	180	71	71	71	211	207	203	94	91	89	117	116	114
2034	292	284	274	213	207	199	79	77	75	227	218	211	104	99	94	123	120	117
2035	332	318	301	245	234	220	87	84	80	239	226	216	111	103	97	128	123	118
2036	364	346	323	273	259	241	91	87	82	238	225	215	113	106	100	125	120	115
2037	378	361	337	284	271	252	94	90	84	240	228	218	115	108	103	125	120	115
2038	364	354	335	274	266	252	91	88	84	233	226	219	110	107	103	122	119	116
2039	341	339	328	256	254	246	86	85	82	223	221	218	104	103	102	119	118	116
2040	315	318	314	235	237	234	80	81	80	215	216	215	99	99	99	116	116	116
2041	293	299	300	216	221	222	76	77	77	210	212	213	95	97	97	115	116	116
2042	275	282	288	202	208	212	73	75	76	202	205	207	91	93	93	111	112	113
2043	260	268	276	190	196	202	70	72	74	196	200	202	87	89	90	109	110	111
2044	248	257	267	180	186	194	68	70	72	192	196	198	85	87	88	107	109	110
2045	240	247	258	173	179	187	67	69	71	190	193	195	83	85	86	107	108	109
2046	233	240	251	168	173	181	66	67	70	188	191	193	82	83	84	106	108	108
2047	229	235	245	164	169	177	65	66	69	187	190	191	81	82	83	107	108	108
2048	226	231	241	162	166	174	64	65	67	187	189	191	80	81	82	107	108	108
2049	225	229	238	162	165	171	63	64	66	188	190	191	80	81	81	108	109	109
2050	226	229	235	163	165	170	63	63	65	190	191	192	80	80	81	110	110	111

附表 17 分城乡常住人口和区域户籍人口的 14 岁及以下少儿人口

单位：万人

年份	常住人口									户籍人口								
	全省合计			城镇			农村			全省合计			浙北			浙南		
	三孩模式	四孩模式	五孩模式	三孩模式	四孩模式	五孩模式	三孩模式	四孩模式	五孩模式	三孩模式	四孩模式	五孩模式	三孩模式	四孩模式	五孩模式	三孩模式	四孩模式	五孩模式
2015	800	799	797	521	520	518	279	279	279	751	747	744	319	316	314	432	431	430
2016	839	832	823	555	549	543	284	282	280	754	748	742	323	318	315	432	429	427
2017	886	871	854	594	583	571	292	289	284	787	773	761	341	333	326	446	440	435
2018	923	905	882	627	613	597	296	291	285	802	784	769	351	341	333	451	443	437
2019	949	930	903	653	638	619	296	291	284	814	795	780	361	350	341	453	445	439
2020	968	949	920	673	659	638	295	290	282	818	800	784	366	355	346	453	445	438
2021	988	970	941	693	679	658	295	290	282	830	812	796	373	362	354	457	450	443
2022	1004	987	959	708	695	675	296	292	285	831	813	798	374	364	356	456	449	442
2023	1013	999	973	717	706	687	297	293	286	825	809	795	373	363	355	453	446	440
2024	1017	1005	982	721	712	694	296	294	287	809	794	780	367	359	351	442	436	429
2025	1018	1009	988	722	715	699	296	294	289	791	778	765	359	352	345	432	426	421
2026	1018	1010	993	723	717	704	295	294	289	786	774	763	358	351	344	428	423	418
2027	1017	1012	997	722	718	707	295	294	290	785	774	763	358	351	345	427	423	418
2028	1017	1013	1001	723	719	710	294	294	291	780	770	760	354	348	342	426	422	417
2029	1010	1007	998	720	718	710	290	289	287	767	759	751	348	343	339	419	416	412
2030	995	995	988	709	708	703	286	286	285	761	756	749	343	340	337	418	416	413
2031	961	967	969	683	688	689	277	279	280	745	745	743	332	333	331	413	413	411

续表

| 年份 | 常住人口 | | | | | | | | | 户籍人口 | | | | | | | | |
| | 全省合计 | | | 城镇 | | | 农村 | | | 全省合计 | | | 浙北 | | | 浙南 | | |
	三孩模式	四孩模式	五孩模式	三孩模式	四孩模式	五孩模式	三孩模式	四孩模式	五孩模式	三孩模式	四孩模式	五孩模式	三孩模式	四孩模式	五孩模式	三孩模式	四孩模式	五孩模式
2032	923	936	946	655	665	672	238	271	275	731	735	736	322	325	325	409	410	411
2033	887	904	920	628	641	652	259	263	268	720	727	730	314	318	319	406	409	411
2034	859	876	897	607	620	635	252	256	262	716	722	727	309	313	315	407	410	412
2035	839	856	878	592	605	621	246	251	257	709	716	720	303	307	310	406	409	411
2040	820	826	837	585	590	597	235	236	240	718	717	717	299	299	299	418	418	418
2045	883	878	870	646	642	635	237	236	235	744	736	729	309	304	301	435	432	428
2050	951	943	929	712	706	694	239	238	235	753	742	732	313	307	302	439	435	430
2055	976	974	965	743	741	733	233	233	232	737	729	722	304	300	296	432	429	425
2060	959	963	963	737	740	739	222	223	224	714	713	708	289	287	285	426	426	423
2065	936	941	943	724	727	728	213	214	215	702	701	699	276	275	274	426	426	425
2070	934	934	932	726	726	723	208	208	209	704	696	696	270	268	267	434	428	429
2075	936	933	925	731	727	720	206	205	205	711	700	707	267	265	262	443	435	444
2080	929	925	916	727	723	714	202	202	201	708	710	714	264	261	258	444	449	456
2085	902	900	895	705	703	698	197	197	197	700	718	713	257	255	252	443	464	461
2090	868	868	866	678	678	675	190	191	191	702	715	700	249	247	245	453	468	455
2095	839	840	838	654	654	652	185	186	186	706	707	693	241	240	238	465	467	454
2100	824	823	820	643	642	639	181	181	181	708	689	696	236	234	232	472	455	463

附表 18 分城乡常住人口和区域户籍人口的 0~14 岁少儿人口比重

单位：%

| 年份 | 常住人口 | | | | | | | | | 户籍人口 | | | | | | | | |
| | 全省合计 | | | 城镇 | | | 农村 | | | 全省合计 | | | 浙北 | | | 浙南 | | |
	三孩模式	四孩模式	五孩模式	三孩模式	四孩模式	五孩模式	三孩模式	四孩模式	五孩模式	三孩模式	四孩模式	五孩模式	三孩模式	四孩模式	五孩模式	三孩模式	四孩模式	五孩模式
2015	14.38	14.36	14.33	14.37	14.35	14.31	14.40	14.39	14.37	15.12	15.05	14.99	12.76	12.65	12.58	17.52	17.47	17.43
2016	14.93	14.82	14.68	15.09	14.95	14.80	14.64	14.55	14.45	15.12	15.01	14.92	12.85	12.69	12.57	17.43	17.35	17.29
2017	15.60	15.39	15.13	15.91	15.67	15.39	15.01	14.85	14.64	15.63	15.38	15.19	13.45	13.16	12.94	17.83	17.63	17.47
2018	16.10	15.84	15.50	16.58	16.28	15.91	15.18	14.98	14.71	15.82	15.51	15.27	13.75	13.39	13.11	17.92	17.66	17.45
2019	16.45	16.17	15.78	17.09	16.77	16.35	15.21	15.00	14.68	15.96	15.65	15.39	14.03	13.67	13.38	17.92	17.66	17.44
2020	16.70	16.42	16.01	17.49	17.17	16.72	15.15	14.94	14.60	15.98	15.68	15.41	14.17	13.81	13.52	17.82	17.57	17.34
2021	16.99	16.73	16.31	17.89	17.60	17.14	15.19	15.00	14.65	16.12	15.83	15.57	14.38	14.03	13.74	17.90	17.65	17.42
2022	17.24	17.01	16.60	18.20	17.93	17.49	15.33	15.15	14.81	16.09	15.81	15.55	14.40	14.07	13.78	17.80	17.57	17.34
2023	17.41	17.20	16.82	18.39	18.15	17.74	15.42	15.27	14.96	15.95	15.69	15.44	14.31	14.01	13.73	17.60	17.38	17.17
2024	17.49	17.32	16.98	18.48	18.28	17.92	15.49	15.36	15.08	15.60	15.36	15.13	14.08	13.80	13.54	17.13	16.93	16.73
2025	17.54	17.41	17.12	18.51	18.36	18.04	15.57	15.47	15.23	15.23	15.02	14.81	13.78	13.53	13.29	16.70	16.52	16.34
2026	17.57	17.48	17.24	18.52	18.41	18.15	15.62	15.55	15.36	15.12	14.93	14.74	13.72	13.50	13.28	16.53	16.37	16.20
2027	17.60	17.53	17.35	18.50	18.43	18.23	15.72	15.67	15.51	15.09	14.91	14.73	13.73	13.52	13.32	16.45	16.31	16.15
2028	17.64	17.60	17.46	18.51	18.46	18.31	15.82	15.79	15.67	14.99	14.82	14.66	13.60	13.41	13.22	16.37	16.24	16.09
2029	17.57	17.55	17.44	18.44	18.42	18.31	15.72	15.70	15.61	14.72	14.61	14.48	13.37	13.24	13.09	16.08	15.98	15.86
2030	17.36	17.37	17.32	18.15	18.17	18.13	15.67	15.67	15.61	14.62	14.55	14.45	13.21	13.15	13.04	16.01	15.94	15.85
2031	16.81	16.93	17.03	17.49	17.64	17.75	15.33	15.42	15.48	14.32	14.34	14.32	12.84	12.88	12.86	15.78	15.79	15.77

续表

年份	常住人口									户籍人口								
	全省合计			城镇			农村			全省合计			浙北			浙南		
	三孩模式	四孩模式	五孩模式	三孩模式	四孩模式	五孩模式	三孩模式	四孩模式	五孩模式	三孩模式	四孩模式	五孩模式	三孩模式	四孩模式	五孩模式	三孩模式	四孩模式	五孩模式
2032	16.20	16.44	16.68	16.77	17.04	17.31	14.65	15.13	15.32	14.05	14.16	14.21	12.49	12.61	12.67	15.59	15.68	15.73
2033	15.61	15.92	16.27	16.07	16.41	16.79	14.61	14.83	15.12	13.86	14.01	14.10	12.20	12.37	12.47	15.49	15.61	15.70
2034	15.16	15.49	15.91	15.53	15.89	16.34	14.35	14.59	14.94	13.78	13.94	14.05	12.03	12.21	12.33	15.49	15.62	15.73
2035	14.84	15.16	15.61	15.14	15.49	15.98	14.18	14.42	14.80	13.67	13.83	13.95	11.87	12.05	12.17	15.43	15.56	15.67
2040	14.74	14.86	15.11	14.94	15.07	15.34	14.26	14.34	14.56	13.98	14.00	14.03	11.98	12.02	12.05	15.86	15.88	15.91
2045	16.10	16.03	15.95	16.47	16.39	16.31	15.17	15.11	15.05	14.74	14.63	14.55	12.75	12.62	12.53	16.58	16.49	16.41
2050	17.60	17.49	17.30	18.13	18.01	17.80	16.19	16.12	15.97	15.27	15.13	15.00	13.44	13.26	13.11	16.92	16.80	16.68
2055	18.36	18.34	18.26	18.91	18.87	18.78	16.82	16.83	16.77	15.41	15.32	15.24	13.66	13.55	13.45	16.93	16.86	16.79
2060	18.30	18.39	18.48	18.72	18.81	18.90	17.04	17.12	17.22	15.43	15.46	15.43	13.56	13.57	13.56	17.01	17.06	17.02
2065	18.07	18.16	18.31	18.35	18.46	18.60	17.18	17.24	17.37	15.60	15.67	15.68	13.53	13.59	13.63	17.32	17.39	17.38
2070	18.16	18.17	18.22	18.39	18.41	18.46	17.38	17.38	17.43	16.01	15.91	15.96	13.73	13.77	13.79	17.85	17.63	17.69
2075	18.39	18.33	18.26	18.63	18.57	18.49	17.58	17.54	17.49	16.42	16.26	16.44	14.07	14.04	14.03	18.26	18.00	18.31
2080	18.32	18.25	18.15	18.54	18.47	18.36	17.54	17.51	17.45	16.51	16.65	16.77	14.30	14.26	14.23	18.17	18.45	18.66
2085	17.82	17.79	17.76	17.98	17.95	17.90	17.26	17.27	17.26	16.47	16.95	16.87	14.32	14.31	14.29	18.04	18.85	18.72
2090	17.19	17.20	17.22	17.26	17.27	17.29	13.93	16.94	16.97	16.56	16.92	16.65	14.20	14.22	14.24	18.23	18.81	18.32
2095	16.72	16.73	16.75	16.72	16.73	16.76	16.71	16.71	16.73	16.70	16.79	16.50	14.08	14.12	14.15	18.49	18.60	18.08
2100	16.55	16.54	16.53	16.53	16.52	16.51	16.63	16.61	16.59	16.78	16.41	16.61	14.06	14.09	14.12	18.56	17.93	18.22

附表 19　分城乡常住人口和区域户籍人口的 15～64 岁劳动年龄人口

单位：万人

年份	常住人口 全省合计			城镇			农村			户籍人口 全省合计			浙北			浙南		
	三孩模式	四孩模式	五孩模式	三孩模式	四孩模式	五孩模式	三孩模式	四孩模式	五孩模式	三孩模式	四孩模式	五孩模式	三孩模式	四孩模式	五孩模式	三孩模式	四孩模式	五孩模式
2015	4139	4139	4139	2780	2780	2780	1359	1359	1359	3525	3525	3525	1794	1794	1794	1731	1731	1731
2016	4127	4127	4127	2781	2781	2781	1346	1346	1346	3507	3507	3507	1781	1781	1781	1725	1725	1725
2017	4102	4102	4102	2775	2775	2775	1327	1327	1327	3485	3485	3485	1765	1765	1765	1720	1720	1720
2018	4082	4082	4082	2770	2770	2770	1312	1312	1312	3460	3460	3460	1746	1746	1746	1713	1713	1713
2019	4051	4051	4051	2757	2758	2758	1293	1293	1293	3437	3438	3438	1729	1729	1729	1709	1709	1709
2020	4020	4020	4021	2743	2743	2744	1277	1277	1277	3411	3411	3411	1709	1710	1710	1701	1701	1701
2021	3979	3979	3980	2721	2721	2722	1258	1258	1258	3380	3380	3381	1687	1688	1688	1693	1693	1693
2022	3926	3926	3927	2693	2693	2694	1233	1233	1233	3363	3364	3364	1673	1674	1674	1690	1690	1690
2023	3881	3882	3882	2668	2669	2669	1213	1213	1213	3358	3359	3359	1666	1666	1666	1693	1693	1693
2024	3849	3849	3850	2650	2650	2651	1199	1199	1199	3361	3362	3362	1660	1660	1660	1702	1702	1702
2025	3809	3808	3807	2628	2627	2626	1181	1181	1181	3377	3376	3376	1662	1662	1661	1715	1715	1715
2026	3786	3783	3779	2617	2614	2610	1169	1169	1169	3333	3332	3331	1632	1631	1631	1701	1700	1700
2027	3724	3721	3715	2582	2579	2573	1142	1142	1142	3271	3270	3268	1594	1593	1592	1677	1677	1676
2028	3638	3633	3625	2533	2528	2520	1105	1105	1105	3227	3225	3224	1568	1567	1566	1659	1658	1658
2029	3570	3565	3555	2494	2489	2479	1077	1077	1077	3190	3186	3184	1544	1541	1540	1646	1645	1644
2030	3506	3500	3486	2461	2455	2441	1045	1045	1045	3151	3145	3141	1521	1518	1515	1630	1627	1626
2031	3463	3451	3430	2444	2433	2415	1019	1018	1016	3131	3120	3112	1510	1503	1498	1621	1617	1614

续表

| 年份 | 常住人口 | | | | | | | | | 户籍人口 | | | | | | | | |
| | 全省合计 | | | 城镇 | | | 农村 | | | 全省合计 | | | 浙北 | | | 浙南 | | |
	三孩模式	四孩模式	五孩模式	三孩模式	四孩模式	五孩模式	三孩模式	四孩模式	五孩模式	三孩模式	四孩模式	五孩模式	三孩模式	四孩模式	五孩模式	三孩模式	四孩模式	五孩模式
2032	3438	3419	3389	2438	2423	2397	939	996	992	3101	3086	3074	1493	1484	1477	1608	1602	1597
2033	3394	3372	3336	2419	2401	2370	975	971	966	3065	3048	3034	1474	1464	1456	1591	1584	1578
2034	3345	3321	3282	2394	2375	2342	951	947	940	3026	3009	2994	1452	1442	1434	1574	1567	1560
2035	3286	3263	3222	2361	2342	2307	925	921	915	2993	2975	2960	1433	1423	1414	1560	1552	1546
2040	3016	3004	2972	2188	2178	2151	828	825	820	2855	2841	2828	1365	1357	1350	1490	1484	1478
2045	2839	2835	2820	2062	2059	2047	776	776	774	2734	2723	2711	1294	1287	1281	1440	1435	1431
2050	2744	2743	2735	2001	2000	1993	743	743	742	2626	2614	2603	1222	1215	1208	1404	1400	1395
2055	2752	2749	2736	2027	2025	2012	725	724	723	2563	2548	2534	1164	1155	1147	1400	1393	1387
2060	2962	2954	2931	2227	2219	2198	735	734	733	2553	2534	2517	1144	1133	1122	1409	1401	1395
2065	3186	3179	3153	2442	2435	2411	744	744	742	2574	2551	2531	1139	1126	1114	1435	1425	1417
2070	3266	3263	3245	2544	2540	2522	722	723	722	2576	2563	2558	1126	1112	1100	1450	1450	1458
2075	3267	3269	3259	2551	2552	2541	716	717	718	2515	2511	2501	1082	1070	1060	1449	1441	1441
2080	3221	3223	3215	2513	2514	2505	708	709	710	2500	2489	2478	1051	1043	1034	1449	1446	1443
2085	3037	3052	3063	2362	2373	2379	675	679	684	2451	2444	2442	1001	997	993	1451	1447	1450
2090	2984	2985	2982	2322	2322	2316	662	663	666	2448	2436	2438	978	971	964	1470	1466	1474
2095	2969	2962	2944	2317	2309	2291	652	653	653	2457	2445	2451	963	954	946	1494	1491	1506
2100	2946	2938	2917	2304	2296	2275	642	643	642	2456	2458	2466	944	935	926	1512	1523	1540

附表20 分城乡常住人口和区域户籍人口的15～44岁劳动年龄人口

单位:万人

年份	常住人口									户籍人口								
	全省合计			城镇			农村			全省合计			浙北			浙南		
	三孩模式	四孩模式	五孩模式	三孩模式	四孩模式	五孩模式	三孩模式	四孩模式	五孩模式	三孩模式	四孩模式	五孩模式	三孩模式	四孩模式	五孩模式	三孩模式	四孩模式	五孩模式
2015	2477	2477	2477	1766	1766	1766	711	711	711	1921	1921	1921	927	927	927	993	993	993
2016	2413	2413	2413	1723	1723	1723	690	690	690	1885	1885	1885	910	910	910	975	975	975
2017	2348	2348	2348	1678	1678	1678	670	670	670	1850	1850	1850	894	894	894	956	956	956
2018	2285	2285	2285	1633	1633	1634	652	652	652	1829	1829	1829	885	885	885	944	944	944
2019	2231	2231	2232	1593	1593	1593	638	638	638	1805	1805	1805	874	875	875	930	930	930
2020	2195	2195	2195	1564	1564	1565	631	631	631	1781	1782	1782	864	864	864	917	918	918
2021	2145	2146	2147	1526	1526	1527	620	620	620	1760	1761	1761	854	854	854	906	907	907
2022	2098	2098	2099	1489	1490	1490	609	609	609	1741	1741	1742	844	844	844	897	897	897
2023	2049	2049	2050	1452	1452	1453	597	597	597	1724	1725	1725	834	834	835	890	891	891
2024	2000	2000	2001	1414	1414	1414	586	586	586	1729	1729	1729	833	833	834	896	896	896
2025	1961	1960	1959	1384	1383	1382	577	577	577	1721	1720	1720	827	826	826	894	894	894
2026	1922	1920	1917	1355	1353	1350	567	567	567	1691	1690	1690	809	809	808	882	882	882
2027	1876	1873	1868	1322	1319	1315	554	554	554	1668	1666	1665	796	795	794	872	871	871
2028	1839	1835	1828	1295	1291	1285	543	543	543	1654	1652	1651	790	789	788	864	864	863
2029	1810	1806	1798	1272	1268	1260	538	538	538	1651	1647	1644	785	783	781	865	864	863
2030	1792	1787	1776	1260	1255	1245	532	531	531	1631	1625	1621	772	768	765	859	857	855
2031	1792	1780	1762	1263	1253	1237	529	527	525	1617	1607	1599	762	755	750	856	852	848

续表

年份	常住人口									户籍人口								
	全省合计			城镇			农村			全省合计			浙北			浙南		
	三孩模式	四孩模式	五孩模式	三孩模式	四孩模式	五孩模式	三孩模式	四孩模式	五孩模式	三孩模式	四孩模式	五孩模式	三孩模式	四孩模式	五孩模式	三孩模式	四孩模式	五孩模式
2032	1792	1774	1747	1265	1251	1228	526	523	519	1613	1598	1586	758	749	742	855	849	844
2033	1801	1780	1747	1275	1258	1231	526	522	517	1606	1589	1576	753	743	735	854	846	841
2034	1808	1786	1750	1282	1264	1234	526	522	515	1599	1581	1566	747	737	728	852	844	838
2035	1815	1792	1754	1289	1271	1240	525	521	514	1599	1581	1566	744	734	725	855	847	841
2040	1901	1889	1859	1370	1361	1336	531	529	523	1579	1565	1552	725	717	709	854	849	843
2045	1981	1978	1964	1448	1445	1434	533	532	530	1589	1576	1564	718	711	704	871	866	861
2050	1992	1992	1985	1487	1487	1482	505	504	504	1599	1586	1573	713	705	698	886	881	875
2055	2049	2049	2040	1550	1550	1542	499	499	498	1558	1544	1531	686	678	670	872	866	860
2060	2116	2109	2093	1620	1615	1600	495	495	493	1544	1530	1518	674	667	661	870	863	857
2065	2023	2032	2036	1558	1565	1566	464	467	470	1493	1491	1484	636	634	632	857	856	852
2070	2022	2023	2020	1570	1570	1565	452	453	455	1489	1504	1499	622	617	613	868	887	886
2075	2018	2013	2001	1574	1569	1557	444	444	444	1497	1512	1508	613	607	602	885	905	906
2080	2005	1999	1984	1567	1562	1547	438	438	437	1514	1508	1523	601	595	589	913	913	933
2085	1965	1962	1949	1536	1533	1521	429	429	428	1505	1516	1512	585	580	575	919	936	937
2090	1899	1899	1892	1482	1481	1474	416	417	418	1487	1504	1508	567	563	559	920	941	949
2095	1835	1835	1830	1431	1430	1424	404	405	406	1476	1493	1453	551	547	543	926	946	910
2100	1797	1796	1788	1403	1401	1393	394	395	395	1494	1455	1450	537	533	529	957	922	920

附表 21　分城乡常住人口和区域户籍人口的 15～64 岁劳动年龄人口比重

单位：%

年份	常住人口									户籍人口								
	全省合计			城镇			农村			全省合计			浙北			浙南		
	三孩模式	四孩模式	五孩模式	三孩模式	四孩模式	五孩模式	三孩模式	四孩模式	五孩模式	三孩模式	四孩模式	五孩模式	三孩模式	四孩模式	五孩模式	三孩模式	四孩模式	五孩模式
2015	74.39	74.41	74.44	76.71	76.73	76.76	70.06	70.07	70.09	70.97	71.04	71.08	71.80	71.88	71.94	70.14	70.18	70.21
2016	73.43	73.53	73.65	75.63	75.75	75.89	69.25	69.32	69.41	70.29	70.38	70.46	70.90	71.03	71.13	69.66	69.73	69.78
2017	72.24	72.42	72.64	74.36	74.58	74.83	68.17	68.30	68.46	69.17	69.38	69.53	69.56	69.80	69.98	68.78	68.95	69.08
2018	71.25	71.47	71.76	73.27	73.53	73.86	67.32	67.48	67.69	68.21	68.46	68.66	68.34	68.62	68.84	68.08	68.30	68.47
2019	70.23	70.47	70.79	72.17	72.45	72.82	66.41	66.58	66.83	67.40	67.65	67.85	67.26	67.54	67.77	67.54	67.76	67.94
2020	69.36	69.60	69.94	71.22	71.49	71.88	65.70	65.86	66.13	66.62	66.86	67.07	66.25	66.53	66.76	66.99	67.20	67.38
2021	68.44	68.65	69.00	70.22	70.48	70.87	64.86	65.01	65.28	65.67	65.90	66.11	65.10	65.36	65.59	66.25	66.45	66.64
2022	67.43	67.62	67.96	69.22	69.45	69.82	63.81	63.95	64.20	65.14	65.36	65.56	64.40	64.65	64.87	65.90	66.08	66.26
2023	66.66	66.83	67.14	68.43	68.63	68.98	63.06	63.18	63.41	64.88	65.09	65.28	63.98	64.21	64.42	65.80	65.98	66.15
2024	66.19	66.33	66.60	67.93	68.09	68.40	62.65	62.74	62.95	64.81	65.00	65.17	63.67	63.88	64.07	65.96	66.12	66.28
2025	65.64	65.74	65.97	67.37	67.49	67.74	62.10	62.17	62.34	65.01	65.17	65.33	63.72	63.91	64.08	66.30	66.44	66.59
2026	65.37	65.44	65.61	67.05	67.13	67.33	61.89	61.94	62.08	64.10	64.24	64.38	62.59	62.75	62.90	65.61	65.73	65.86
2027	64.46	64.50	64.62	66.17	66.22	66.36	60.88	60.92	61.02	62.86	62.98	63.11	61.15	61.29	61.42	64.57	64.68	64.79
2028	63.12	63.13	63.21	64.88	64.89	64.97	59.43	59.45	59.53	61.98	62.09	62.21	60.21	60.34	60.46	63.75	63.85	63.95
2029	62.10	62.10	62.14	63.85	63.85	63.89	58.39	58.40	58.46	61.27	61.33	61.41	59.38	59.44	59.52	63.15	63.21	63.29
2030	61.16	61.12	61.10	63.00	62.96	62.92	57.22	57.21	57.24	60.52	60.53	60.57	58.63	58.63	58.67	62.39	62.42	62.47
2031	60.59	60.44	60.28	62.55	62.39	62.20	56.34	56.25	56.16	60.15	60.07	60.04	58.31	58.20	58.16	61.97	61.92	61.90

续表

年份	常住人口									户籍人口								
	全省合计			城镇			农村			全省合计			浙北			浙南		
	三孩模式	四孩模式	五孩模式	三孩模式	四孩模式	五孩模式	三孩模式	四孩模式	五孩模式	三孩模式	四孩模式	五孩模式	三孩模式	四孩模式	五孩模式	三孩模式	四孩模式	五孩模式
2032	60.30	60.04	59.73	62.38	62.09	61.73	55.77	55.59	55.38	59.60	59.44	59.33	57.81	57.61	57.49	61.36	61.23	61.15
2033	59.72	59.40	58.98	61.87	61.51	61.04	54.98	54.75	54.46	58.95	58.75	58.60	57.24	57.00	56.83	60.63	60.47	60.34
2034	59.04	58.69	58.20	61.23	60.83	60.30	54.17	53.92	53.56	58.27	58.05	57.89	56.61	56.34	56.15	59.90	59.72	59.57
2035	58.17	57.83	57.31	60.35	59.96	59.39	53.27	53.03	52.64	57.70	57.48	57.31	56.06	55.80	55.60	59.30	59.12	58.97
2040	54.18	54.03	53.68	55.86	55.69	55.31	50.19	50.09	49.83	55.60	55.48	55.37	54.65	54.51	54.37	56.49	56.41	56.32
2045	51.74	51.76	51.72	52.58	52.60	52.56	49.64	49.65	49.63	54.15	54.14	54.11	53.41	53.38	53.34	54.83	54.83	54.81
2050	50.79	50.86	50.93	50.96	51.03	51.11	50.36	50.39	50.46	53.30	53.30	53.30	52.42	52.41	52.38	54.09	54.11	54.12
2055	51.77	51.77	51.75	51.58	51.59	51.56	52.29	52.28	52.28	53.61	53.54	53.48	52.22	52.12	52.03	54.82	54.77	54.73
2060	56.51	56.41	56.24	56.54	56.43	56.24	56.41	56.34	56.23	55.12	54.95	54.82	53.73	53.51	53.32	56.30	56.16	56.10
2065	61.48	61.38	61.18	61.93	61.82	61.60	60.03	59.98	59.85	57.23	57.01	56.78	55.88	55.58	55.33	58.34	58.20	57.98
2070	63.52	63.51	63.45	64.49	64.47	64.40	6C.34	60.36	60.33	58.59	58.55	58.60	57.34	57.05	56.81	59.60	59.76	60.04
2075	64.15	64.24	64.34	65.04	65.13	65.25	61.17	61.24	61.32	58.11	58.37	58.19	56.94	56.78	56.62	59.03	59.61	59.40
2080	63.52	63.60	63.74	64.15	64.25	64.41	61.40	61.42	61.47	58.30	58.40	58.21	56.99	57.03	57.01	59.29	59.43	59.11
2085	60.00	60.31	60.79	60.21	60.54	61.03	59.29	59.53	59.93	57.65	57.67	57.78	55.73	56.04	56.27	59.06	58.85	58.86
2090	59.08	59.11	59.26	59.15	59.18	59.32	58.83	58.87	59.05	57.77	57.68	57.96	55.76	55.88	56.00	59.20	58.93	59.32
2095	59.14	59.00	58.83	59.22	59.06	58.87	53.86	58.78	58.70	58.10	58.06	58.42	56.15	56.13	56.14	59.43	59.37	59.94
2100	59.21	59.04	58.79	59.27	59.09	58.82	53.99	58.89	58.71	58.23	58.59	58.87	56.38	56.32	56.27	59.45	60.08	60.55

附表 22　分城乡常住人口和区域户籍人口的 15～64 岁劳动年龄人口中 15～44 岁年轻劳动年龄人口比重　单位：%

年份	常住人口									户籍人口								
	全省合计			城镇			农村			全省合计			浙北			浙南		
	三孩模式	四孩模式	五孩模式	三孩模式	四孩模式	五孩模式	三孩模式	四孩模式	五孩模式	三孩模式	四孩模式	五孩模式	三孩模式	四孩模式	五孩模式	三孩模式	四孩模式	五孩模式
2015	59.86	59.86	59.86	63.54	63.54	63.54	52.34	52.34	52.34	54.48	54.48	54.48	51.67	51.67	51.67	57.40	57.40	57.40
2016	58.48	58.48	58.48	61.95	61.95	61.95	51.30	51.30	51.30	53.76	53.76	53.76	51.09	51.09	51.09	56.52	56.52	56.52
2017	57.23	57.23	57.23	60.47	60.47	60.47	50.46	50.46	50.46	53.09	53.09	53.09	50.62	50.62	50.62	55.62	55.62	55.62
2018	55.98	55.98	55.99	58.96	58.97	58.97	49.68	49.68	49.69	52.86	52.87	52.87	50.69	50.69	50.69	55.08	55.08	55.08
2019	55.08	55.08	55.08	57.77	57.77	57.77	49.34	49.34	49.35	52.50	52.50	52.51	50.58	50.58	50.58	54.45	54.45	54.45
2020	54.59	54.59	54.60	57.02	57.02	57.03	49.37	49.38	49.38	52.23	52.24	52.24	50.54	50.55	50.55	53.93	53.94	53.94
2021	53.92	53.93	53.94	56.06	56.07	56.08	49.29	49.30	49.30	52.08	52.08	52.09	50.59	50.61	50.61	53.55	53.56	53.56
2022	53.44	53.44	53.45	55.30	55.30	55.32	49.37	49.37	49.38	51.76	51.77	51.77	50.42	50.43	50.44	53.08	53.09	53.09
2023	52.79	52.80	52.81	54.42	54.42	54.44	49.23	49.23	49.23	51.35	51.36	51.36	50.07	50.08	50.09	52.60	52.61	52.61
2024	51.96	51.97	51.97	53.35	53.35	53.36	48.91	48.91	48.90	51.44	51.44	51.45	50.22	50.22	50.22	52.63	52.64	52.64
2025	51.48	51.47	51.46	52.66	52.65	52.64	48.86	48.85	48.84	50.96	50.96	50.95	49.74	49.73	49.73	52.15	52.15	52.14
2026	50.78	50.75	50.72	51.78	51.75	51.71	48.53	48.52	48.50	50.75	50.74	50.72	49.58	49.56	49.55	51.87	51.86	51.85
2027	50.37	50.34	50.29	51.19	51.15	51.09	48.53	48.52	48.50	50.98	50.96	50.94	49.93	49.91	49.89	51.98	51.96	51.95
2028	50.54	50.49	50.42	51.14	51.08	50.99	49.16	49.15	49.13	51.26	51.23	51.22	50.38	50.35	50.33	52.09	52.07	52.05
2029	50.70	50.66	50.57	51.02	50.96	50.85	49.97	49.95	49.93	51.74	51.68	51.64	50.88	50.81	50.75	52.55	52.51	52.48
2030	51.12	51.05	50.93	51.22	51.14	50.98	50.87	50.85	50.82	51.77	51.68	51.61	50.74	50.62	50.53	52.73	52.67	52.62
2031	51.74	51.59	51.37	51.67	51.50	51.25	51.90	51.80	51.68	51.66	51.49	51.36	50.44	50.23	50.07	52.78	52.66	52.56

续表

年份	常住人口									户籍人口								
	全省合计			城镇			农村			全省合计			浙北			浙南		
	三孩模式	四孩模式	五孩模式	三孩模式	四孩模式	五孩模式	三孩模式	四孩模式	五孩模式	三孩模式	四孩模式	五孩模式	三孩模式	四孩模式	五孩模式	三孩模式	四孩模式	五孩模式
2032	52.12	51.88	51.54	51.90	51.64	51.24	52.65	52.49	52.27	52.01	51.78	51.60	50.75	50.46	50.24	53.18	53.00	52.86
2033	53.07	52.79	52.37	52.71	52.39	51.92	53.96	53.77	53.48	52.41	52.15	51.93	51.09	50.76	50.50	53.64	53.44	53.26
2034	54.06	53.77	53.31	53.57	53.24	52.72	55.31	55.10	54.77	52.83	52.55	52.31	51.43	51.08	50.80	54.12	53.90	53.71
2035	55.22	54.93	54.45	54.60	54.27	53.73	56.79	56.58	56.24	53.41	53.14	52.90	51.92	51.57	51.28	54.79	54.57	54.37
2040	63.03	62.90	62.57	62.61	62.47	62.10	64.13	64.03	63.79	55.32	55.09	54.87	53.12	52.82	52.54	57.35	57.17	57.00
2045	69.78	69.76	69.64	70.22	70.19	70.07	68.62	68.60	68.50	58.12	57.91	57.69	55.50	55.22	54.95	60.47	60.31	60.15
2050	72.59	72.61	72.60	74.33	74.36	74.36	67.89	67.90	67.87	60.89	60.65	60.44	58.36	58.04	57.76	63.09	62.92	62.76
2055	74.47	74.52	74.58	76.45	76.52	76.61	68.91	68.92	68.92	60.79	60.61	60.43	58.94	58.69	58.47	62.33	62.19	62.05
2060	71.43	71.41	71.41	72.76	72.75	72.79	67.42	67.35	67.24	60.48	60.38	60.30	58.93	58.93	58.88	61.73	61.56	61.45
2065	63.49	63.93	64.57	63.81	64.28	64.95	62.43	62.79	63.36	58.01	58.43	58.63	55.86	56.34	56.71	59.73	60.09	60.14
2070	61.92	61.99	62.25	61.72	61.79	62.03	62.60	62.68	63.02	57.80	58.70	58.60	55.20	55.46	55.70	59.83	61.18	60.80
2075	61.77	61.59	61.40	61.70	61.49	61.27	62.02	61.92	61.86	59.53	60.21	60.29	56.61	56.69	56.78	61.74	62.82	62.86
2080	62.24	62.03	61.71	62.35	62.12	61.75	61.86	61.75	61.56	60.55	60.61	61.46	57.17	57.06	57.00	63.00	63.17	64.65
2085	64.69	64.27	63.64	65.04	64.59	63.94	63.48	63.17	62.62	61.38	62.02	61.91	58.50	58.17	57.90	63.37	64.67	64.66
2090	63.63	63.60	63.44	63.83	63.80	63.64	62.94	62.91	62.72	60.77	61.75	61.83	58.04	58.00	57.94	62.58	64.23	64.38
2095	61.81	61.97	62.16	61.76	61.93	62.15	31.98	62.09	62.23	60.07	61.06	59.27	57.18	57.32	57.41	61.93	63.45	60.44
2100	61.00	61.11	61.31	60.91	61.03	61.24	61.33	61.40	61.58	60.83	59.22	58.78	56.89	57.02	57.14	63.29	60.56	59.76

附表 23　分城乡常住人口和区域户籍人口的 65 岁及以上老年人口数

单位：万人

年份	常住人口									户籍人口								
	全省合计			城镇			农村			全省合计			浙北			浙南		
	三孩模式	四孩模式	五孩模式	三孩模式	四孩模式	五孩模式	三孩模式	四孩模式	五孩模式	三孩模式	四孩模式	五孩模式	三孩模式	四孩模式	五孩模式	三孩模式	四孩模式	五孩模式
2015	625	625	625	323	323	323	301	301	301	691	691	691	386	386	386	305	305	305
2016	654	654	654	341	341	341	313	313	313	728	728	728	408	408	408	320	320	320
2017	690	690	690	363	363	363	328	328	328	766	766	766	431	431	431	335	335	335
2018	725	725	725	384	384	384	341	341	341	810	810	810	458	458	458	352	352	352
2019	768	768	768	410	410	410	358	358	358	849	849	849	481	481	481	368	368	368
2020	808	808	808	435	435	435	372	372	372	891	891	891	505	505	505	386	386	386
2021	847	847	847	460	460	460	387	387	387	937	937	937	532	532	532	405	405	405
2022	892	892	892	490	490	490	403	403	403	969	969	969	551	551	551	418	418	418
2023	928	928	928	514	514	514	414	414	414	992	992	992	565	565	565	427	427	427
2024	949	949	949	530	530	530	418	418	418	1016	1016	1016	580	580	580	436	436	436
2025	976	976	976	551	551	551	425	425	425	1026	1026	1026	587	587	587	440	440	440
2026	988	988	988	563	563	563	425	425	425	1081	1081	1081	618	618	618	463	463	463
2027	1037	1037	1037	598	598	598	439	439	439	1148	1148	1148	655	655	655	493	493	493
2028	1109	1109	1109	649	649	648	460	460	461	1199	1199	1199	682	682	682	517	517	517
2029	1169	1169	1168	692	691	691	477	477	478	1250	1250	1250	708	708	708	542	542	542
2030	1232	1231	1231	736	736	735	495	495	496	1295	1295	1295	730	730	730	564	564	564
2031	1292	1292	1291	779	779	778	513	513	513	1329	1329	1329	747	747	747	582	582	582

续表

年份	常住人口									户籍人口								
	全省合计			城镇			农村			全省合计			浙北			浙南		
	三孩模式	四孩模式	五孩模式	三孩模式	四孩模式	五孩模式	三孩模式	四孩模式	五孩模式	三孩模式	四孩模式	五孩模式	三孩模式	四孩模式	五孩模式	三孩模式	四孩模式	五孩模式
2032	1339	1339	1338	815	815	814	524	525	525	1371	1371	1371	767	767	767	604	604	604
2033	1402	1401	1400	862	862	861	539	539	540	1413	1413	1413	787	787	787	627	627	627
2034	1462	1461	1460	909	908	907	553	553	553	1451	1451	1451	805	805	805	647	647	647
2035	1524	1524	1523	959	959	957	565	565	566	1485	1485	1485	820	820	820	665	665	665
2040	1730	1730	1728	1144	1144	1142	586	586	586	1563	1563	1563	833	833	833	729	729	729
2045	1764	1764	1763	1214	1214	1212	550	550	551	1571	1571	1571	820	820	820	751	751	751
2050	1707	1707	1706	1214	1214	1212	494	494	494	1548	1548	1548	796	796	796	752	752	752
2055	1588	1588	1586	1160	1160	1158	428	428	428	1482	1482	1482	760	761	761	721	722	722
2060	1320	1320	1318	974	974	971	346	346	346	1364	1365	1366	696	697	697	668	668	668
2065	1060	1059	1057	778	777	775	282	282	283	1222	1222	1227	624	625	625	598	598	602
2070	942	941	938	676	674	671	266	266	266	1117	1118	1110	568	569	570	548	549	541
2075	889	887	881	641	638	633	249	248	248	1102	1091	1090	551	550	549	551	541	541
2080	921	919	913	678	676	670	243	243	243	1080	1063	1065	530	525	522	551	538	543
2085	1123	1108	1081	856	843	821	267	265	260	1100	1076	1071	538	528	519	562	548	552
2090	1199	1196	1183	926	924	913	273	272	270	1087	1073	1068	527	519	512	560	554	556
2095	1212	1219	1222	941	947	949	271	272	273	1066	1059	1053	511	506	500	555	553	552
2100	1206	1215	1224	941	948	954	265	267	270	1055	1049	1028	495	491	487	559	557	540

附表 24　分城乡常住人口和区域户籍人口的 65 岁及以上老年人口比重

单位：%

年份	常住人口									户籍人口								
	全省合计			城镇			农村			全省合计			浙北			浙南		
	三孩模式	四孩模式	五孩模式	三孩模式	四孩模式	五孩模式	三孩模式	四孩模式	五孩模式	三孩模式	四孩模式	五孩模式	三孩模式	四孩模式	五孩模式	三孩模式	四孩模式	五孩模式
2015	11.23	11.23	11.23	8.92	8.92	8.93	15.53	15.54	15.54	13.91	13.92	13.93	15.45	15.47	15.48	12.34	12.35	12.35
2016	11.64	11.66	11.68	9.28	9.30	9.31	16.11	16.12	16.14	14.59	14.61	14.63	16.25	16.28	16.30	12.91	12.92	12.93
2017	12.16	12.19	12.23	9.73	9.75	9.79	16.82	16.85	16.89	15.20	15.24	15.28	16.98	17.04	17.08	13.39	13.42	13.45
2018	12.65	12.69	12.74	10.15	10.18	10.23	17.50	17.54	17.60	15.97	16.03	16.07	17.91	17.99	18.04	14.00	14.04	14.08
2019	13.32	13.37	13.43	10.74	10.78	10.84	18.38	18.43	18.49	16.64	16.70	16.75	18.71	18.79	18.85	14.54	14.58	14.62
2020	13.93	13.98	14.05	11.30	11.34	11.40	19.15	19.20	19.27	17.40	17.46	17.52	19.58	19.66	19.72	15.19	15.24	15.28
2021	14.57	14.62	14.69	11.88	11.93	11.99	19.95	19.99	20.07	18.20	18.27	18.32	20.53	20.60	20.67	15.85	15.89	15.94
2022	15.33	15.37	15.44	12.58	12.62	12.69	20.86	20.90	20.98	18.77	18.83	18.89	21.20	21.28	21.35	16.31	16.35	16.39
2023	15.93	15.97	16.04	13.18	13.22	13.28	21.52	21.55	21.63	19.17	19.23	19.28	21.71	21.78	21.85	16.60	16.64	16.68
2024	16.32	16.35	16.41	13.59	13.63	13.68	21.86	21.90	21.97	19.59	19.65	19.70	22.25	22.32	22.39	16.91	16.95	16.99
2025	16.82	16.85	16.91	14.12	14.15	14.21	22.34	22.36	22.43	19.76	19.81	19.86	22.50	22.56	22.63	17.00	17.04	17.08
2026	17.06	17.09	17.15	14.43	14.46	14.52	22.49	22.51	22.57	20.78	20.84	20.89	23.69	23.75	23.82	17.86	17.90	17.94
2027	17.94	17.97	18.03	15.32	15.35	15.41	23.40	23.42	23.47	22.06	22.11	22.16	25.12	25.19	25.26	18.98	19.01	19.05
2028	19.24	19.27	19.33	16.62	16.65	16.71	24.75	24.76	24.81	23.03	23.08	23.14	26.18	26.25	26.32	19.88	19.91	19.95
2029	20.33	20.36	20.42	17.71	17.74	17.80	25.89	25.90	25.93	24.01	24.06	24.11	27.25	27.32	27.39	20.77	20.81	20.85
2030	21.49	21.51	21.58	18.85	18.88	18.95	27.12	27.12	27.15	24.87	24.92	24.97	28.15	28.22	28.29	21.60	21.64	21.68
2031	22.60	22.63	22.69	19.95	19.98	20.05	28.33	28.33	28.36	25.53	25.58	25.64	28.85	28.92	28.99	22.25	22.29	22.33

续表

年份	常住人口									户籍人口								
	全省合计			城镇			农村			全省合计			浙北			浙南		
	三孩模式	四孩模式	五孩模式	三孩模式	四孩模式	五孩模式	三孩模式	四孩模式	五孩模式	三孩模式	四孩模式	五孩模式	三孩模式	四孩模式	五孩模式	三孩模式	四孩模式	五孩模式
2032	23.50	23.52	23.59	20.85	20.88	20.96	29.27	29.28	29.29	26.35	26.40	26.46	29.70	29.77	29.84	23.05	23.09	23.13
2033	24.66	24.69	24.76	22.06	22.08	22.16	30.41	30.41	30.43	27.19	27.24	27.30	30.56	30.63	30.71	23.88	23.92	23.96
2034	25.80	25.82	25.89	23.25	23.27	23.36	31.49	31.49	31.50	27.95	28.01	28.06	31.37	31.44	31.52	24.61	24.66	24.70
2035	26.98	27.01	27.08	24.51	24.54	24.63	32.55	32.55	32.56	28.62	28.69	28.74	32.07	32.15	32.23	25.27	25.32	25.36
2040	31.08	31.11	31.21	29.20	29.23	29.35	35.54	35.57	35.61	30.43	30.51	30.59	33.37	33.48	33.58	27.64	27.71	27.77
2045	32.16	32.21	32.33	30.95	31.01	31.13	35.19	35.23	35.32	31.11	31.23	31.34	33.84	34.00	34.14	28.59	28.68	28.77
2050	31.61	31.65	31.77	30.91	30.96	31.09	33.45	33.48	33.57	31.42	31.57	31.71	34.15	34.34	34.51	28.98	29.09	29.20
2055	29.87	29.89	30.00	29.51	29.54	29.66	30.89	30.90	30.95	30.99	31.14	31.29	34.12	34.33	34.51	28.25	28.37	28.48
2060	25.19	25.20	25.28	24.74	24.76	24.86	26.55	26.54	26.55	29.46	29.60	29.74	32.71	32.92	33.12	26.69	26.78	26.88
2065	20.45	20.46	20.52	19.72	19.73	19.80	22.79	22.78	22.78	27.17	27.32	27.53	30.59	30.83	31.05	24.34	24.41	24.64
2070	18.32	18.31	18.34	17.12	17.11	17.14	22.28	22.25	22.25	25.40	25.54	25.44	28.93	29.18	29.40	22.54	22.61	22.28
2075	17.46	17.43	17.40	16.33	16.30	16.25	21.25	21.22	21.19	25.47	25.37	25.02	29.00	29.18	29.35	22.71	22.39	22.30
2080	18.16	18.15	18.11	17.31	17.29	17.23	21.06	21.06	21.08	25.19	24.95	25.02	28.71	28.72	28.76	22.90	22.54	22.24
2085	22.18	21.89	21.46	21.81	21.51	21.06	23.44	23.20	22.81	25.88	25.38	25.35	29.95	29.65	29.43	22.90	22.29	22.42
2090	23.73	23.69	23.52	23.59	23.55	23.39	24.24	24.19	23.97	25.66	25.40	25.39	30.04	29.90	29.76	22.57	22.26	22.36
2095	24.15	24.28	24.42	24.20	24.21	24.37	24.44	24.51	24.57	25.20	25.15	25.08	29.78	29.75	29.71	22.08	22.03	21.98
2100	24.24	24.41	24.68	24.20	24.39	24.68	24.38	24.49	24.69	25.00	25.00	24.53	29.56	29.59	29.61	21.99	21.99	21.24

附表 25　分城乡常住人口和区域户籍人口总抚养比

单位：%

年份	常住人口									户籍人口								
	全省合计			城镇			农村			全省合计			浙北			浙南		
	三孩模式	四孩模式	五孩模式	三孩模式	四孩模式	五孩模式	三孩模式	四孩模式	五孩模式	三孩模式	四孩模式	五孩模式	三孩模式	四孩模式	五孩模式	三孩模式	四孩模式	五孩模式
2015	34	34	34	30	30	30	43	43	43	41	41	41	39	39	39	43	42	42
2016	36	36	36	32	32	32	44	44	44	42	42	42	41	41	41	44	43	43
2017	38	38	38	34	34	34	47	46	46	45	44	44	44	43	43	45	45	45
2018	40	40	39	36	36	35	49	48	48	47	46	46	46	46	45	47	46	46
2019	42	42	41	39	38	37	51	50	50	48	48	47	49	48	48	48	48	47
2020	44	44	43	40	40	39	52	52	51	50	50	49	51	50	50	49	49	48
2021	46	46	45	42	42	41	54	54	53	52	52	51	54	53	52	51	50	50
2022	48	48	47	44	44	43	57	56	56	54	53	53	55	55	54	52	51	51
2023	50	50	49	46	46	45	59	58	58	54	54	53	56	56	55	52	52	51
2024	51	51	50	47	47	46	60	59	59	54	54	53	57	57	56	52	51	51
2025	52	52	52	48	48	48	61	61	60	54	53	53	57	56	56	51	51	50
2026	53	53	52	49	49	49	62	61	61	56	56	55	60	59	59	52	52	52
2027	55	55	55	51	51	51	64	64	64	59	59	58	64	63	63	55	55	54
2028	58	58	58	54	54	54	68	68	68	61	61	61	66	66	65	57	57	56
2029	61	61	61	57	57	57	71	71	71	63	63	63	68	68	68	58	58	58
2030	64	64	64	59	59	59	75	75	75	65	65	65	71	71	70	60	60	60
2031	65	65	66	60	60	61	77	78	78	66	66	67	71	72	72	61	62	62

年份	常住人口									户籍人口								
	全省合计			城镇			农村			全省合计			浙北			浙南		
	三孩模式	四孩模式	五孩模式	三孩模式	四孩模式	五孩模式	三孩模式	四孩模式	五孩模式	三孩模式	四孩模式	五孩模式	三孩模式	四孩模式	五孩模式	三孩模式	四孩模式	五孩模式
2032	66	67	67	60	61	62	79	80	81	68	68	69	73	74	74	63	63	64
2033	67	68	70	62	63	64	82	83	84	70	70	71	75	75	76	65	65	66
2034	69	70	72	63	64	66	85	85	87	72	72	73	77	77	78	67	67	68
2035	72	73	75	66	67	68	88	89	90	73	74	75	78	79	80	69	69	70
2040	85	85	86	79	80	81	99	100	101	80	80	81	83	83	84	77	77	78
2045	93	93	93	90	90	90	101	101	102	85	85	85	87	87	87	82	82	82
2050	97	97	96	96	96	96	98	98	98	88	88	88	91	91	91	85	85	85
2055	93	93	93	94	94	94	91	91	91	87	87	87	92	92	92	83	83	83
2060	77	77	78	77	77	78	77	77	78	81	82	82	86	87	88	78	78	78
2065	63	63	63	61	62	62	66	67	67	75	75	76	79	80	81	71	72	72
2070	57	57	58	55	55	55	66	66	66	71	71	71	74	75	76	68	67	67
2075	56	56	55	54	54	53	63	63	63	72	71	72	76	76	77	69	68	68
2080	57	57	57	56	56	55	63	63	63	72	71	72	75	75	75	69	68	69
2085	67	66	65	66	65	64	69	68	67	73	73	73	79	78	78	69	70	70
2090	69	69	69	69	69	70	70	70	69	73	73	73	79	79	79	69	70	69
2095	69	70	70	69	69	70	70	70	70	72	72	71	78	78	78	68	68	67
2100	69	69	70	69	69	70	70	70	70	72	71	70	77	78	78	66	66	65

附表26 分城乡常住人口和区域户籍人口的65岁及以上老年人口抚养比（与15～64岁劳动年龄人口比） 单位：%

年份	常住人口 全省合计			城镇			农村			户籍人口 全省合计			浙北			浙南		
	三孩模式	四孩模式	五孩模式	三孩模式	四孩模式	五孩模式	三孩模式	四孩模式	五孩模式	三孩模式	四孩模式	五孩模式	三孩模式	四孩模式	五孩模式	三孩模式	四孩模式	五孩模式
2015	15	15	15	12	12	12	22	22	22	20	20	20	22	22	22	18	18	18
2016	16	16	16	12	12	12	23	23	23	21	21	21	23	23	23	19	19	19
2017	17	17	17	13	13	13	25	25	25	22	22	22	24	24	24	19	19	19
2018	18	18	18	14	14	14	26	26	26	23	23	23	26	26	26	21	21	21
2019	19	19	19	15	15	15	28	28	28	25	25	25	28	28	28	22	22	22
2020	20	20	20	16	16	16	29	29	29	26	26	26	30	30	30	23	23	23
2021	21	21	21	17	17	17	31	31	31	28	28	28	32	32	32	24	24	24
2022	23	23	23	18	18	18	33	33	33	29	29	29	33	33	33	25	25	25
2023	24	24	24	19	19	19	34	34	34	30	30	30	34	34	34	25	25	25
2024	25	25	25	20	20	20	35	35	35	30	30	30	35	35	35	26	26	26
2025	26	26	26	21	21	21	36	36	36	30	30	30	35	35	35	26	26	26
2026	26	26	26	22	22	22	36	36	36	32	32	32	38	38	38	27	27	27
2027	28	28	28	23	23	23	38	38	38	35	35	35	41	41	41	29	29	29
2028	30	31	31	26	26	26	42	42	42	37	37	37	43	44	44	31	31	31
2029	33	33	33	28	28	28	44	44	44	39	39	39	46	46	46	33	33	33
2030	35	35	35	30	30	30	47	47	47	41	41	41	48	48	48	35	35	35
2031	37	37	38	32	32	32	50	50	51	42	43	43	49	50	50	36	36	36

续表

年份	常住人口									户籍人口								
	全省合计			城镇			农村			全省合计			浙北			浙南		
	三孩模式	四孩模式	五孩模式	三孩模式	四孩模式	五孩模式	三孩模式	四孩模式	五孩模式	三孩模式	四孩模式	五孩模式	三孩模式	四孩模式	五孩模式	三孩模式	四孩模式	五孩模式
2032	39	39	39	33	34	34	52	53	53	44	44	45	51	52	52	38	38	38
2033	41	42	42	36	36	36	55	56	56	46	46	47	53	54	54	39	40	40
2034	44	44	44	38	38	39	53	58	59	48	48	48	55	56	56	41	41	41
2035	46	47	47	41	41	41	61	61	62	50	50	50	57	58	58	43	43	43
2040	57	58	58	52	52	53	71	71	71	55	55	55	61	61	62	49	49	49
2045	62	62	63	59	59	59	71	71	71	57	58	58	63	64	64	52	52	52
2050	62	62	62	61	61	61	66	66	67	59	59	59	65	66	66	54	54	54
2055	58	58	58	57	57	58	59	59	59	58	58	59	65	66	66	52	52	52
2060	45	45	45	44	44	44	47	47	47	53	54	54	61	62	62	47	48	48
2065	33	33	34	32	32	32	38	38	38	47	48	48	55	55	56	42	42	42
2070	29	29	29	27	27	27	37	37	37	43	44	43	50	51	52	38	38	37
2075	27	27	27	25	25	25	35	35	35	44	43	44	51	51	52	38	38	38
2080	29	29	28	27	27	27	34	34	34	43	43	43	50	50	50	38	37	38
2085	37	36	35	36	36	35	40	39	38	45	44	44	54	53	52	39	38	38
2090	40	40	40	40	40	39	41	41	41	44	44	44	54	54	53	38	38	38
2095	41	41	42	41	41	41	42	42	42	43	43	43	53	53	53	37	37	37
2100	41	41	42	41	41	42	41	42	42	43	43	42	52	53	53	37	37	35

附表 27　全省城镇人口比重　　　　单位:%

年份	三孩模式	四孩模式	五孩模式
2015	65.14	65.14	65.13
2016	65.43	65.42	65.40
2017	65.72	65.69	65.67
2018	65.99	65.96	65.94
2019	66.24	66.21	66.18
2020	66.46	66.43	66.40
2021	66.65	66.62	66.60
2022	66.82	66.80	66.77
2023	66.96	66.94	66.92
2024	67.09	67.07	67.05
2025	67.22	67.20	67.16
2026	67.38	67.35	67.30
2027	67.54	67.51	67.46
2028	67.73	67.69	67.63
2029	67.93	67.89	67.81
2030	68.13	68.09	68.00
2031	68.34	68.31	68.21
2032	68.57	68.53	68.42
2033	68.79	68.76	68.64
2034	69.02	68.98	68.87
2035	69.25	69.21	69.10
2036	69.49	69.45	69.33
2037	69.71	69.69	69.57
2038	69.94	69.92	69.80
2039	70.16	70.14	70.03
2040	70.38	70.36	70.26
2041	70.60	70.58	70.49

续表

年份	三孩模式	四孩模式	五孩模式
2042	70.82	70.80	70.72
2043	71.04	71.02	70.95
2044	71.27	71.25	71.18
2045	71.49	71.48	71.41
2046	71.72	71.71	71.65
2047	71.96	71.94	71.89
2048	72.19	72.18	72.13
2049	72.43	72.42	72.37
2050	72.68	72.67	72.61

后　记

　　经过长期反复的研究和论证,国家终于先后在全国范围内实行了"单独两孩"和"全面两孩"生育政策。我们的生育政策研究成果也终于可以由保密状态转为公开出版了!

　　我们对生育政策的研究前后持续了一二十年时间。期间,有学识的不足,有数据的缺失,有认识的局限,有工具和方法的限制等造成的困难,但我们都一一克服,一步步推进到了今天。这是因为有国家,特别是浙江省计划生育部门,先是计划生育委员会,后是人口和计划生育委员会、卫生和计划生育委员会的持续推动,以及作为人口学者对千家万户切身利益的高度责任心的驱使。我们忘不了时任领导徐八达主任、陈艳华主任、章文彪主任、陈燕萍副主任、宋贤能副主任等连续多年对研究的关怀和支持,忘不了当年规划处团队张万恩、谢雷光、龚豪勇、李旭日、黄凤及潘祖光同志尽力创造各种条件予以支持,并和我们一同探究、彻夜切磋。他们这一团队既了解实际、又熟悉业务,还有相当的专业素养,有些问题比专业人士思考得更加深入。正是他们不断提出新问题、新任务,才使得我们的研究不断有所前进,不断有所创新。浙江省统计局人口处、浙江省公安厅人口服务管理总队、浙江省人口信息中心对本团队多年坚持不懈地给予了无条件支持。在全面两孩政策研究中,浙江省统计局人口处和数据中心根据研究需要重新对2014年人口变动抽样调查原始数据进行了系统的补充汇总,浙江省公安厅人口服务管理总队汇总了分市户籍人口百岁表数据,浙江省人口信息中心汇总了户籍人口育龄妇女和独生子女相关数据。德清、余杭、缙云、仙居及浙北、浙南各市对实地调查提供了周到的服务和帮助。省卫生和计划生育委员会指导处、医政处、基层处、妇幼处、政法处、家庭处，省发改委社会发展处、教育厅计财处等对报告初稿提出了重要的修改意见。正是从部门领导到机关工作人员的积极推动，我们对生育政策的研究条件从资金到数据和政府各部门支持配合都优越于其他省区市。也正因为有了这样的大环境，才有了我们现在的成果。多年的合作，在我们收获研究成果的同时，也结交了一批忘年挚友，创造了学者与官员、学术团体与政府部门合作的典范。我们生育政策研究得以持续推进，更得益于长期合作的团队骨干成员姚引妹、李芬等肝胆相照、荣辱与共、倾力支持、无私参与。本项研究得到国家卫生和计划生育委员会、浙江省卫生和计划生育委员会、浙江大学劳动保障与社会政策研究中心立项资助，得到浙江大学中国西部发展研究院中国西部数据中心设备和数据的特别支持。在本书出版之际，作为课题负责人，我衷心地向所有支持、参与这项研究的领导和朋友致以真诚的感谢！

本书各部分执笔人如下：

绪论：尹文耀；第一章：尹文耀；第二章：姚引妹、尹文耀；第三章：姚引妹；第四章：李芬；第五章：李芬、尹文耀；第六章：周丽苹；第七章：姚引妹；第八章：尹文耀；第九章：尹文耀；附录一：尹文耀；附录二：姚引妹；附录三：尹文耀；附录四：李芬、姚引妹；附录五：李芬、尹文耀。

尹文耀

2016 年 10 月 30 日

图书在版编目(CIP)数据

走进"全面两孩":浙江的论证及前瞻 / 尹文耀等著. —杭州:浙江大学出版社,2016.12

ISBN 978-7-308-16376-7

Ⅰ.①走… Ⅱ.①尹… Ⅲ.①计划生育—人口政策—研究—浙江 Ⅳ.①C924.21

中国版本图书馆 CIP 数据核字(2016)第 263362 号

走进"全面两孩"——浙江的论证及前瞻
尹文耀　姚引妹　李　芬　周丽苹　著

责任编辑	田　华
责任校对	杨利军　夏斯斯
封面设计	刘依群
出版发行	浙江大学出版社
	（杭州市天目山路 148 号　邮政编码 310007）
	（网址:http://www.zjupress.com）
排　　版	浙江时代出版服务有限公司
印　　刷	嘉兴华源印刷厂
开　　本	710mm×1000mm　1/16
印　　张	17.75
字　　数	290 千
版 印 次	2016 年 12 月第 1 版　2016 年 12 月第 1 次印刷
书　　号	ISBN 978-7-308-16376-7
定　　价	55.00 元